瀏陽歷史文化叢書

浏阳简史

续编

唐学雷 编著

岳麓書社·长沙

浏阳历史文化丛书

编纂工作领导小组

组　　长　黎春秋　朱东铁

副 组 长　吴新伟　邱山东　吴　震　李家喜　秦跃平

成　　员　邓阳锋　李爱民　喻　辉　邓雪琴　周　明　张葵红

谢建国　廖伟平　刘来宏　寻院豪　陈　静

编纂委员会

总 顾 问　谭仲池

顾　　问　黎春秋　朱东铁

主　　任　李家喜　秦跃平

副 主 任　廖伟平

执行主任　夏剑钦

成　　员　王　斌　王桃文　刘正初　刘美成　汤　锐　寻春林

李永伯　李兆佳　李贤美　罗业永　洪佑良　胡晓江

唐学雷　彭晓玲　赖明汉　熊　剑

序

黎春秋

在全面建成小康社会、实现第一个百年奋斗目标，迎接中国共产党成立100周年的前夕，中共浏阳市委决策、市政协主持编撰的“浏阳历史文化丛书”即将付梓，这是具有深远历史意义、重要现实意义的大事、好事。

浏阳地处湘东，位于吴头楚尾的湘赣边界。周边与铜鼓、万载、宜春、上栗、长沙、株洲、醴陵、平江等市县为邻。境内山丘绵亘，西、南稍平衍，东、北半山谷，浏阳河横贯其中，萦回百折，西流注入湘江。以城区为中心，浏阳自古被分为了东南西北四乡。东乡、西乡分别为浏阳河流域的上游和下游地区，捞刀河流域为北乡，南川河流域为南乡。全市面积5007平方公里，现有人口150万。

“江海狂澜尽东倒，却输浏水尚能西。”这里气候温和、雨量充沛、山川秀美，自古以来钟灵毓秀、物华天宝、人杰地灵。在远古时代，境内已有人类活动，他们留下了原始社会的踪迹。考古出土文物证明，距今约15万年前，浏阳土著居民已繁衍生息在这块土地上。《三国志》记载，东汉建安十四年（209），孙权拜周瑜为偏将军领南郡太守，以浏阳为其四俸邑之一。浏阳之名始见于此，千年古县从此启航。

建县以来，人文蔚起，人才辈出，薪火相传，弦歌不绝。晋代易雄，忠义千古；宋代汤璹，清风峻节；元代欧阳玄，文章道德卓然名世；明代张武，南征北战屡建奇功。清代自欧阳中鹄、刘人熙、涂启先三先生，尤其是从谭嗣同开始，浏阳人民参与了中国历史上追求解放和真理的每一个进步活动浪潮，涌现了一代又一代的杰出人物。从戊戌变法到自立军起义，从萍浏醴起义到辛亥革命，从土地革命到抗日战争，从社会主义革命到改革开放，浏阳人民始终站在时代发展的前列。谭嗣同、唐才常为探索救国救民的道路，不惜流血牺牲，肝胆相照，气壮昆仑；焦达峰、陈作新接过谭、唐的接力棒，“首应”武昌起义，“浏水堕泪”“十日千秋”；毛泽东同志三次踏上浏阳的土地，把革命的火种播撒在浏阳河两岸，无数浏阳儿女追随毛泽东同志走上了革命道路。在艰苦卓绝的革命战争年代，浏阳人口减少 20 万人，被追认为革命烈士的有 2 万人，一部分幸存者成长为党和国家的栋梁之材，如胡耀邦、王震、宋任穷、王首道、杨勇等。正如浏阳著名的特产烟花爆竹一样，浏阳以自己的牺牲和奉献，写进了中国近现代历史的长卷中，形成了“自强不息、敢为人先”的浏阳精神。

浏阳还是礼乐诗歌之邦，保存至今的浏阳祭礼雅乐被誉为“中国古代音乐的活化石”，举行祭祀的文庙至今享有盛名。一首《浏阳河》脍炙人口，唱遍全中国，传唱全世界。诸如浏阳文庙、文家市秋收起义旧址和大围山、浏阳河等名胜山川，以及众多的文物保护单位，都是浏阳享誉全国、走向世界的宝贵资源。

中华人民共和国成立以来，浏阳经济、社会、文化等各个领域蓬勃发展，成就骄人。在改革开放的伟大征程中，浏阳从实现“进百强、冠三湘”到“挺进三十强、再创新辉煌”，再到“建设两个中心、进军全国十强”，每走一步都创造了历史性的成功经验，走出了一条县域经济发展的特色之路。特别是近年来，我们坚持以习近平新时代中国特色社会主义思想为指导，认真贯彻中央、省、市决策部署，深入实施创新引领开放崛起战略，牢牢把握“在区域谋发展、在全国争地位、在全球引资源”战略定位，推动县域发展迈出新步伐。2020 年，全市实现地区生产总值 1493 亿元，增长 4.7%；地方一般公共预算收入 93.4 亿元，增长 5.33%。在全国百强县排名中，浏阳县域综合发展、县域经济基本竞争力、工业百强县、营商环境百强县分别跻身第 9 位、第 11 位、第 11 位、第 19 位。

抚今追昔，我们倍感先辈们留下的历史文化遗产无比厚重，中华人民共和国成立以来社会主义建设的成就无比辉煌。值此中国共产党成立一百周年之际，编辑出版一套全面、系统反映浏阳历史文化的丛书，既是全市开启建设现代化城市大局的需要，也是全市人民的期盼。浏阳文史工作者在浩如烟海的古籍文献中爬罗剔抉，在写满故事的浏阳大地掇菁撷华，耗时三年，终于编撰成一部"浏阳历史文化丛书"。丛书一共 10 册，约 300 万字，近千幅图片，内容包括简史、名人、名胜、非遗、文物、诗文和民俗七大类，从多方面揭示了浏阳悠久历史的渊源和深厚、独特的文化底蕴，让人从中感触到浏阳历尽沧桑而始终保持着青春活力的千年律动和文化之魂。全书以史为据，选材真实、准确，文字生动，可读性强，可说是一部知我浏阳、爱我浏阳的百科全书，更像一座谱写浏阳人民艰苦奋斗历史壮丽华章的里程碑。全市人民定能从中汲取力量，推动浏阳经济文化大发展大繁荣，在实现社会主义现代化的历史征程中阔步前进，走向新的辉煌。

是为序。

2021 年 6 月

作者系怀化市委副书记、市长，长沙市委原常委、浏阳市委原书记

序

朱东铁

“五十里水路到湘江”，《浏阳河》这句朴实却又意境深远的歌词，一下就抓住人心，给我们展示了浏阳河袅袅婷婷、不舍奔流的秀美和沉稳，以及源于历史、开拓未来的深度和力度。

它更大的惊喜在于，当我们去关注、了解这片古老土地时，一座华美的文化殿堂赫然山立，悠远深邃，步步皆景，让人流连忘返：吴楚交会，是为通达之地；三山纵横，写尽雄浑之姿；樟树遗址，见证文明滥觞；浏阳八景，凝聚厚重人文；变法志士，开启近代呼喊；红色记忆，留存历史风云……

在生生不息、守望传承中，我们的祖先历尽艰辛，寻找、开垦、建设这块乐土；历史恢宏的阵仗里，杰出的人物光彩熠熠，灿若星河。三国周瑜少年英雄，羽扇纶巾，谈笑破敌；东晋易雄力抗叛军，杀身成仁，忠义流传；明代邓巍忠于谏议，弹劾严嵩，直面廷杖；清代谭嗣同力主维新，以身殉国，警醒世人。这，是浏阳之刚烈。

“元四学士”，文章道德，卓然名世；邱之稑精研音律，大胆质疑，修正古乐；“浏阳三先生”严谨治学，各有大成，世人推崇。这，是浏阳之风雅。

工农大纛淬炼于秋收烽火，革命精神激扬于历史风云。因为小石头可以砸破大水缸的信念，无数浏阳人选择了跟党走，跟红旗走，在艰苦卓绝的革命斗争中，这片红色的土地涌现了党和国家领导人胡耀邦、王震，以及 30 位开国将军；江山多娇养育铮铮风骨，文史流芳结出累累硕果。在风起云涌的大背景下，浏阳人既能睁眼看世界，也能俯身做学问，欧阳予倩、王人美等一大批教科文卫名人在各自领域的成就令世人瞩目。这，是浏阳之风骨。

风云长啸，江山留痕。到铁岩关下，石霜寺前，找一个时空割不断古今的理由；入浏阳文庙，金江书院，倾听文化发轫的律动；在伟人故居，革命遗存，接受前赴后继革故鼎新的精神洗礼。因为眷恋，我们记录；因为热爱，我们歌颂。于是，礼乐诗歌成为了这片土地另一张亮丽的名片，成为了湖湘文化举足轻重的一极。

所以人们说，“一方水土养一方人”。在浏阳的山山水水之间，从久远走来，向深远迈进的一切，或沉吟于丘壑，或闪耀于典籍，或传播于街巷，或激荡于人心。凡此种种，都是历史对浏阳的眷顾，在这座山城的煌煌千年之旅中，烙下了深深的印痕。而古往今来的文化交汇，兼收并蓄的包容心境，胸怀天下的广阔视野，博采众长的学习能力，勇立潮头的担当精神，敢为人先的磅礴气度，成就了浏阳人文不可复制的个性和特质。

联合国教科文组织提出：“发展最终应以文化概念来定义，文化的繁荣是发展的最高目标。”浏阳的文化，扎根于围山之下、浏水之滨，从刀耕火种一路走来，裹满了历史的伤痕和荣光。而它不可遏抑的前行，又记录和推动了社会经济长足的进步。从国家级贫困县迈入全国百强县前列，从偏处湘东一隅到崛起为湘赣边重镇，是传承千年的浏阳文化，给我们筑好了瑰丽的精神家园，赋予了独特的思维方式，呵护了历次果敢的出征，激发了强大的创造能力。

《周易》有言：“观乎天文，以察时变；观乎人文，以化成天下。”我们由衷感谢“浏阳历史文化丛书”的编撰——长揖历史，仰望人文，朝圣的路上有了向导；抚今追昔，振奋精神，幸福的大业有了底气。组织编撰这套丛书，内容涵盖了山水风物，历史人文，民俗风情，文学艺术等方方面面；组织编撰这套丛书，深入挖掘了浏阳的历史文化资源，全面展现了浏阳绚烂的历史文化风貌。这是文化自觉和责任担当的体现，是梳理历史和整合文化资源的结晶。

2021 年是中国共产党成立 100 周年，是“十四五”规划的开局之年，浏阳发展将翻开崭新的篇章。积极融入省（长沙）市发展大局，践行“三高四新”战略，在新发展阶段和新发展格局下，充分发挥“自强不息，敢为人先”的精神，主动作为，创造作为，有力作为，这是浏阳的历史使命。“浏阳历史文化丛书”的出版，正当其时，它记录下浏阳色彩斑斓的千年征程，凝聚起千万人开拓进取的宏伟力量，必将为浏阳的城市建设和经济社会发展提供强有力的文化支撑。

是为序。

2021 年 6 月

作者系长沙市委常委、浏阳市委书记

热烈庆祝
浏阳撤县设市!

前言

《浏阳简史续编》是“浏阳历史文化丛书”中的一卷，比较全面系统地记述了浏阳从1949年7月19日和平解放，到2019年中华人民共和国成立70周年，共计70年的历史。它所记述的，是浏阳人民在中国共产党的领导下，进行社会主义革命、建设、改革的历史进程，弘扬了艰苦奋斗、改革创新和“自强不息、敢为人先”的浏阳精神。

本书的编写，力图根据马克思历史唯物主义的基本原理和辩证法的观点，理清浏阳历史发展脉络，突出浏阳历史发展特点，揭示浏阳历史发展规律，在尊重历史客观、真实、准确的前提下，尽可能生动、形象地反映浏阳70年历史的时代特点。

中华人民共和国成立后，在历届中共浏阳市（县）委和市（县）政府领导下，勤劳、智慧的浏阳人民，坚持社会主义革命、建设和改革。70年来，经过不少艰难曲折，浏阳在各个领域都发生了划时代的变化，特别是改革开放以来，浏阳和全国各地一样，发生了翻天覆地的巨大变化，基本上把一个贫穷落后的旧浏阳带入了繁荣富裕的新浏阳。

从第一个五年计划到第十三个五年计划，浏阳和时代同进步，与祖国共命运，基本实现了从计划经济体制向市场经济体制的转变，迈入了中国特色社会主义新时代。70年来，浏阳从一个地处内陆山区的国家级贫困县，一跃而成为全国百强县第一方阵成员，“进百强、冠三湘”“挺进三十强、再创新辉煌”“建设两个中心、进军全国十强”，浏阳每走一步都创造了可贵的成功经验，在县域经济与县域基本竞争力百强县排名中不断提升名次，走出了一条县域经济发展的特色之路。

本书在结构上，以重大历史事件的时间节点为起点，分为百废俱兴、红旗飘飘、风雨兼程、巨轮启程、潮动三湘、乘风破浪、扬帆远航七章，每一章下面设若干专题，在书末附录《当代浏阳大事年表（1949.7—2019.12）》《中华人民共和国成立后浏阳行政区划变更情况表》《中华人民共和国成立后浏阳历任主要领导名录》。

百废俱兴：起于浏阳解放（1949 年 7 月 19 日），写从新民主主义向社会主义过渡时期的浏阳简史。

红旗飘飘：起于党的八大（1956 年 9 月 15 日），写社会主义的探索和曲折发展时期的浏阳简史。

风雨兼程：起于《五·一六通知》（1966 年 5 月 16 日），写“文革”和走向历史转折时期的浏阳简史。

巨轮启程：起于党的十一届三中全会（1978 年 12 月 18 日），写改革开放全面启动和开创中国特色社会主义时期的浏阳简史。

潮动三湘：起于邓小平南方谈话（1992 年 1 月 18 日），写发展社会主义市场经济和改革开放全面推进时期的浏阳简史。

乘风破浪：起于党的十六大（2002 年 11 月 8 日），写全面建设小康社会和推动经济社会科学发展时期的浏阳简史。

扬帆远航：起于党的十八大（2012 年 11 月 8 日），写进入中国特色社会主义新时代时期的浏阳简史。

在写法上，本书按照史书的一般写法逐年记述历史，同时从细节切入历史，即每个专题在开头列出小故事或资料，选取该时段发生的典型人物或事件，进行重点展示。全书尽量多采取历史资料，逐年记载事件，以事系人，点面结合，立体反映历史的发生与发展过程，尽可能做到重点突出、记述得当、略远详近。

在撰写过程中，本书比较多地借鉴和参考了《中国共产党的九十年》、《中国共产党简史》、《中国共产党湖南简史（1920—2010）》、《当代湖南简史》、

《长沙通史（当代卷）》、《长沙县通史（第三卷）》、《长沙县历史文化丛书·历史卷（下）》、《浏阳县志》（1994年版）、《浏阳市志（1988—2002）》、《中共浏阳地方史（1949—2002）》、《浏阳文史》、《浏阳六十年》、《浏阳改革开放三十年》、《浏阳年鉴》（各卷）、《浏阳市外宣新闻集锦》（各年度）、《浏阳日报》、《浏阳通讯》以及“学习强国”“微浏阳”“掌上浏阳”等新媒体相关资料，查阅和参考了大量的文史资料、档案馆所藏的相关历史档案，并参考吸收了国内学术界已有的相关研究成果，特此致以诚挚的谢意。但由于编写者水平有限，本书肯定存在不足甚至错误之处，恳请读者批评指正。

2021年9月18日

目 录

第三章　风雨兼程 / 49

“文革”和走向历史转折时期的浏阳（1966 年 5 月—1978 年 12 月）

第四章　巨轮启程 / 77

改革开放全面启动和开创中国特色社会主义时期的浏阳（1978 年 12 月—1992 年 1 月）

第五章　潮动三湘 / 113

发展社会主义市场经济和改革开放全面推进时期的浏阳（1992 年 1 月—2002 年 11 月）

第六章　乘风破浪 / 153

全面建设小康社会和推动经济社会科学发展时期的浏阳（2002 年 11 月—2012 年 11 月）

第一章

百废俱兴

从新民主主义向社会主义过渡时期的浏阳

（1949 年 7 月— 1956 年 9 月）

贫困大县

解放初期的区划与基本情况

1949年7月19日，浏阳解放。在此之前，浏阳民间流行一句俗话“禾镰刀子上壁，就没有饭吃”，[①]说的是广大贫苦农民收割完水稻之后就没有饭吃，即使劳累奔波仍然生活在贫困之中，有的还要外出沿门求食，有的甚至被迫卖儿卖女，其所反映的当时社会制度的黑暗由此略见一斑。

解放初期，由于基层政权尚未组建，一度保留了保甲制度。基层仍沿用40个旧乡机构，继续发挥原地下党组织的作用。1949年8月至年末，中共浏阳县委先后举办5期地下党员、烈军属后代、青年工人、农民、知识分子参加的地方干部培训班，为接管基层政权培训了614名骨干。

1950年4月，中共浏阳县委决定废除保甲制度，撤销四大区办事处，建立党的组织和新的民主政权。全县划为14个区、201个乡、5个街道居民委员会（以下简称居委会），各区设立党委，所辖的乡和街道设立党支部。14个区的划分是：东区4个，即一区设古港、二区设官渡、三区设东门、四区设张坊，辖57个乡；南区2个，即五区设澄潭江、六区设大瑶，辖31个乡；西区2个，即七区设枨冲、八区设镇头，辖37个乡；北区4个，即九区设羊古滩、十区设北盛、十一区设龙伏、十二区设沙市，辖61个乡；城郊区为十三区，设百宜轩，辖15个乡；城关区设圭斋路，辖5个居委会。

1951年7月中旬，将原14个区划分为27个区，下辖189个乡和6个镇。1952年7月，土改复查结束后，区未动，全县共划为570个乡、6个乡级镇、6个居委会。1953年2月，又调整为22个区、318个乡、12个乡级镇、4个居委会。

1955年4月，城关区改为城关镇。7月，根据国务院关于县辖区均按地名称呼、不按数字顺序排列的规定，全县作出相应调整，即一区与城关镇的城东、城西、南市三个组合并称集里区，二区改称浆田区，三区改称高坪区，四区改称古港区，五区改称永和区，六区改称官渡区，七区改称达浒区，八区改称东门区，九区改称张坊区，十区改称文家市区，十一区改称澄潭江区，十二区改称大瑶区，十三区改称枨冲区，十四区改称普迹区，十五区改称镇头区，十六区改称淳口区，十七区改称砰山区，十八区改称永安区，十九区改称北盛区，二十区改称沙市区，二十一区改称社港区。

①《解放初期浏阳的政治经济状况》，中共浏阳市委党史联络组、中共浏阳市委党史办公室编：《中共浏阳地方史（1949—2002）》，中共党史出版社，2004年，第4页。

区、乡经过多次撤并，至1956年6月，全县划分为61个乡、3个镇（永安、官渡、城关）。乡以下辖高级社，社以下辖生产队。区、乡基层政权的建立和健全，为全县工作进一步走上正轨和各项事业更快地恢复发展奠定了组织基础。

中华人民共和国成立时，浏阳全县总人口77.5万人，总面积5007.75平方公里，折合约7511625亩，其中山地535万余亩，耕地108.4万亩，其余为水面、道路、住宅用地。

由于国民党长期的反动统治，特别是对革命根据地的疯狂“围剿”和封锁，加上地主恶霸的强取豪夺，使得浏阳这个历史悠久、资源丰富、地域辽阔的农业大县，成了一个充满饥荒、民不聊生的贫困地区。据统计，1949年全县工农业总产值仅为8168万元，人均产值仅为105元，其中农业总产值为6805万元，工业总产值为1363万元。人均粮食占有量只有488斤（稻谷），除交国家公粮和留作种子、饲料外，人均口粮不足350斤，且占有率极不平衡。贫雇农人均占有粮食仅为108斤，而地主人均占有粮食却有3252斤。交通事业很不发达，全县通车里程只有112公里，都是砂石路面，桥梁亦多为临时性构造，过往车辆极少，运输主要靠木帆船、土车和肩挑背扛。教育事业非常落后，全县只有4所公、私立初中，108所小学，在校学生仅3万余名，文盲、半文盲占总人口的60%以上，广大贫苦农民有的几代或全家都是文盲。医疗卫生条件很差，全县仅有1家公立医院、1家教会医院，且设备简陋，费用极高。广大农村严重缺医少药，农民因病误治或未治而死的极多。当时全县人均寿命仅为35岁。特别是1948年8月后，国民党政府滥发金圆券，货币连连贬值，物价天天上涨。到1949年5月，浏阳市场物价上涨了120万倍以上。大米在1948年10月每担为金圆券13.4元，到1949年5月上涨为4000万元，涨了近300万倍。这对全县劳苦人民来说，无异于雪上加霜。

中华人民共和国成立前，浏阳广大贫苦农民大多没有土地。全县108.4万亩耕地，被只占全县总人口4.87%的地主豪绅占去了32.37%，人均9.32亩；被地主豪绅掌管的祠堂、庙宇、学校、会团等占去18.01%。占全县总人口3%的富农，亦占有总耕地面积的6.53%，人均3.06亩。中农占总人口37.8%，其耕地面积占30.89%，人均1.15亩。而占全县总人口一半以上的贫雇农，大部分只占有少量耕地，甚至没有耕地。

无地或少地是农民贫困的主要根源。地主豪绅主要是通过收地租残酷地剥削贫苦农民。农民租佃土地，首先要付佃东相当一年以上租额的“大批”（押金），这笔钱要等到撤佃时才无息归还。地租每年一般1亩田交纳两担谷，据土改时统计，1948年全县农民共向地主交纳租谷96万担，占当年粮食总产量的50%，也就是全县粮食总产量的一半被少数人占去了。此外，佃户每年还要向佃东送庄鸡、庄鸭、庄鱼、庄肉，有的还要无偿替佃东做一些杂工。同时，地主豪绅还利用地租盘剥的粮钱，对贫雇农进行雇工和高利贷等方面的剥削，使贫雇农终年劳苦，不得温饱，过着牛马不如的生活。

稳固执政基础

成立县委和县政府及基层组织

1949年7月，看到湘北建设学院招生公告的张叙仁毫不犹豫地报名，经考试录取为湘北建设学院第一期学生。在校期间，张叙仁较为系统地学习了《党史》《新民主主义》等课本。1949年9月，学业结束后，张叙仁随部队南下，分配在浏阳工作。湘北建设学院是中华人民共和国成立前夕，由原中共长沙地委领导创办的湖南第一所新型“抗大式”干部学院，于1949年7月创建于岳阳，校址后随长沙地委撤迁湘潭，到1951年9月改为中共长沙地委党校，后又改为中共湘潭地委党校。湘北建设学院共办班7期，总计为浏阳培养和输送了955人，他们成为新中国成立初期浏阳的一支重要的建设力量。刚来浏阳，张叙仁被分派到西区、北区担任“双减”（减租减息）支队队员，主要任务是征粮支前。那个时候衡阳还没解放，前线还有战事。张叙仁一辈的年轻工作队员在四野战士的保护下，下乡入户勘测田亩，登记人口，计算人均口粮，征集粮食支持前线。[①]

1949年7月18日，国民党军夏威部企图阻止浏阳解放，从醴陵调兵增援。解放军第45军陈伯钧部奉命分3路在澄潭江李家湾阻击，获得全胜。19日，解放军第四野战军第40军118师、119师、120师分别自江西进入浏阳东乡和北乡。进入东乡的解放军分3路向浏阳县城挺进，进抵古港时遭遇国民党126军一个营，敌军急登磊石山企图顽抗，另两路解放军及时赶到，围歼敌80余人，缴获100余枪支，其余敌军全部投降。国民党据守浏阳县城的一个营弃城逃跑。120师359团3营9连于13时率先进入浏阳县城，浏阳从此解放。[②] 7月21日，中国人民解放军帮助浏阳地下党建立了县民主政府办事处，第40军军法处长吴继尧任主任。

7月23日，中共长沙地委在岳阳成立，浏阳等8县归其管辖。而早在5月，浏阳等3县即在河南组建南下县委班子。7月27日晚，南下工作团抵县。7月28日，南下中共浏阳县委与中共浏阳县地下工委举行联席会议，成立新的中共浏阳县委，徐秉谦、樊茂生任正、副书记。7月25日，南下工作团在岳阳成立长沙专署。此后，长沙专署所属浏阳等县也分别建立县人民政府。8月1日，撤销浏阳县民主政府办事处，经中共湖南省委和中共长沙地委批准成立浏阳县人民政府，赵超山、张国元任正、副县长。同时，在东、南、西、

① 向日葵：《怀念老父亲》，《浏阳日报》，2019年10月8日。

② 谭仲池主编、长沙市人民政府研究室编著：《长沙通史（当代卷）》，湖南人民出版社，2015年，第24页。

北4区设办事处，并成立党的工作委员会，在城关区成立党委会和人民政府。

县委和县人民政府成立后，迅速接管了旧政权各个机构及其公产和设施，建立了各种新的职能部门，并连续招收和培训新干部，为加速新政权机构的正常运转，做了紧张而艰巨的工作。

解放初期的中共浏阳县委员会，起初由5人组成，设正、副书记。1952年8月，经中共长沙地委批准设立常委并调整领导成员，王者兴为书记，侯双来为第二书记，齐身旺、卢文林、张小山为常委。9月，浏阳改属湘潭地委。1954年11月，湘潭地委对浏阳县委领导班子进行调整，姚欣、齐身旺为正、副书记，高峰、石维刚、李映兴、穆成舟为常委。1955年4月，调整高峰为书记。县委、县人民政府办事机构随着形势的发展，不断调整。1955年7月，县人民政府改称县人民委员会。

浏阳解放前夕，全县地下党员达1600余人。县委成立后，根据省工委指示，从1949年9月初开始，抽调一批干部，对全县地下党组织进行全面整顿。经过4年多时间的调查研究，并召开多次座谈会、评议会，到1953年12月底基本结束。经县委集体讨论，报请省委、地委批准，有79个支部是因在1949年4月省工委指示停止发展党员后建立的，被宣布停止活动。地下党员除366人保留党籍外，其余1255人均被停止组织生活，劝其出党，后经落实政策，对684名可以不出党的党员恢复了党籍。1950年11月10日，成立中共浏阳县委纪律检查委员会，由县委书记徐秉谦兼纪委书记。在县委的重视下，纪委在加强党员教育、接待群众来信来访、处理违纪案件等方面做了大量工作。1955年，针对部分党员滋生了骄傲自满、以功臣自居、贪图享受、不愿再过艰苦生活、不求进步的情绪，以及官僚主义和命令主义作风，分8大区集中全县党员2463人进行党纪党风教育，在提高思想的基础上对14名党员作了组织处分。1956年2月，县委纪律检查委员会改为县委监察委员会，由县委书记兼监委书记。同时，各区委均设有兼职监委。

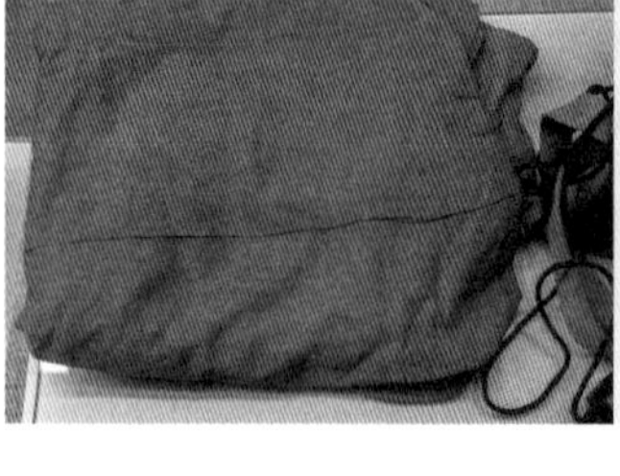

浏阳解放后第一任县长赵超山用来装文件资料的马褡子（浏阳市档案馆藏）

1952年4月开始，遵循中央提出的“积极慎重”的方针，按照成分纯洁、斗争坚决、工作积极、大公无私、群众信任五个条件，培养和发展了一大批新党员。在发展中，县委还注意了党员的年轻化、男女比例和文化素质等，并专门发出文件，要求在贫苦知识分子和中小学教师中吸收党员，积极培养和发展妇女党员。1953年全县有区委22个、支部244个。1956年下半年撤区并乡后，设21个基层党委，支部增加到856个。党的组织已建立到全县所有区（镇）、乡和县直各单位，形成了完整的领导核心。党员则由1953年的2047名增加到7000名，其中女党员429名，25岁以下的1768人，男女比例和年龄结构都发生了可喜的变化，同时党员的文化素质也得到相应的提高。在加强组织建设中，县委加强了对各级党组织的管理，先后建立了组织生活制度，规定党的支部每月必须过一次组织生活，检查和总结一月来的工作情况，特别是党员模范带头作用的发挥情况和群众反映问题的解决情况。随后又建立了“三会一课”制度，即支部的工作总结会、支委交心通气会、组织生活会和党课。

县委先后举办以党员为主的农民积极分子训练班，成立县干部训练计划委员会，并于1955年2月，建立县党训班，配备领导干部和专职工作人员，为后来县委党校的正式成立作好了准备。1956年4月，继县人民广播收音站建立后，又创办《浏阳报》，作为县委机关报。通过广播、报纸及时宣传党的路线方针政策，表彰好人好事，报道工作动态，推动全县党的建设。

1949年8月，成立县总工会筹备处。同年10月8日，召开全县第一次工人代表大会，选举产生浏阳县总工会第一届委员会，此后至1955年6月，又先后召开第二、三、四次代表大会，主要是动员全县职工群众恢复国民经济，大力支持全国解放，为增加生产、厉行节约、紧缩开支、超额完成国家计划而奋斗。至1950年1月，各区、镇基层工会和城关区的搬运、民船、泥木、篾业、医药、印刷、纺织染业、鞭炮、伞业、汽车运输、邮电、教育、店员等工会相继成立，拥有会员1200多人。

1949年12月，浏阳当地建立了中国新民主主义青年团浏阳县工作委员会，陆续配有正副书记、秘书和干事。通过一段时间的筹备，全县14个区镇先后建立团工委，成立137个基层支部，发展团员1000余名。1953年2月，中国新民主主义青年团浏阳县第一次代表大会召开，选举产生首届团县委领导班子。至1955年6月，共召开三次代表大会，主要是学习党在过渡时期的总路线总任务，团结全县青年勇敢前进，研究加强对青年的共产主义教育和巩固壮大团的组织。从1950年起，浏阳在全县初中、完小等学校建立少年儿童队，1953年6月改名为少年先锋队。1956年，团县委发出《关于在农村、街道建立少年先锋队的通知》，要求全县50%的农业社建队，以村或农业社建立大、中、小队，由团组织委聘辅导员。此后，少年先锋队组织日益发展壮大。

1950年3月，召开全县妇女代表会，筹建民主妇联。11月，召开第二次全县妇女代表大会，正式成立浏阳县民主妇女联合会。区、乡均设妇联会，村设妇女代表会，均配有专职妇女主任。至1952年10月，共召开三次代表大会，主要是发动妇女积极参加土地改革运动和生产劳动，宣传贯彻婚姻法等。1952年第三次全县妇女代表大会，号召妇女发挥“半边天”力量，积极投入农业爱国增产运动。广大妇女破除旧习，从家务中解脱出来，参加春耕播种、积肥和兴修水利。农业合作化后，实行按劳分配，妇女出工率猛增。1952年，县成立贯彻婚姻法委员会和婚姻法庭。1956年，县民主妇联配合有关单位举办了幼师班，筹办了托儿所。

1949年10月起，各区乡先后建立了农协小组。12月31日，在县城召开全县第一次农民代表大会，正式成立浏阳县农民协会。随后，各区乡农民协会相继成立。至1950年10月，共召开两次农民代表大会。主要是通过《农民协会组织章程》《告全县农民书》以及开展减租退押、清匪反霸、完成秋征尾欠等决议，布置全面开展土地改革运动。1950年上半年，全县铺开双减（减租、减息）退押和清匪反霸运动，参加这次运动的县、区、乡农协代表1.56万人，投入运动的农民群众34.76万人。同年撤区并乡，乡以下直辖高级农业社代替农民协会的整个职能，各级农民协会自行消失。

1949年7月21日，浏阳县民主政府办事处召集城关镇工商界代表会议，组成城关工商业联合会，代行县工商联的职能。1950年至1951年，动员工商界认购胜利折实公债和捐献飞机大炮款，支援抗美援朝战争。1952年12月10日，正式成立了县工商联筹备委员会。1953年3月26日，县委主持召开首届县工商业联合会代表大会，选举产生首届县工商联执行委员会。随后，成立16个基层工商联分会。1955年11月，召开第二次会员代表大会。任期内，县工商联组织会员学习党对资本主义工商业进行社会主义改造的政策，培训对私营工商业改造的骨干，开展全行业的社会主义改造。

1949年8月，以中国人民解放军第159师为主组成长沙军分区，管辖浏阳等8县的地方武装，军分区机关设湘潭市。县人民政府自1949年8月

1日成立之日起，就同时成立了浏阳县人民武装部、县人民政府公安局，随后在城乡普遍建立了民兵组织。

县人民武装部属地方建制、团级机构，1952年10月改隶属湘潭军分区。1954年7月改称兵役局，由县委书记兼政委（1956年称第一政委）。当时人武部（兵役局）的主要任务是在县委、县政府的统一部署下，负责组建和指挥县大队进行剿匪、镇反、收缴地方杂牌部队武器及训练民兵干部等。刚解放时，虽然正规的国民党地方武装已经起义受编，但还有一些拒编的分散的反动武装和土匪潜藏于县内边远山区，不时窜扰乡村，进行破坏活动。为此，县人武部专门成立100多人的县中队，专事清剿反动武装的工作。1949年10月中旬，省军区又派一个连的指战员来浏阳充实力量。县委立即决定将这个连与县中队合编成立浏阳县大队，下辖两个中队，共300余人，使县属武装得到了加强。1950年5月，全县14个区又相继成立区中队，同时各乡还武装大批青壮年民兵组织。这些武装力量在清剿残余反动势力、镇压反革命、维护社会治安、保卫人民政权，以及发展生产、秋征支前等各方面都发挥了重要作用。

县人民政府公安局辖1个公安队。1955年6月改称县公安局。1955年8月1日起，公安队改编为人民武装警察。1949年8月，设有城关、官渡、大瑶、普迹、永安5个县局以下的派出所。县公安局对全县反动党团骨干和特务分子进行登记，共登记审查1134人，收缴各类名册、信函、书刊、武器等共9402件，澄清敌伪组织体系，分化瓦解顽固势力，为后阶段工作的开展奠定了基础。

1950年1月17日，县委从县直机关抽调8名干部，正式成立浏阳县人民法院。11月，为配合土地改革运动，增设县人民法庭，由县长、公安局长分别兼任正、副审判长，并以行政区为单位建立13个分庭，由区委书记、

浏阳县工商联合会成立纪念合影

区长兼正、副审判长。1951年9月按新的行政区划建立26个分庭，配专职干部26名、兼职干部115名。1952年土改复查结束，县人民法庭及各分庭全部撤销，县区只设临时法庭。1953年1月，司法系统改革后，撤销临时法庭，由法院依法行使职权。7月成立普迹、北盛两个巡回法庭。10月增为6个庭，由6名法院干部巡回审判。1954年，合并为官渡、大瑶、普迹、北盛4个巡回法庭，并实行庭址、干部、审期“三固定”。1955年后相继改为人民法庭。据统计，从1951年至1953年，共受理各类民事案件4122件，其中婚姻案件3724件，占民事案件总数的90.3%。从1951年至1956年，共审理各类刑事案件9941件。这些案件的审理和判决，对扫除封建残余和反动势力及稳定社会秩序起到了极为重要的作用。

1955年以后，根据《中华人民共和国法院组织法》规定，县法院同时肩负着司法工作的责任，做了大量工作，为后来县司法局的成立作了准备。当时，根据湖南省第五届司法工作会议《关于贯彻人民法院组织法的决议》，县人民法院执行公开审判、辩护、陪审、合议等制度，公、检、法三家实行互相制约、互相监督，使办案质量进一步得到提高。

1955年7月24日，浏阳县人民检察院正式成立。其主要职责为审查决定是否批准逮捕和提起公诉，出席法庭支持公诉，对公安侦察活动和法院审判活动是否合法进行监督。其主要任务是运用法律武器镇压反革命、惩治刑事犯罪分子。据统计，1955年7月至12月，共审批大要案材料819份，批准逮捕反革命分子232名，有力地打击了反革命分子和其他犯罪分子的破坏活动，维护了全县安定团结的局面，保障了党和政府中心工作的顺利进行。

1950年1月5日，中共浏阳县委成立清匪反霸委员会，同时在县、区、乡、四级成立防匪自卫组织，谨防匪特破坏。至1951年初，全县残余土匪及敌特分子基本被肃清，初步建立了比较稳定的社会秩序，保证了双减退押、生产荒废运动的顺利进行。从1950年11月起，县委结合正在开展的土地改革，在全县发动声势浩大的镇压反革命运动。这次镇压反革命运动有力地巩固了新生的人民政权，保卫了土地改革和土改复查运动。1953年4月起，县委、县政府决定在县公安局设立取缔反动会道门办公室，以城关4个街道和第五区5个乡、第二十一区3个乡为重点，其他区的25个乡为附点，共设4个反动会道门头子悔过登记处。通过这次大规模的取缔，全县反动会道门基本被肃清，社会秩序进一步稳定。

保家卫国

轰轰烈烈的抗美援朝运动

血洒三八线的烈士危宗球，是大瑶危家洲人，三八猪场邱昭章和他同一个连队，邱目睹了家乡战友的壮烈牺牲。邱回忆说，1953年春，他们六十八军某团二营机枪连调到了三八线中段，邱昭章、危宗球和战友们整天整月地抢挖坑道，双手打起了血泡，用布包扎一下继续干，肩膀磨破了皮，加垫一件衣服，扛起石块飞快地跑，手中的十字镐挖成了铁锤，工兵铲磨成了小锅铲。到了夏天，美军和李伪军发动了猛烈进攻，坦克开道，步兵蜂拥。危宗球见我方火力难以发挥，即向连长建议，避开坦克，侧面射敌。连长一挥手，危宗球冒着弹雨率领战友们绕到左侧的预备阵地上，架起重机枪猛烈射敌，敌人立刻倒下一大片。第二天，敌人的进攻更加疯狂。危宗球又操起重机枪向敌一阵猛射。突然，一颗子弹击中了他的胸部，他头一低，伏倒在重机枪旁，鲜血染红了军衣、枪柄和土地。他忍着剧痛，咬紧牙关，伸出抖动的手，想再握住枪柄，可只晃了几下，他就倒在了这片为之浴血奋战的异国土地上，时年仅19岁。[①]

1950年6月25日，朝鲜战争爆发。7月8日，美国纠集15个国家的军队出兵朝鲜，并很快将战火烧到鸭绿江边，直接威胁中国的安全。10月19日，中国人民志愿军出国参战，与朝鲜人民军并肩抗击以美国为首的侵略军。轰轰烈烈的抗美援朝运动在全国展开。

1951年4月，县委传达党中央的决定，开展了声势浩大的“保和平，卫祖国，就是保家乡”宣传活动。各区乡相继召开声讨美帝国主义和日本军国主义侵略罪行大会。13日，县委召开县直各单位主要负责人和民主人士代表会议，正式组成了浏阳县抗美援朝分会。会议决定将抗美援朝作为工作重点，在全县深入开展国际主义和爱国主义教育运动。会后，运用召开群众大会、控诉会、座谈会和举行游行示威及文艺演出、发放宣传资料等形式，进行大规模的宣传发动，直接受到教育的群众达40万人，占当时全县总人口的51%。同时，为响应中央抗美援朝总会号召，县委、县政府于6月至7月间又相继召开各界人民抗美援朝代表大会和浏阳县第六、第七届各界人民代表会议，订出捐献两架“浏阳号战斗机”和大炮、坦克的增产计划，得到全县人民群众的积极响应，纷纷慷慨解囊。城关镇一次捐

① 陈怀奇：《志愿军老战士的回忆》，政协浏阳市第八届委员会编：《浏阳文史》，2012年，第182页。

金器8件、银圆246块、人民币979元；第二十区水源乡第二村于长庙等村民捐献稻谷27担；枨冲乡43户工商业者捐献人民币875元。到1951年8月止，全县共捐稻谷208万公斤，人民币（新币）11.68万元，如期完成了捐献计划。

直接参加抗美援朝战争是当时全县广大青年的热切希望。1951年6月10日，县抗美援朝分会主持召开各界人士欢迎奋勇报名参军代表会议。1951年至1953年全县进行三次扩军，应征参加中国人民志愿军的青年5986人。第十三区大同乡入伍人数达两个排，该乡张开瑞兄弟4人，有3人加入中国人民志愿军，受到广大群众的赞誉。当时人们日夜叨念的就是“抗美援朝，保家卫国”。浏阳一年征兵一次，每次征2个营的志愿军新兵。1951年5月，新兵营在椰梨集训了3个月后，整编入志愿军第47和68军。1952年9月，浏阳、醴陵、湘潭新兵合编为暂19团，在湘潭集训3个月后，整编入志愿军41军。1953年5月1日，浏阳新兵与醴陵新兵合编为暂19团，在醴陵集训47天后开往朝鲜，可还没来得及整编，就赶上7月27日朝鲜战场停战。[1]

与此同时，县委号召积极开展拥军优属工作，要求给所有军属送光荣匾，实行代耕，分胜利果实时给予照顾，逢年过节进行慰问。广大军属感激倍

浏阳县各界人民抗美援朝代表会欢迎奋勇报名参军代表送子送夫送侄送弟参军家属合影纪念

① 陈怀奇：《志愿军老战士的回忆》，政协浏阳市第八届委员会编：《浏阳文史》，2012年，第178页。

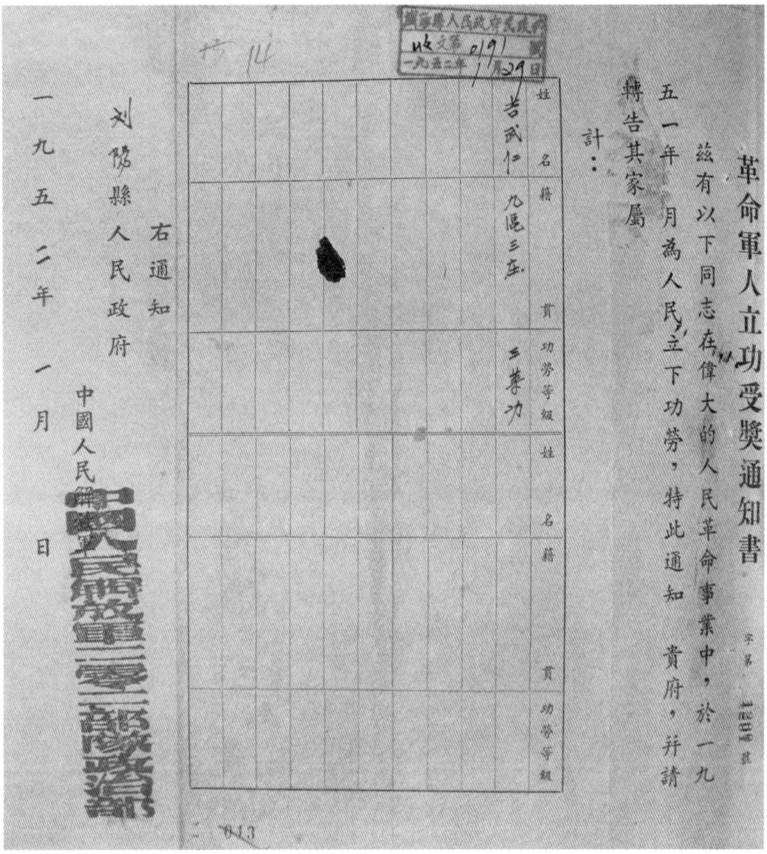

革命軍人立功受奬通知書

字第1209號

茲有以下同志在偉大的人民革命事業中，於一九五一年　月為人民立下功勞，特此通知　貴府，并請轉告其家屬

計：

姓名	籍貫	功勞等級
吉武仁	九區三庄	三等功

右通知

瀏陽縣人民政府

中國人民解放軍二零二部隊政治部

一九五二年一月　日

收文第0191號 一九五二年1月29日

革命军人立功受奖通知书

至，纷纷写信给前线亲人，鼓励他们英勇杀敌，立功受奖。1952年2月24日，浏阳县召开第二次烈军工属荣军拥军优属模范代表会议，进一步表彰拥军优属模范。据现存档案记载，当年中国人民志愿军各部就曾给浏阳县人民政府发来过报功文书，以表彰浏阳籍战士的英勇事迹。据统计，共有265名浏阳籍志愿军指战员在朝鲜前线壮烈牺牲，用鲜血和生命为中朝友谊和保家卫国写下了灿烂的篇章。浏阳集里乡太和铺村共产党员、时任志愿军第六十三军六十七师一一九团第二连指导员黎先盛，在率部通过敌封锁区增援次峰时，身先士卒，沉着指挥，击退敌人多次反扑，歼敌200余人，坚守着次峰。后来，他身负重伤，仍坚持战斗，终因伤势过重而光荣牺牲，被追记三等功。路口乡女青年团员、时任志愿军师部文书黄金菱，生前两次荣立三等功。在上甘岭战役中，她主动要求到前线参加救护工作，为掩护受伤的战友，她用身体挡住敌人的炸弹，献出了年仅18岁的生命。

耕者有其田

开展土地改革与复查

有一首《土地回到农民家》的歌曲是这样唱道："屋檐上喜鹊叫喳喳，喜讯报到农民家。若问喜讯是什么？政府颁布了土地法。废除地主土地所有制，土地回到农民家……"这是土改工作队员培训班上学唱的革命歌曲，它生动形象地唱出了刚刚解放时广大农民的心声。[①]

1950年7月，中共浏阳县委、县人民政府根据《中华人民共和国土地改革法》的规定和中央的指示，专门成立土地改革委员会，下设办公室负责日常工作，编印《浏阳土改》。县委领导成员下到东、南、西、北四大区领导这一运动。中共湘潭地委则派出副专员樊雨生、地委委员张耀民、地委组织部副部长谢介眉、地委建设学院副院长张泊泉等来县指导工作，领导全县人民进行轰轰烈烈的土地改革运动。从8月开始，先在中安、罗境、和平三个乡进行土地改革试点（另有南岳乡试点未果），接着在28个乡开展第一批土改，结合训练700多名土改工作队员，培养1700多名贫雇农积极分子组成土改支援队。1951年春节前后逐步铺开第二批和第三批共计140个乡的土地改革运动。到当年4月第四批31个乡土改结束，全县202个乡全面废除了封建土地所有制。

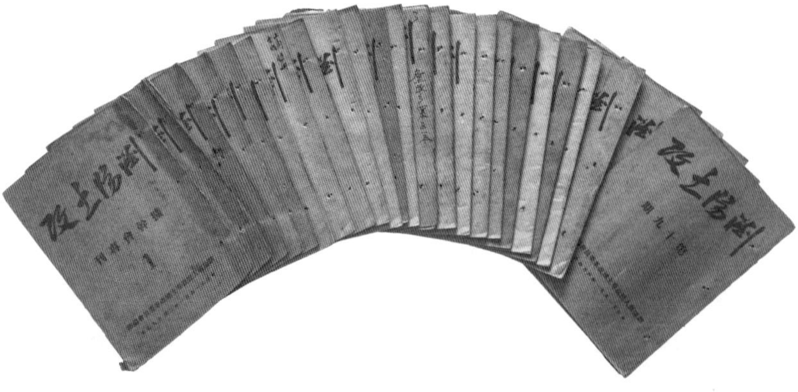

《浏阳土改》刊物（浏阳市档案馆藏）

① 杨学清：《我亲历的土地改革》，政协浏阳市第八届委员会编：《浏阳文史》，2012年，第38页。

土改运动坚持“依靠贫雇农，团结中农，中立富农，孤立地主”的阶级路线，从访贫问苦、扎根串连入手，深入发动群众斗地主。全县共培养土改根子22464人，发展农协会员45.89万人，组织民兵14902人，发展青年团员1603人，培养妇女积极分子10212人，形成以贫雇农为核心的强大社会力量，依靠他们划分阶级成分，向地主阶级进行斗争。据第二、三批土改的140个乡统计，共划地主成分5461户，其中被斗争的3452户，占63.2%；被迫交出地契的4429户，占81.1%。在此基础上，没收地主的土地、房屋及浮财（即动产），征收富农和祠庙、团体的出租土地。据不完全统计，除土地外，共收缴退租谷205吨，退押谷955吨，退贪污谷540吨，追补尾欠公粮306吨，没收多余粮3102吨，征收义仓积谷105吨；没收房屋12.15万间，耕牛1970头，水车、犁耙、扮桶等大件农具14854件。然后，本着“满足贫雇农需要，照顾广大农民利益”的原则进行分配。按照“给出路”政策，也分给地主一份土地和房屋，促使其改造成自食其力的劳动者。

通过土地改革，全县中农、贫农、雇农土改前占有土地为土地总数的42.65%，土改后增加到88.98%；地主、富农占有土地由38.99%减为9.01%。全县土改工作队员（含支援队员）有525名被选拔为县、区干部，其余大多数人都回当地担任乡、村领导职务，进一步健全和巩固了乡、村政权。

1951年冬至1952年春，全县开展了以查田、查阶级、查政策为主要内容的土改复查运动。特别是对占31.8%的土地改革不彻底的乡，重新发动群众，对未被斗垮和逃亡返回的地主再次进行斗争。据统计全县145个乡的复查，对错划的102户地主、25户富农和漏划的51户地主、40户富农进行了纠正和补划，对土改中胜利果实分配不合理的情况进行了调整，对复查中得到的胜利果实做了二次分配。在土改复查的同时，还进行了查田定产、定权发证。通过填写土地房产所有证，收缴、废除旧契约，给农民颁发了《土地房产所有证》。至此，封建土地所有制被彻底摧毁，广大农民实现了“耕者有其田”的愿望。

水利命脉

抗洪抢险与支援整修南洞庭湖

宝盖洞水库位于浏阳市东北部，原浏阳县第四区宝盖乡境内的宝盖洞。1952年由湖南省水利水电勘测设计院（现湖南省水利水电勘测设计研究总院）设计，报中南局批准，于1952年12月1日动工修建，至1953年7月20日竣工。共投资33.2万元（新币），用工219896人，是湖南省第一个兴建的中型水库。水库坝高33.6米，正常蓄水位201.8米时，水库容量826万立方米；校核洪水位205米时，水库容量1120万立方米，大坝高程207米。[①]

宝盖洞水库建成当年恰遇大旱，由于水库供水灌溉及时，14300亩稻田依然获得了丰收。然而天有不测风云。1954年7月10日至30日，全县持续暴雨，降雨量达627.9毫米，其中23日至25日出现连续暴雨、大暴雨过程，降雨量达289.8毫米（双江口水文站资料——编者注）。25日中午12时许，大坝全部垮塌，酿成惨重事故。淹死477人，其中全家死亡的29户77人。淹田28416亩，其中被冲成河不能恢复的558亩，水冲沙压无收的5713亩。淹倒房屋4232户，共50218间。全县灾情也因之加剧。

灾情发生的当天，县委正在县城召开全县扩干会议，得到紧急情报后，会议随即转为抗洪救灾，号召与会人员迅速赶赴现场。7月27日，县委负责人带领一批科局干部深入重点灾区，了解灾情并慰问灾民。县委又从县直机关抽调184名领导干部组成25个工作组，分赴灾区做善后工作，帮助恢复生产，重建家园。县政府专门成立生产救灾委员会，发出《关于生产自救的紧急指示》。通过广泛深入发动群众，全县共抢种秋季作物20.63万亩、冬季作物17.82万亩，修复水利工程和道路、桥梁9273处。与此同时，在省、地领导人的关怀下，民政部门先后发放救灾款116万元、社会救济款76万元、烈军属补助款7.26万元，送给灾区棉衣4339件、棉被635床，其它衣物9429件；银行发放低息贷款38万元；供销合作社投放农副土特产收购款243万元，优先供应化肥20500担；粮食部门供应种子6622担、大米26855吨；卫生部门组织医务人员到灾区免费医疗1万余人次，防疫注射5000余人次。

为了尽快修复宝盖洞水库，省、地水电部门及时派来工程技术人员，

① 黎石荪：《宝盖洞水库修建纪实》，政协浏阳市第八届委员会编：《浏阳文史》，2012年，第184页。

对垮坝原因进行分析。认为大坝溃决固然与百年不遇的山洪有关，但主要是在工程设计的指导思想上缺乏防洪安全的足够认识，加之缺乏水文资料，溢洪道设计宽度不够，安全系数不高。原设计泄洪流量为164立方米每秒，非常时期可通过流量436立方米每秒，而此次特大洪水估计总流量为548立方米每秒，大大超过了溢洪道的泄洪能力，坝顶漫水0.5米至0.7米，导致大坝溃决。在吸取教训的基础上，重新进行了勘测设计，决定将原均匀土质坝改为圬工坝，坝高改为13米，库容改为135万立方米。1954年12月动工改建，1955年10月竣工。当时设计灌溉6700亩，由于水库集雨面积大、区内森林茂盛、复蓄量多，实际灌溉面积达15940亩，灌区生产从此做到了旱涝保收。

与此同时，县成立乌龙陂水利工程修建委员会，又在捞刀河北盛段修筑较大工程乌龙陂坝。该坝1953年建成后，为解决下游稻田的灌溉、防御旱涝灾害起到了一定的作用。当年对修建该工程有功人员予以嘉奖，发给纪念徽章。

1952年至1953年，浏阳还积极响应省委、地委关于整修南洞庭湖的决定和安排，派员参加这一工程建设。据柳骥德《浏阳民工参加整修南洞庭

宝盖洞水库大坝

湖情况》回忆录介绍，[1]浏阳县分七批派遣 11834 人参加整修南洞庭湖，施工地段是湘阴县的蒋家渡至王家河，次年又补充民工 1556 人，从 1952 年 12 月 15 日开始施工到 1953 年 5 月 9 日竣工，前三个多月共完成劳动日 130 余万个、土方 117 万立方，新修湖堤 3398 米。

在几个月的治湖中，发展共产党员 53 名、共青团员 310 名；评出模范中队 7 个、模范分队 25 个、模范炊事班 11 个。有 6092 名民工和 95 名干部立功或被评为模范。这次治湖锻炼增强了大家的 / 参加者的爱国主义和集体主义思想，也增进了山区人民与湖区人民的革命友谊。

① 柳骥德：《浏阳民工参加整修南洞庭湖情况》，浏阳县地方志编纂委员会编：《浏阳县志》，中国城市出版社，1994 年，第 980 页。

战斗在南洞庭湖的青年团员浏阳总队机关支部全体合影

血染的风采

浏阳被定为革命老根据地县

第一次大革命战争以来献身的英烈中，浏阳有不少民族精英。其中如：国民革命军第三军团党代表、在东征陈炯明时英勇牺牲的陈作为，“马日事变”后在白色恐怖中坚持斗争、壮烈牺牲的共青团湖南省委书记田波扬，黄埔军校第一期学员、为广东的农民运动和武装斗争英勇献身的共产党员赵自选，最早在浏阳传播新思想、新文化的新民学会会员、共产党员、国民革命军三十七军政治部主任陈昌，浏阳历史上唯一的女县长、共产党员邵振维，中共浏阳县委首任书记、红三军政委、红军总前委常委、中共中央巡视员、在赴任浙江省委书记途中牺牲的潘心源，中共湘赣省委书记李梦弼，北上抗日途中抗击国民党反动派的堵截、英勇阵亡的红七军团军团长寻淮洲，坚持在湘鄂赣地区开展武装斗争、屡建奇功的红十八军政委徐洪，在平江嘉义惨案中罹难的中共湘鄂赣特委书记罗梓铭，声震皖南抗日前线的新四军第三支队司令员张正坤，解放战争时期在敌区坚持地下电台工作、英勇就义的李白等，凡此不胜枚举。[①]

浏阳是中国共产党成立后，地方组织建立最早、工农运动开展最好、武装斗争坚持最久的县区之一。在几十年艰苦卓绝的革命斗争中，浏阳人民在党中央、湖南省委、湘鄂赣省委（特委）和县委的领导下，前仆后继，英勇斗争，建立了农民协会等各种革命团体和地方武装，成立了县、区、乡苏维埃政府，抗击了国民党反动武装的多次进犯和“围剿”，为夺取革命的最后胜利作出了巨大贡献。解放后首批追认为革命烈士的达 1.43 万余人，加上后来被追认为革命烈士的，共 2 万余人。

1951 年 8 月 24 日，受党中央、毛泽东委派，国家邮电部部长朱学范、中央人民政府人民革命军事委员会人民武装部副部长傅秋涛和湖南省委王首道、谭余保、罗其南等率领的中央南方老根据地访问团湘鄂赣分团来浏访问，带来毛泽东亲笔题写的“发扬革命传统，争取更大光荣”条幅，带给全县人民极大的鼓舞和激励。同时，慰问团还深入各区、乡进行慰问，并召开军烈属和老区群众代表座谈会，了解老区人民的生产、生活情况。9 月 27 日，中央又邀请浏阳苏区代表陶和顺（原红六军供应部长）、李基民（原湘鄂赣省委通讯员）、吴桂初（烈士后代、原达浒乡优抚会主任）、罗吉

① 浏阳县地方志编纂委员会编：《浏阳县志》，中国城市出版社，1994 年，第 3 页。

林（原湘鄂赣特委书记罗梓铭烈士之子）、陈占福（毛泽东大革命时期曾在他家小住）、王余美（王震将军之弟）等赴京参加国庆观礼，受到毛泽东、刘少奇、周恩来、朱德、陈云、邓小平等中央领导人的亲切接见，并在中南海怀仁堂设宴招待。

1952年，县人民政府根据中央南方革命老根据地访问团老红军战士和苏区革命老干部提供的证明材料，按当时行政区划，确定252个乡为革命老根据地乡，其中坚持武装斗争五至八年的65个乡，坚持三至五年的45

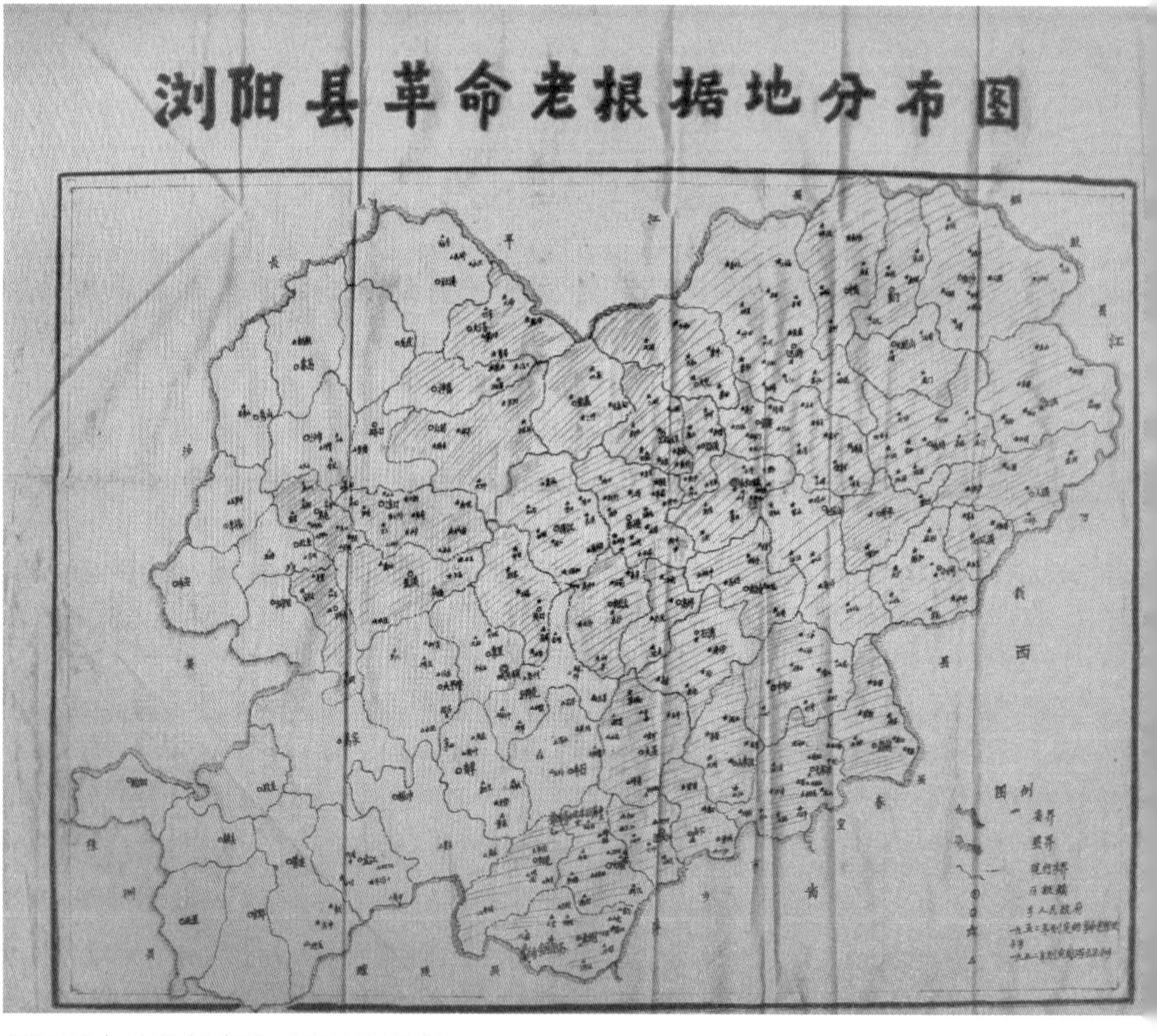

《浏阳县革命老根据地分布图》（浏阳市档案馆藏）

个乡，坚持半年至三年的142个乡。还有110个乡和城关镇6条街为游击区。1954年，国家内务部正式确定浏阳为革命老根据地县。同年，内务部部长谢觉哉再次率访问团来浏阳进行慰问。这是党中央对浏阳党组织和人民所进行的革命斗争的肯定，也是对浏阳党组织和人民新的期待。

在此期间，为纪念革命先烈，县委、县政府几次拨出专款，先后修复和改建了古港桐坑48人墓、大光洞99人墓、仁和洞83人墓等革命烈士墓、烈士塔共18处。在县城北余家岭兴建了占地2万多平方米的烈士公园，内有烈士塔和纪念亭各一座，塔高22.2米，上刻有宋任穷、王震、王首道、张启龙等革命前辈共同撰写的碑文。还对中共浏阳县第一次代表大会会址县城文庙、秋收起义部队会师地文家市里仁学校、县苏维埃政府驻地豆田狮山仙人庙、湖南省苏维埃政府驻地东门漾水湾锦绶堂、中共湘鄂赣省委驻地东门楚东山涂家屋场、中国工农红军第一方面军成立地永和石江李家大屋等处纪念地进行了挂牌保护和维修。

1955年9月，中国人民解放军实行军衔制度时，王震、宋任穷、杨勇、李志民、唐亮5人被授予上将军衔；孔石泉、张翼翔、张藩、饶子健、汤平5人被授予中将军衔；李贞（女）、李信、李辉高、苏鲁、苏鳌、黄霖、汤池、江文、黎东汉、邱蔚、戴文彬、曾涤、熊晃、刘子奇、张和、何志远、杨世明、罗若遐、黄曹龙19人被授予少将军衔。1964年，石敬平晋升少将军衔。

三大改造

农业、手工业、资本主义工商业的社会主义改造

1952年，浏阳有杨藩森、杨秀珍等6个互助组被评为省甲等模范互助组。由1区区长张官长领导组织起来的邹世银互助组，全组11户、46人，种水稻43.3亩，全年共收稻谷40052斤，每亩平均925斤，比未组织前的1951年增长115.6%，一年打了一个翻身仗，被省授予特等模范互助组的称号。县人民政府作出“广泛开展学习邹世银互助组生产自救，争取爱国丰产的讨论”的决定，组织社员参观学习，有力地推动了互助合作运动的发展。[①]

1953年开始，县委根据党中央在过渡时期的总路线、总任务的要求，实行对农业、手工业和资本主义工商业的社会主义改造。

浏阳县对农业的社会主义改造从1951年春到1958年秋，历时7年多，经过了组织互助组、建立初级农业合作社和实现高级农业生产合作化三个阶段：

1951年春，土地改革刚刚结束，二区（今古港镇）仙洲和范市乡自发组成8个临时互助组，经过一年的劳动互助，获得了第一个丰收年。但秋后只巩固了仙洲乡邝启和、李谟冬两个互助组，其余均解散。1952年，县委作出《发展互助合作规划》，提出“组织起来，克服困难，胜利渡过春夏荒”的号召，动员县、区干部深入农村，发动群众，按照自愿的原则，发展各种不同类型的互助组。这一年共组织互助组2663个，入组农户21206户，占总农户11.5%。其中常年互助组524个，农户4192户；临时互助组2139个，农户17014户。1952年全县粮食总产比1951年增长10.8%。1953年2月，县委根据中共中央关于“积极稳步地开展互助合作，逐步实现对农业的社会主义改造”的精神，作出《农业发展方向的规划》，提出“三年普遍建立互助组，80%的农户参加，五年内重点建立生产合作社五十个”的设想。针对当时由于缺乏具体指导，导致出现2326个互助组（常年组716个、临时组1505个）垮台的教训，春耕开始时，认真抓了互助组的整顿、巩固和发展工作。至年末，互助组发展到4238个，比上年增加59.1%，入组农户29666户，比上年增加39.9%。1954年初，按照省委提出的“重点试办农业社，大量发展各种类型的互助组”的方针和“50%以上农户参加互助合作”的要求，县委制订《开展农业生产互助合作和建办农业社计划》，

① 张绍春：《回忆浏阳县的互助合作运动》，浏阳县地方志编纂委员会编：《浏阳县志》，中国城市出版社，1994年，第983页。

把互助合作运动推向新的阶段。县委根据湘潭地委分配试办4个初级农业生产合作社的任务及要求，挑选骨干力量较强、群众基础较好的一区集里乡黎仁谦、陈友生互助组，四区三口乡何春保互助组，十一区文昌乡李性永互助组，十九区新市乡邹长乐互助组为建社对象，派出4个强有力的工作组帮助建社工作。经过一个多月的努力，全县建成了集里、三口、星星、江下4个初级农业生产合作社。4月份又经批准建立毛坪（澄潭江）农业社。这5个社都成为当地合作化运动中的先进旗帜。年末统计，互助组发展到13143个，比上年增加2.1倍，参加农户91994户，占全县总农户46%。

1955年，县委将主要精力放在普遍试办初级农业合作社上，同时也抓互助组的巩固、发展。这一年互助组发展到14612个，比上年增加11%，参加农户128887户，加上入初级社农户，约占总农户64%。县委在取得试点经验后，坚持"积极领导，稳步前进"的方针，从1954年冬至1955年秋，分三批新建初级社375个，包括5个老初级社共380个，分布在全县22个区210个乡，入社农户5938户，占总农户3.04%。试办表明，初级社比互助组更能集中劳力，抓住季节，合理使用土地，扩大生产门路，推广先进耕作技术和良种，扩大基本建设，提高抗灾能力，增加收入。浏阳县的初级社比互助组增产一成半，最多的户增产粮食1600公斤。至1955年3月，浏阳县共建立初级合作社784个，初步形成了"人往集体奔，心往集体想，劲往集体使，粪往集体送"的喜人局面。1955年10月，县委召开县、区、乡三级扩大干部会议，学习毛泽东主席指示和中共中央《关于农业合作化问题的决议》，检查批判右倾思想，提出"主动地、积极地、高兴地、全力以赴地领导好合作化运动，加快农业合作化的进程"。县里组成培训建社对象骨干的领导班子，分大区举办5210人的积极分子培训班。至年底，全县共建农业初级社1642个，入社户146469户，占总户数80.30%。

1955年12月31日，县委举办为期七天的高级农业社骨干培训班，1163人参加，提出"并社升级，由半社会主义性质的初级农业合作社过渡到完全社会主义性质的高级农业生产合作社，秋后实现高级合作化"的口号。1956年春节期间，试建93个高级农业生产合作社，入社农户22151户，每社平均238户，最小的140户，最大的星星高级社1077户。6月27日开始，又分7处训练1526个初级社和24个高级社的骨干共3275人。到9月底止，全县扩、并、升级的社1025个，包括老高级社在内共有高级社1118个，入社户192362户，占总户数95.24%；入社人口750271人，占总人口的

95.56%；入社耕地 1096105 亩，占总耕地的 92%。

对手工业的社会主义改造之前，县委遵照党中央“发展生产、繁荣经济”的总方针，对全县手工业采取加工订货、统购包销、减免税收、优质优价配备原材料，使手工业得以迅速恢复和发展。1950 年，全县有手工业 7360 户，从业人员 12230 人，总产值 2721740 元。至 1952 年增加到 8530 户，总产值增加到 4279540 元。然而，当时的手工业多为分散个体经营，缺乏抵御风险的能力。1951 年 3 月以后，北乡秀山、城关镇、八区分别组建元贞织布生产合作社、漂染生产合作社、造纸生产合作社。这些手工业组合起来，生产得到更快的发展，产品增多，质量提高，社员生活也得到了较大的改善。为此，广大手工业者都有组织起来进行社会主义改造的迫切愿望。

从 1953 年开始，全县 90% 以上的手工业工人组织起来，进入合作社、组。以后又将城镇一些手工业行业的合作社转为公私合营或国营工厂。1954 年，在县政府成立县手工业管理科，对原自发组织起来基础又较好的转为合作社（组），并新发展了一批新的合作社。到 1955 年底，全县共建立手工业合作社（组）55 个，社（组）员 1387 人，其中生产合作社 13 个、793 人；供销生产合作社 6 个、178 人；供销生产小组 36 个、416 人。

1956 年初，县委决定对手工业和对资本主义工商业的社会主义改造实行统一组织领导、统一布置安排。其中对手工业的改造，由县手工业管理科负责具体工作，并抽调 40 名干部组成 10 个工作组，分赴各区、乡协助和指导改造工作。各地采取大会动员、小会座谈、个别交流、办班培训等形式，大力宣传手工业在社会主义建设中的地位和前途，组织起来走社会主义道路的优越性以及有关政策。并将永和、官渡两个镇作为改造的试点，将城关镇的木箱、油漆、针织、缝纫、纸伞作为行业改造的试点。为了使改造工作有序进行，县委要求本着先城镇后农村、先专业后兼业、先商品性大的行业后一般行业、先生产供销基本平衡的行业后有困难的行业的原则，规划 1956 年组建 91 个生产合作社、30 个供销生产合作社、61 个供销生产小组。经过一段时间的工作，全县共组建社（组）182 个，入社（组）人员 28341 人，占手工业总人数的 74.5%。1957 年全面完成改造任务，7 月，成立县手工业生产合作联社。

1953 年 8 月，县委在开展农业互助合作运动的同时，开始了对全县资本主义工商业社会主义改造的前期工作，以便摸索经验。通过解放初期的恢复和发展，1950 年全县共有私营商业 2238 户，从业人员 5538 人，其中坐商31户、批发商30户、零售商1487户、行商17户、小商小贩673户。还有部分散居农村的半农半商户。当时工作的重点是动员小商小贩走合作化道路，具体分工是由国营商业部门负责城关镇，供销部门负责农村集镇，以经销、代购代销、合作商店、公私合营等形式，在棉布商、屠宰商中进行试点。改造后，全县棉布商138户，转为经销的53户，转营其他商业的34户，转为手工业和转为其他劳动的16户，停业就农的35户；屠宰商217户，转代购代销的8户，转其他行业经销的32户，转其他劳动的8户，停业就农的169户。由于转业面较宽，引起部分私商不满，或抽走资金，或无故辍业。到1954年底，全县农村仅有私营商业1163户，从业人员1998人。1955年，遵照中央"统筹兼顾，全面安排，积极改造"的方针，先后将城关镇的南杂、百货、烟酒、土产、山货、杂货、窑业等137户私商，纳入经销、代购代销和批购联销系统。1955年9月完成对农村集镇百货、南杂两个行业108户的改造，改造后建立经销33户、批购联销49户、代销22户、代购4户。

1955年12月，县委起草了《关于省委对资本主义工商业改造会议精神的传达和我县私营工商业改造的初步规划（草稿）》，并开会征求意见。1956年2月，县委全面部署开展对资本主义工商业社会主义改造工作。到6月底，县城基本完成，按行业建立公私合营商店和合作商店18个共805户，从业人员1088人，其中归口国营商业管理的13个共678户，从业人员943人；供销合作社管理的2个共41户，从业人员43人；手工业科管理的3个共86户，从业人员102人。剩下的部分摊贩，继续保持个体经营。年底，农村社会主义改造亦基本完成。原有的商业和饮食服务业1465户，从业人员1932人，改造后，改变私人经营的1361户共1731人，分别占总户数、总人数的92.9%、89.6%。建立起公私合营商店38个共509户，从业人员746人，合作商店29个共238户，从业人员267人，合作小组32个共317户，从业人员339人，过渡到供销合作社的235户，从业人员311人。另外城关鞭炮公私合营商店9户，从业人员48人，划归供销合作社管理；国营及公私合营商店20个，全部移交卫生部门管理。同时，由个体商贩自愿组成合作商店163个，拥有从业人员1107人，流动资金5.56万元，实行统一经营、自负盈亏，然后商店、人员全部过渡到国营商业。

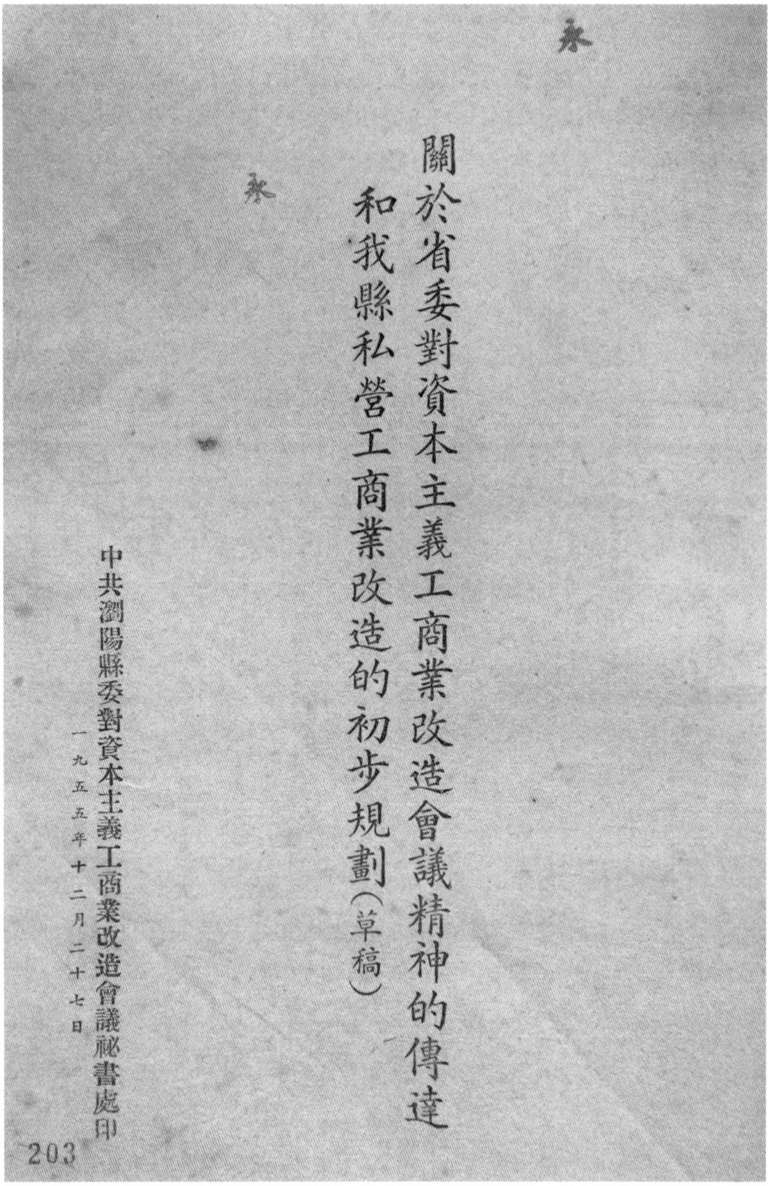

關於省委對資本主義工商業改造會議精神的傳達和我縣私營工商業改造的初步規劃（草稿）

中共瀏陽縣委對資本主義工商業改造會議祕書處印

一九五五年十二月二十七日

203

浏阳县私营工商业改造的初步规划（草稿）

运筹帷幄

三年恢复时期、“一五”计划与人民代表会议

1950年9月，省湘江文工团职员徐叔华在长沙县黎托乡参加土改工作时，创作花鼓戏《双送粮》，参加全省文工团汇演获创作一等奖。1951年，该剧晋京参加世界民主青年联欢节目选拔演出，5月22日晚进中南海怀仁堂为毛泽东主席等中央首长演出获得好评，其中的核心唱段《浏阳河》从此流行全国乃至全世界。此外，浏阳籍湘剧演员、艺术大师徐绍清、欧阳寿庭参与创作演出的《琵琶上路》，1952年参加首届全国戏曲观摩汇演获得二等演出奖，受到毛泽东、周恩来等党和国家领导人的接见。[①]

三年恢复时期，县委、县政府领导县财政经济委员会编制了《1950—1952年浏阳县三年生产建设计划（草案）》，要求全力恢复农业生产，救济灾荒；培植发展林业，消灭浅山荒象；发展农村副业，建立地方工业，有计划地勘察发掘各种矿山；大量兴办合作社，开展城乡物资交流，打开土特产品销路。

县委、县政府带领全县人民发扬革命传统，自力更生，艰苦奋斗，圆满完成了三年恢复的艰巨任务，国民经济和社会各项事业都得到了相应发展。工农业总产值由1949年的9168万元，上升到1952年的10497万元，年均增长7.7%。其中农业总产值9140万元，年均增长10.3%；工业总产值1357万元（轻工业1294万元、重工业63万元），年均增长18.3%。财政收入增加到496万元，年均增长37.7%。教育、文化、卫生事业也得到全面恢复和不同程度的发展。

县委、县政府有步骤地接管各级各类学校，并按照“学校向工农开门，教学为人民服务”的办学方针，对教学内容、课程设置及学校分布都重新进行安排与调整，使广大工农子弟能就近入学。到1952年，全县各类学校达1046所，在校学生达5.9万多人。此外，还开展工农扫盲教育和成人业余（夜校）教育，举办群师培训班，致力于提高全县人民群众的文化水平。

1950年12月创建县人民教育馆，1951年改为县人民文化馆，1953年更名为县文化馆，配备干部和工作人员，开设文学创作、戏曲舞蹈、美术摄影、电影放映等专业教学，并把群众文化的辅导工作列为首要任务。1951年后，又相继举办中小学文娱教师、幻灯放映员、农村文艺骨干、民间艺人等学

① 谭仲池主编、长沙市人民政府研究室编著：《长沙通史（当代卷）》，湖南人民出版社，2015年，第87页。

习班72期，以及大中型文艺会演46次，大大提高了群众文化艺术水平。在此基础上，又创建官渡集镇文化站、兵马乡俱乐部、南市街图书馆、筱水业余剧团、金刚镇的星星村俱乐部等一批典型向全县推介。县总工会也在城关镇建立工人俱乐部，除举办篮球、排球、康乐球、象棋等活动外，还设立图书室、流动图书馆，开展读书读报活动。1951年至1952年，浏阳县文化馆抢救了全套祭祀古乐器具、乐谱，并组织乐员演奏，使这一全国仅见的古乐民族文化遗产得以传承下来。文化馆干部李雅城创作的歌曲《毛主席光辉永远亮》，传唱到全国；潘信之创作的湘剧高腔《王佐断臂》，获省会演创作二等奖且出版；朱德茂创作的宣传画《修水利》，由湖南人民出版社出版。①

1949年8月，县政府接管原县卫生院和县公立医院，于10月成立县人民卫生院，主要管理卫生行政、卫生防疫、医疗保健和医务培训等工作。与此同时，区、乡医疗机构也随之建立起来。1950年官渡卫生所成立，城区设立“保防委员会”，主要管理食品和环境卫生。同年，普迹、北盛、大瑶、泮春等区、乡先后建立卫生所。

1950年5月1日，中央人民政府正式颁发《中华人民共和国婚姻法》，推翻了封建婚姻制度。县委、县政府在全县贯彻这一法律，农民兴高采烈地领到了结婚证。同时，改进医疗条件，加强设备更新，增加医务人员和床位，购进大量药物，保证了医疗工作的正常开展。1952年9月，县卫生科成立后，为加强防疫工作，又于11月成立县防疫指挥所。

第一个五年计划（1953—1957）从1954年开始编制，先后经过多次修改，于1955年8月15日经中共浏阳县委讨论通过并正式下达。确定的主

浏阳县永福乡（今永和镇）农民曾菊兰、罗慈英领到了结婚证
（新华社记者毛松友摄，中国照片档案馆藏）

①潘信之：《三进文化馆》，政协浏阳市第八届委员会编《浏阳文史》，2012年，第367页。

要指标是：组织起来的农户占总农户的85%，其中参加农业合作社的农户占53.3%，参加手工业合作社、组的人数占手工业从业者总人数的比重由1952年的6.4%上升到43.3%；粮食总产量增长19%，生猪年末存栏量增长50%，油料作物产量增长32%，水产品增长58%，五年内造林14.6万亩；工业总产值增长41%，发电量增长138%，鞭炮增长33.3%；社会商品零售总额增长59.27%；财政收入与支出总额分别增长84.9%与69.4%；小学、中学在校学生分别增长18.6%、77.87%。

“一五”期间，县委、县政府切实加强领导，调动全县广大人民群众的积极性，在治愈战争创伤、恢复国民经济之后，较好地完成了“一五”计划。

工农业生产有较快发展。工农业总产值（不含省、地属企业）平均每年递增5.39%。工业总产值占工农业总产值的比重由1952年的4.85%上升到1957年的9.15%。五年中尽管全县许多区域受到1954年的特大水灾和三年旱灾影响，但农业生产仍获得较好收成。1957年与1952年比，粮食总产量增长18.82%，花生增长1.31倍，油菜籽增长31.8%，芝麻增长1.69倍。五年内造林12.09万亩，完成计划的82.8%；油茶垦复36.67万亩，比计划超出41%。1957年的主要工业产品产量与1952年比较：原煤增长近8倍，木材增长近5倍，石灰增长3.4倍，发电量增长2.32倍，铁制小农具增长1.17倍。至1957年末，入社农户已占总农户的94.6%。“一五”期间有的部门生产曾一度出现下降趋势，其中生猪年末存栏数三连降：1952年至1955年分别为13.09万头、13.02万头、9.8万头、8.4万头。社会事业也有较大发展。全县新修10多条公路，改建了浏阳大桥，并成立县邮电局，增加设备，拓宽了邮路。全日制学校发展到746所，在校学生86991人，比1949年增加两倍多。为活跃群众文化，县成立文化馆，各区、乡和学校成立文艺宣传队，农村业余剧团发展到159个，业余演员5237人。卫生方面，建立县人民医院、县中医院和县卫生防疫站、县妇幼保健所，各区建立卫生所和中西诊所，壮大了医疗队伍，增加了医疗设备，加强了传染病的防治。同时，科学技术也有了进步，特别是农业、林业和花炮、名土特产的革新和研究成果卓著，其中花炮产品达到国内外领先水平。“一五”计划的完成，标志着浏阳进入新的五年计划的发展时期，开始全面建设社会主义。在此期间，全县呈现出人民当家作主、社会安定祥和、民风朴实纯正的欣欣向荣景象。

为了保障全县各界人民享有当家作主和参政议政的权利，在未建立人民代表大会之前，县委根据第一届全国政治协商会议《共同纲领》，组织各界人民代表会议，代行人民代表大会职能。

1949年至1953年，先后在县城召开各界人民代表会议共八届十三次，其中第一、二届各界临时代表会议，其代表均由区、乡指派和县聘请。第三届代表改由群众选举、区鉴定、县审批；第四、五、六届代表由群众提名、区指派。第七届代表由群众选举214人，区、乡推定37人，县聘请21人。以上各界代表条件均强调历史清白、阶级立场坚定和斗争性强。第八届代表是在民主建政运动中选举产生的。村建立选民小组，按分配名额提出候选人后选出乡人民代表，乡人民代表会选举县人民代表。当时规定，凡反对帝国主义、封建主义、官僚资本主义，赞成共同纲领，年满18岁的公民，除患精神病及被剥夺公民权者外，不分民族、阶级、性别、信仰，均有参加选举的权利。

第一届代表会议于1949年10月9日举行，党、政、军机关团体派人列席会议。会议中心任务是研究秋征支前工作。通过《告全县各界同胞书》。第二届会议于1949年11月27日举行，主要检查秋征政策的执行和干部作风情况，研究完成秋征和冬季生产任务，广泛征集群众对政府工作的意见。第三届会议于1950年4月27日至30日举行，中心议题是组织春耕大生产运动，清匪反霸，清理公仓积谷、贷粮，生产自救度夏荒。第四届会议于1950年9月12日至18日举行，以秋征为主要议题。第五届会议于1950年12月2日至5日举行。以土地改革为中心议题，学习政策，开展诉苦，全面部署土地改革以及搞好生产、修好塘坝等工作。第六届会议于1951年6月24日举行，主要讨论抗美援朝，部署扩军和增产捐献。第七届第一次会议于1951年7月9日至12日举行。大会听取“关于镇压反革命”“关于克服松懈麻痹思想，保持革命警惕性，继续深入开展抗美援朝爱国主义增产捐献运动”和“关于教育工作情况”三个报告以及《继续深入开展抗美援朝爱国主义运动，巩固既得胜利，为建设新浏阳而奋斗》的总结报告。并研究划分行政区。选举第七届各界人民代表会议常务委员会。1951年10月及1952年5月和8月，又相继召开第二、三、四次会议，围绕第一次会议决定内容，讨论具体措施，向全县干部群众发出《搞好查田定产的通电》。第八届第一次会议于1952年12月24日至28日举行。大会听取《三年来工作与今后施政工作的意见的报告》《关于继续贯彻婚姻法的发言》《关于镇压反革命工作的报告》《关于提案审查报告》，讨论通过《县政府今后的施政工作》《加强老根据地建设》和《继续贯彻婚姻法》三项决议，发出致整修南洞庭湖的浏阳干部民工和修建乌龙陂坝、宝盖洞水库全体干部民工的三项慰问信。选举杨培民为县长，龚长富、李富田为副县长，并选举本届大会常务委员会。1953年6月及10月，还分别召开了第八届第二、三次会议。

第一部宪法颁布后，开始召开县人民代表大会。第一届第一次会议于1954年7月7日至10日举行。会议听取《关于中华人民共和国宪法（草案）的传达报告》，作出《关于动员全县人民增产节约的决议》和《关于拥护宪法的决议》。选举出席省人民代表大会第一届代表7人。第二次会议于1955年4月举行。学习讨论《中华人民共和国兵役法（修正草案）》，并提出修正意见；作出《关于大力开展以互助合作为中心的春耕生产运动》和《关于贯彻省第一届第二次代表大会精神》两个决议；选举李映兴为县长、余康彩为副县长、杜克强为县人民法院院长。第三次会议于1955年12月举行。中心议题是建立农业社，通过《农业合作化的发展规划》。补选出席省人民代表大会代表1人。

第二章

红旗飘飘

社会主义建设的探索和曲折发展时期的浏阳

（1956 年 9 月—1966 年 5 月）

在八大精神鼓舞下

全党整风与反右派斗争

1956年9月15日至27日，中国共产党第八次全国代表大会在北京召开。大会正确分析了社会主义改造基本完成以后我国的阶级关系和主要矛盾，指出“国内的主要矛盾，已经是人民对于建立先进的工业国的要求同落后的农业国的现实之间的矛盾，已经是人民对于经济文化迅速发展的需求同当前经济文化不能满足人民需要的状况之间的矛盾”[①]。大会提出了党的主要任务是集中力量发展社会生产力，把我国尽快地从落后的农业国变为先进的工业国。这标志着我国全面建设社会主义的开始。大会选举产生了党的第八届中央委员会，浏阳籍王首道、宋任穷、王震、胡耀邦当选为中央委员，杨勇、李志民、张启龙当选为候补中央委员。

中共八大闭幕后，中共浏阳县委立即召开县直机关干部大会，就学习贯彻八大精神进行动员。紧接着，县委发出《关于进一步组织党员、干部学习党的第八次全国代表大会文件的通知》，并印发宣传要点，组织县委委员、工作组长、大队党总支书记向广大群众宣讲，还派出县委讲师团下乡巡回辅导，从而在全县范围内掀起学习宣传八大精神的热潮。

1956年12月下旬到1957年1月中旬，县委又组织县直机关党员、干部1100多人，对照八大精神，紧密联系实际，开展自我检查。一些领导干部自觉地检查工作不深入、作风不民主、队伍不团结等方面的问题，并提出解决的办法，达到提高认识、加强团结、改进作风的目的，为开始全面建设社会主义奠定了思想基础。

在八大精神的鼓舞下，全县以生产为中心，开始了社会主义全面建设。广大干部群众为了改变浏阳贫穷落后的面貌，意气风发，斗志昂扬，艰苦创业，奋发图强，使工农业生产等各方面有了较快发展。此时建成的洞阳水库，由苏联专家设计，湘潭地委委员、专署副专员兼浏阳县委副书记刘喆负责指挥施工。共投工44.3万人，投资190.05万元，建成一座40.8米高的空心平板溢流坝，库容572万立方米，可灌溉3.4万亩农田。该库空心平板坝为国内首创，达到国际先进水平，具有造价低、施工进展快的特点。1958年8月21日，国务院办公厅在浏阳召开有各省、市、自治区相关部门负责人和苏联专家共40余人参加的水利工程现场会，推广其施工经验。

①《中国共产党简史》编写组：《中国共产党简史》，人民出版社、中共党史出版社，2021年，第188页。

1956 年澄潭江河坝竣工后，于次年 4 月利用该坝的渠道落差，在大瑶古岭建成全省第一个小型水电站，同年还建成澄潭江、齐心、棠花、翻身 4 个小水电站。1958 年上半年，湖南省水利厅在大瑶乡召开小水电站建设现场会议，推广其经验。

1957 年 4 月 27 日，中共中央发出《关于整风运动的指示》，决定在全党范围内开展以反对官僚主义、宗派主义、主观主义为主要内容，以正确处理人民内部矛盾为主题的整风运动，旨在加强党的领导，密切党同人民群众的联系，更好地调动一切积极因素，贯彻执行党的八大路线，推进社会主义建设。

根据中央指示和省委、地委的部署，县委决定从 1957 年 9 月至 1958 年 7 月，全县分三批进行整风。第一批是县直机关各部门及中学、县属厂矿；第二批是小学；第三批是基层财贸、公交、文卫、森工等单位。每批时间一个半月左右，分为学习文件、思想检查、鸣放辩论、整改四个阶段。全县整风在县委整风领导小组统一领导下进行，县以下在乡、镇党委统一领导下，以“块块为主，条块结合”开展整风。

根据群众在整风中提出的意见，县委认真研究，着重抓了四个方面的整改：（一）统一领导，分工负责。（二）层层办重点，普建试验田。（三）压缩机构，下放干部。（四）坚持组织原则，管好用好干部。1957 年 6 月 8 日，中央要求组织力量反击右派分子进攻。县委根据中央和省委、地委的指示，决定将整风与反右派斗争联系在一起进行。全县共划右派分子 561 名，运动后期，对右派分子分别给予了开除、劳动教养、下放农村厂矿劳动、降职降薪、留单位监督改造的处理。

1959 年冬，县委贯彻中央和省委“关于摘掉确实悔改的右派分子的帽子”的指示，摘掉了少数右派分子的帽子，仍将其称之为“摘帽右派”。直到党的十一届三中全会后，根据中央复查要求，认定所划右派分子均属错划，并全部予以改正。

1959 年下半年，县委根据中央通知和党的八届八中全会决议，在县直机关 64 个单位及基层全面开展了“反右倾”整风运动。

"人有多大胆，地有多大产"

"大跃进"运动

1958年，为缓解城关居民生活用电的矛盾，县委组织技术人员勘测设计，发动县直机关干部职工、学校师生、城关居民5140人参加会战，从洗药桥开始，途径圭斋路、豪兴街至下河一线，拆除房屋建筑物985间，开挖一条横穿县城的人工河。经过1个月的努力终于挖成，但因落差太小，不能装机发电，只好又重新填上建房，造成劳民伤财的极坏影响。随即转战道吾山，在其山岭一条冲口筑堤兴建水库，利用落差分别在山下依次建设三级电站，为全省首建的高水头电站，虽获成功，但付出了毁掉历史古迹兴华禅寺的代价[①]。

1958年5月，党的八大二次会议通过"鼓足干劲、力争上游、多快好省地建设社会主义"的总路线，号召全党和全国人民争取用15年或者更短的时间，在主要工业产品产量方面超过英国，赶上美国。会后，以追求工农业生产和建设的高速度、大幅度地提高和修改计划指标为标志的"大跃进"运动在全国范围内开展起来。

按照"大跃进"的要求，浏阳县委重新编制了"二五"计划，提出的总目标是：更快地把浏阳建设成为"粮食堆满仓，茶叶满山岗，六畜皆兴旺，鱼莲满池塘，森林遍原野，油茶满山坡，工厂城乡布，机器响叮当，人人受教育，个个体质壮"的社会主义新农村。但确定的主要指标均大大脱离客观实际，如工农业总产值与粮食总产量均要求比1957年增长2.1倍，生猪年末存栏要求增长2.88倍，原煤产量要求增长38.7倍。特别是对《湖南省农业发展纲要》，省委只要求提前到1962年完成，而县委却提出"十年规划，一年完成"。

1958年9月，湘潭地委对浏阳县委领导成员进行了调整，齐身旺为书记，石维刚为副书记。为了实现"以粮为纲"的农业"大跃进"，县委统一部署从大办水利开始，接着是大开荒、大建花果山、大开油茶山、大办猪场、大办肥料，随后又推广深耕密植、扩种双季稻、大搞技术革新和改良农具运动。

工业的"大跃进"是在全国、省"以钢为纲"的号召下开展起来的。当时浏阳没有钢铁企业，物质基础和技术条件都不具备，全县组织10万劳

① 中共浏阳市委党史联络组、中共浏阳市委党史办公室编：《中共浏阳地方史（1949—2002）》，中共党史出版社，2004年，第93页。

动大军支援“钢铁元帅升帐”，建小高炉近千座，大搞土法炼钢。不仅没有炼出像样的钢材，而且严重破坏了森林资源。

在“人有多大胆，地有多大产”口号的鼓动下，“大跃进”中的生产指标一再拔高，强迫命令更加严重，形式主义更加泛滥，虚报浮夸更加盛行。伴随而来的是少数干部工作上的华而不实，生活上的铺张浪费、特殊化，严重地破坏了党群关系，挫伤了人民群众建设社会主义的积极性和创造性。

“大跃进”运动是一次严重的失误，到 1961 年，全县工农业总产值 5689.14 万元，比 1957 年下降 44.9%；耕地抛荒 10.58 万亩，粮食亩产下降到 307 斤，人均口粮仅 229 斤；市场物价上涨，食品和其他日常用品供应紧张，不少农民过着低标准、“瓜菜代”的“苦日子”，全县劳动力外流 15107 人，水肿病患者达 25 万多人，总人口减少 47876 人。但由于广大干部群众的艰苦创业，从 1958 年至 1960 年，全县仍兴建 5 座中型水库、15 座小（一）型水库、69 座小（二）型水库，新建山塘 600 口、坝 200 座、其他水利设施 200 处，使全县有效灌溉面积达 76 万亩，旱涝保收面积 39.16 万亩；新建小水电站 14 处，装机容量 280 千瓦；兴修公路 11 条，长 194 千米。这些为以后农业生产和交通运输的发展奠定了一定的基础。

《红日照山村》

人民公社化运动

1959年初，全国农业社会主义建设先进单位代表会议在北京召开，毛泽东主席在开幕前绕会场一周，和五亿农民的代表们亲切握手。湖南省浏阳县红旗（大瑶）人民公社社长、全国劳动模范、全国政协委员李性永出席大会，并有幸与毛主席握手、合影留念。当年4月底，中央新闻纪录电影制片厂策划师秋野率摄制组14人来到红旗（大瑶）人民公社，历时5个多月，以新中国新农村建设为主题，拍摄纪录片《红日照山村》，宣传这棵共产主义新葩，轰动全国。[①]

1958年8月，中共中央政治局北戴河会议作出《关于在农村建立人民公社问题的决议》，随后一场声势浩大的人民公社化运动在全国兴起。8月下旬，省委派工作组会同浏阳县委在大瑶开展建立农村人民公社的试点工作。经过宣传发动、训练骨干、搭起架子、建立班子等工作，于9月7日宣告浏阳县第一个农村人民公社——红旗人民公社成立。该社由大瑶、金刚、杨花乡和大瑶镇的75个农业生产合作社组成。全社15408户、71145人，

纪录片《红日照山村》片头

① 陈怀奇：《<红日照山村>摄制始末》，政协浏阳市第八届委员会编：《浏阳文史》，2012年，第346页。

劳动力 35000 人，耕地面积 62642 亩，是当时全省最早建立的四个人民公社之一。当年曾先后两次在省委召开的农业生产会议和全省公社党委书记会议上介绍其办社经验。

1958 年 9 月 20 日，县委紧接着召开有 2700 多人参加的县、乡、社（农业社）三级干部大会，部署在全县开展建立人民公社的工作。不到一个月，就将全县 66 个乡、镇 1202 个高级农业生产合作社，合并成 17 个农村人民公社，即红旗、东方红、古港、先锋、东风、大围山、上游、群力、五星、全球一、普迹、火箭、永跃、卫星、跃进、英雄、红专，下设 221 个大队、3060 个生产队，并将农村基层供销合作社、信用社、手工业社、搬运社统归人民公社管理。同时，撤销乡（镇）建制，在公社建立党委会和管理委员会，行使党政职能。1960 年 1 月，城关从城郊人民公社划出，单独成立城关人民公社，至此，全县共有 18 个人民公社。

人民公社在分配上实行供给制与工资制相结合的办法，供给制占 70% 以上，即以生产队为单位办公共食堂，统一开餐，实行社员吃饭、就医、养老、儿童入托、上学不要钱的制度；社员出工劳动不记工分，按其体力强弱、技术高低评定工资等级，每人每月发给工资 2 至 5 元不等。

随着人民公社化运动的发展，“共产风”、浮夸风、强迫命令风、干部特殊化风、对生产的瞎指挥风在全县越刮越严重。

对浏阳搞形式主义和“五风”方面的问题，在京工作的浏阳籍领导人都提出过批评。1958 年，国家农垦部部长王震回到浏阳老家，见当地公社花不少钱搭了一些宣传大跃进的彩门，便对接待他的一位领导干部说：“彩门上面能结谷子、结南瓜吗？既然一不能结谷子，二不能结南瓜，对人民没有一点好处，花这么多钱财，扎这么个花架子做什么！”1959 年六、七月间，县委领导人去北京看望浏阳籍老首长时，王震对浏阳的浮夸风又提出批评：“一亩土产红薯 50 多万斤，体积多大，不计算一下就放卫星，这是在发梦癫。”时任中组部常务副部长张启龙、国家交通部部长王首道，对浏阳提早季节春播以致烂种、过度密植造成减产以及为抢进度收割未成熟的农作物等瞎指挥和强迫命令也进行过严厉批评。赴京的县委领导人回浏阳后，将在京老首长的批评向县委作了汇报，“五风”才有所收敛。

渡过苦日子

生产自救与整风整社

原燎原（普迹）人民公社境内办有766个公共食堂，作息、就餐皆以钟声为号令。例如葫星食堂配有事务员1人，管笼、蒸饭员2人，炒菜、洗菜、打杂的2人，平时有200多人就餐，男女主劳上工地后，仍有100多人就餐。社员口粮按人定量：男主劳每人1.5斤，男副劳、女主劳1.2斤，老人及学生1斤，未入托儿所的小孩子6两。每餐三菜一汤，初办时，初一、十五宰头猪改善食堂生活。一年以后，由于粮食歉收，该食堂成员的定量被压缩至三分之一，食堂搞双蒸饭、瓜菜代粮，社员纷纷自采野菜充饥，有人患上水肿病。至1960年初，该食堂分为四个小食堂。1961年秋，上级通知食堂办或停由社员讨论决定，四个小食堂均马上停办[①]。

1959年至1961年，由于自然灾害和“五风”影响，全县处于经济严重困难时期，农村出现饥荒，水肿、妇科、小儿营养不良三病流行，人口外流。在财政十分困难的情况下，全县仍下拨救济款16万元，筹集社会救济款10万元，公社、大队拨出公益金3万元，供应粮食10余万公斤。

1960年2月6日至9日，中共浏阳县第二次代表大会在县城举行，会议通过了《关于开展春耕生产运动，用优异成绩迎接省党代会召开的决议》等几个文件，选举产生了11名常委，齐身旺为第一书记，石维刚、余绍敬、梁林祥为书记。当年，县委着重抓了三件事：一是精简人员，组织干部参加集体生产劳动。将全县行政、企事业单位干部职工1800人精简为1540人，同时从县直各条战线共抽调340名干部下放农村、厂矿劳动，时间为1个月至1年不等。二是开垦荒地，增产粮食。县委农垦工作会议后，先后成立大围山、金坑、路口3个农林垦殖场，组织3000多名民工，垦复荒地6518亩。三是开展“三反（反贪污、反浪费、反官僚主义）”整风，改善干群关系。共揭发出大小贪污案件53起285人、金额36108元；犯有强迫命令错误的干部297人；浪费国家财产87450元。对其中20名犯有严重错误的干部，分别进行了批判和指导。

1960年11月3日，中共中央下发《关于农村人民公社当前政策问题的紧急指示》（中发〔1960〕909号文件），11月15日，中央又发出《关于彻底纠正“五风”问题的指示》。县委根据上级部署，与地委派来的干

① 汤云风：《忆浏阳清理“一平二调”及退赔情况》，政协浏阳市第八届委员会编《浏阳史》，2012年，第53页。

部组成工作队，于11月14日深入城郊公社进行整风整社试点，以期充分发挥人民公社的优越性，调动广大干部群众的积极性，渡过“苦日子”，争取农业大丰收。此时，省委派工作队进驻浏阳，国家外贸部也下放89名干部来浏阳帮助整风整社。省委工作队了解情况后认为浏阳的“五风”特别严重，并宣布县委主要领导人停职反省，接着派张琴室任第一书记。除城郊、城关两个公社31个大队作为试点基本结束运动外，16个公社、154个大队先后于1960年12月下旬和1961年1月上旬开展了第二批整社整风运动，历时两个半月，处理了一批急需处理的问题，清理了“一平二调”，纠正了“五风”；全县12904个生产队全部落实了“三包”责任制，有8836个生产队重新划好了自留地；同时调整了人民公社体制。1961年7月18日，县委召开常委会议，传达了省委三级书记会议和地委召开的县委书记会议精神，省委工作队负责人对浏阳整风整社工作中存在的缺点和错误承担了责任，并宣布撤销原省委、地委参与的领导小组，改由县委领导。8月13日，县委召开三级扩干会议，主要是为干部担担子、解疙瘩。8月下旬，对整风整社重新进行了部署，主要任务是深入贯彻《农村人民公社工作条例（草案）》，进一步调整生产关系，纠正平均主义，坚持社会主义。在试点基础上，全县分三批进行，每批50天，省、地、县工作队按东、南、西、北4个片，每批每个大队3—4名工作队员，于春节前完成了任务。1961年11月30日，中共湖南省委下发《关于以生产队为基本核算单位的若干问题》和《关于生产队的经营管理问题》（湘发［1961］0577号文件），公社体制逐步规范。1962年秋，县委根据上级指示，对1960年冬至1961年春的整风整社运动中定案处理的885人全部进行了甄别复查，对处理错了重了的给予了纠正、平反及补发工资。

“霞光道路”

试行农业包产到户

1961年3月25日，瞿桃初调任新成立的大围山公社党委副书记兼社长，针对当时吃饭困难、田土荒芜、农民患水肿病严重的现象，决定在霞光大队小水生产队试点，实行“三包一交、两级承包”的生产责任制，即“包产、包工、包成本”、上交大队和国家，生产队向大队承包、农户向生产队承包。他在小水队社员会上宣布必须坚持“五统一”，即统一生产资料、统一种植计划、统一浸种收割、统一分配和上交、统一照顾五保户和四属户，明确“五不准”，即不准私人改动种植计划、不准私人下种育秧、不准私人收割、不准私人晒谷、不准私人擅自外出搞副业，并写进社员大会决议，与会社员都签名盖章。老瞿又加了一条：今后上级不同意这样干，必须立即改正，不得拖延。实行“三包”到户后，霞光大队迅速掀起生产高潮，半年就见了成效：早稻丰收亩产达500多斤，吃饭问题解决了，水肿病绝迹了，连征购粮也提前交足。消息传开，前来参观的人络绎不绝，群众将它称之为“霞光道路”。

总结“霞光经验”的7条好处是：出工不要喊，社员干劲高；工夫质量好，细致又周到；生产易得管，干部少操劳；田间管理好，产量定额超；国家少担心，征购完成了；副业主动搞，收入节节高；社员宽裕了，懒人大减少。霞光大队下辖5个生产队，共51户、163人、332亩耕地，1961年粮食总产123000斤，比“三包”定产前增加11%，比上年增长24%；交国家征购粮比上年增加34%，集体留粮增加10%；社员人均口粮500多斤，比上年增加60%；牧副渔业全面超过1957年高级社的水平，还新开荒地50多亩、鱼塘12口。霞光人早于安徽省凤阳县小岗村人17年就进行了“生产责任制”的实践，他们同样是“第一个吃螃蟹”的英雄和先锋。[①]

早在1959年下半年，普迹公社杉山大队就试行“五定（定面积、定产量、定农活、定工分、定肥料）到户超产奖励”的田间管理责任制。随后，在该社8个大队72个生产队推广，很快调动了社员群众的生产积极性，促进了农业生产。但在“反右倾”运动中被视为“单干”被迫终止。1960年全县又试行“三包一奖”（包工、包产、包成本，超产奖励），但政策没

① 瞿桃初：《“霞光道路”的前后经过》，政协浏阳市第八届委员会编：《浏阳文史》，2012年，第101页。

有兑现，群众很不满意。1961 年秋，全县先后有 58 个公社的 380 个大队、1739 个生产队试行了包产到户，共包田 99131 亩，占总耕地面积的 9.2%。包产到户的叫法多种多样，有叫“生产队总包，社员分包”的，有叫“四定到队，落实到户”的，有叫“井田制”的，即把大部分田地包到户作为口粮田，少量田地集体经营，作上交国家征购和集体提留。试办的结果表明，凡包产到户的都比集体经营的产量高。大围山公社总结出三种不同类型的生产队的不同结果：一种是包产到户的队社员口粮 500 多斤（吃“敞甑饭”），二种是包工不包产的 250 多斤（吃“钵子饭”），三种是临时排工吃大锅饭的只有 130 多斤（吃“稀粥饭”）。

1962 年 3 月 9 日，县委召开 3 天常委扩大会议，围绕应包产到户是单干还是集体，是方法问题还是方向问题，展开了激烈的争论。统一认识后，县委作出决策，包产到户迅速推开。全县 14132 个生产队，有 7298 个实行了包产到户，占总队数的 51.6%。

北盛公社大桥大队先锋生产队也是推行包产到户较早的一个生产队。该队 28 户、110 人、147 亩耕地，自然条件较好。1961 年春，生产队长召开社员会，提出当前集体生产困难大，生产队到底怎么办？当时有几个社员大胆提出了包产到户。干部怕担风险，社员就集体订协议、户户签名画押，不要干部负责，并规定不准到外面宣扬，保持明集体、暗到户，还集体表态，如果上级追究队干部责任，大家担担子；队干部坐牢，社员送饭，并帮助队干部家种好田，照顾好家庭生活。他们还讨论了具体办法，制订了“五个统一”，即生产资料集体所有，耕牛农具统一使用，生产计划统一制订，大农活和大基建劳力统一调配，肥料统一安排调剂，收入统一分配；作出了田间管理划定责任田、包工包产包成本到人、联系产量进行奖罚的决定。方案制订后，被公社发觉制止，经过几次反复，扭了半年秧歌，结果早稻又严重减产，亩产仅 202 斤。双抢后，社员坚持要求按春上的方案搞下去，结果晚稻亩产 280 斤，居全大队第一，比其他生产队高出一倍，完成国家征购、上交大队任务后，人均口粮 500 多斤，冬季生产也项项走在前面。其经验在当地反响很大，起到了示范作用，全县各地出现了一批带头搞包产到户的生产队。

1962 年 3 月中旬，省委第一书记张平化到先锋生产队座谈后，肯定该队的办法不是分田单干，而是一种责任制形式。他说，有人认为这是下策，但不管上策、中策、下策，有策总比无策好，同意其他队再试。4 月上旬，省监委书记罗其南回到大围山公社霞光大队调查，肯定了该大队产量责任制的办法，认为这是经营管理上的一个创举，解决了高级社以来没有解决的问题。6 月，王震回老家北盛公社调查后，开了一个大队党支部委员以上的骨干会，他提出“赶快把田包下去，有问题我负责”。7 月 24 日至 27 日，省委政策研究室主任刘正在北盛区开展了 4 天调查，重点访问调查了先锋生产队，认为这里的包产到户是搞得比较标准的，向省委写了《关于建议推广产量责任制的调查报告》。8 月，中共湘潭地委对浏阳县委领导成员作出调整，梁步庭任第一书记，张琴室任第二书记，石维刚、张步陞、刘召春、余绍敬、龚长富、梁林祥、袁明辉任副书记。县委继续抓“包产到户”的全面推行。

包产到户从多点试验到全面推广，有力地调动了广大社员群众的生产积极性。1962 年大面积推广包产到户等产量责任制形式后，全县粮食总产量达 22241 万公斤，比 1961 年增产 8077 万公斤，增长 57%。社员喜形于色，奔走相告，都讲包产到户好，如“起早贪黑，季节到堂，工夫到堂，质量到堂”，“出工不等伴，歇气不进屋，做事不留尾巴，工夫不挤成一堆，大事小事都有人管”，“田里的禾好，园里的菜好”等。正当包产到户逐步完善并在全县进一步推广时，中央批转了湖南省委《关于纠正单干风的报告》，认为正在实行的包产到户是分田单干。1962 年冬至 1963 年春，县委部署在全县开展了“坚决扭单干，认真办集体”的运动，包产到户被迫停止。

乡城风雨

“四清”“五反”与社教运动

1963年至1965年，廖能护担任白沙公社双坪大队双江生产队会计和记工员，在“四清”（清政治、清思想、清经济、清组织）运动中，与所有队以上干部一律被当作“四不清干部”，挨整挨骂、放包袱、搞退赔、人人过关。他是属于官小、经济问题小、态度比较好的一类，是第一批过关的。1965年11月18日，他的包袱通过社教队和贫协审查，最后定案为4项经济问题，除部分减免外，共计43.38元。11月27日，他将父亲的一副防老棺木抵退陪作价40元，箩筐一担作价3.8元，由此得以退清，他手中至今保留着当年的“经济问题落实退赔书”和退赔收据。①

1964年1月，县委根据中央《关于目前农村工作中若干问题的决定（草案）》（简称前十条）和《关于农村社会主义教育运动中一些具体政策的规定（草案）》（简称后十条），在省委、地委的部署安排下，在农村开展面上系统社会主义教育运动。1月中旬至4月底，县委组织307人的工作队在罗江公社和城关镇3个农业大队进行试点。运动共分五步：第一步，从组织生产、安排群众生活入手，原原本本地宣传中央“两个十条”，结合忆苦思甜、讲家史村史，进行阶级教育；第二步，在党员干部中开展“五比”（比对敌斗争、比依靠贫农下中农、比经济手续、比参加集体生产劳动、比民主作风）为中心、“四清”为重点的“三摆一评”（摆成绩、摆进步、摆经验、评功劳）活动，调动干部积极性；第三步，贯彻执行党在农村的政策，处理公私关系，规划集体生产，巩固和发展集体经济；第四步，清理阶级队伍，组织对敌斗争；第五步，进行思想、组织和制度建设，结合处理遗留问题。这些做法干部群众都能接受，因而试点达到了预期效果。5月，县委组织工作队员1501名，进驻第一批开展面上社教的9个公社、170个大队、2100个生产队和1个林场，参照试点作法，运动分五步进行，到9月结束。期间，为体现党在农村要长期依靠贫下中农的阶级政策，树立贫下中农的阶级优势，6月18日，县委召开第一次贫下中农代表大会，有328名代表出席。会议在学习中央“两个十条”、开展阶级教育的基础上，成立浏阳县贫农下中农协会筹备委员会。9月，湘潭地委决定从浏阳抽调1400名干部参加湘潭市昭山、板塘、护潭、荷塘4个公社的社教试点。

① 廖能护：《社教运动回忆》，政协浏阳市第八届委员会编：《浏阳文史》，2012年，第66页。

工作队员经过集中培训后上岗，试点期间作风严谨、纪律严明，受到当地群众的好评。

1964年3月，县委根据省委《关于全省“五反”运动的情况和部署的意见》精神，决定从4月起在全县党政机关、企事业单位开展“五反”（反贪污盗窃、反投机倒把、反铺张浪费、反官僚主义、反分散主义）运动。运动中，强调学好中央关于增产节约和开展“五反”运动的指示以及“两个十条”，以解放军、大庆油田的革命精神为榜样，对照检查，揭露问题，积极整改。为了防止偏激行为，县委特别强调“三宽三严”（过去从宽，现在从严；坦白从宽，隐瞒从严；退赃从宽，不退从严），要求各级党组织加强调查研究，实事求是，坚持摆事实、讲道理、以理服人。在结论定性时，县委又强调“三定”（定事实、定时间、定性质）、“三允许”（允许犯错误者进行申辩或别人代为申辩，允许犯错误者补充交代问题或修正原来交代的事实，允许拿出证据推翻原案或保留意见）政策。这样一来，就缩小了打击面，扩大了教育面。

1965年2月7日至19日，县委召开县、区、社、大队四级干部会议，传达学习中央《农村社会主义教育运动中目前提出的一些问题》（简称二十三条），重新部署系统社会主义教育运动，明确这次运动是解决以“四清”为主要内容的系统社会主义教育运动，“性质是解决社会主义和资本主义的矛盾，重点是整党内走资本主义道路的当权派”。湘潭地委决定浏阳从1965年7月起为第一批全面铺开社教运动的县，接着成立浏阳社教总分团，集中地直机关和全地区其他县（市）的干部，加上省委和外交部干部在内，共12600名工作队员，分成10个分团，其中8个安排在农村，2个分别安排在城关镇及城关地区企事业单位和文化、教育、卫生系统以及县直机关。

工作队进驻后，在各单位组织干部群众学习贯彻“二十三条”精神的基础上，从清经济入手，教育干部放下经济包袱，把“四查四帮”、面上“四清”和未退赔兑现以及这次新清出来的粮食、现金、工分，甚至干部在社员家中吃几餐饭未付粮钱的问题，均作了退赔兑现。尔后，在清政治、清思想过程中，从初步整党和教育干部入手，把绝大多数干部解放出来，主要解决两条道路斗争、人生观和革命干劲问题。1965年9月4日，一批新中国培养的外交官奉命参加了当时以“四清”为主题的社会主义教育运动，南下的专列载着外交部205名年轻的外交官到了湖南省浏阳县大瑶人民公社。很快，大瑶人民公社又将这205名外交官安排到全社28个大队116个生产队。前驻索马里大使张越任大瑶工作队总队长，雷阳、石宁任副总队长，工作队员们都住进了“苦大仇深、阶级立场坚定”的贫下中农家里。这些从大学门进机关门的外交官在贫下中农家中生活了8个多月，晚上“抓革命”，白天“促生产”，200多个日日夜夜，大瑶的山山水水到处都留下了他们的辛勤足迹和辛劳汗水[1]。9月12日到27日，社教总分团会同县委召开县、区、社三级干部会议，采取上下结合的办法，帮助县委常委搞“四清”。县委主要负责人作了检查，经过民主讨论，9名常委有8名获得“解放”。接着，以公社为单位，召开贫下中农代表会议和大队、生产队干部会议，重点解决公社干部的问题。到大队一级，一般先解决大队干部的问题，再带动生产队干部放包袱。至此，各级干部的“四不清”问题基本得到解决。

1965年11月，中共湘潭地委对浏阳县委领导成员进行了调整，石维刚为书记，刘召春、余绍敬、陈再仁、张绍春、车胜前、贺正南、唐仲明为副书记。

当年参加社教的部分外交官2003年10月重回大瑶时留影

① 李才义：《外交官在大瑶》，政协浏阳市第八届委员会编：《浏阳文史》，2012年，第211页。

第三章

风雨兼程

“文革”和走向历史转折时期的浏阳

（1966年5月—1978年12月）

成立核心小组

党政组织的整顿和恢复

1966年，通过国民经济调整，全县工农业总产值恢复到历史最好水平，其他事业也有一定的发展，社教即将结束。5月16日，“文化大革命”开始。同日，中共湘潭地委对浏阳县委领导成员进行了调整：石维刚任县委书记，陈再仁、张绍春、车胜前、贺正南、唐仲明任县委副书记。

1967年10月20日，县抓革命促生产领导小组成立，正式停止使用县委和县人民委员会公章。在浏阳市档案馆里，至今仍保存着两枚公章，一枚是繁体字的“浏阳县人民委员会”，中间是国徽图案；一枚是简体字的“湖南省浏阳县革命委员会”，中间是五角星图案，见证了特殊时期县级政权机构的变动[①]。

1968年9月17日，经省革委会批准，浏阳县革命委员会成立，由77名委员组成，其中造反组织代表60名，占77.92%；驻军代表6名，占7.79%；领导干部代表11名，占14.29%。第一次全体委员会议在秋收起义会师旧址文家市纪念馆召开，选出25名县革委会常委，由县人武部部长刘九江任县革委会主任。全会通过了《关于贯彻执行毛主席关于农业学大寨伟大指示的决定》等三个决定。县革委会集党、政大权于一身，实行党政合一、高度集中的领导体制，下设政工、办事、生产指挥和人民保卫4个组。此后，各公社、大队、厂矿、学校也相继成立革委会。

1969年4月1日至24日，中国共产党第九次全国代表大会在北京召开。大会提出要坚持“无产阶级专政下继续革命的理论”，要继续开展“文化大革命”。浏阳籍的王震、王首道、孔石泉、张翼翔当选为中央委员，唐亮当选为中央候补委员。会后，县革委会运用多种形式传达宣传九大精神，开展群众性的学习活动。

1969年6月8日，召开中共浏阳县党员代表大会，与会代表2391名，会期10天。会议主要学习九大文件、毛泽东在九大期间的讲话，把全体代表的思想统一到九大路线上来。根据九大提出的“斗、批、改”任务，从7月3日起，县革委会先后分两期训练以党员为主体的“斗、批、改”工作队。

1969年11月6日，根据省革委党的核心领导小组10月3日发出的《关于建立党的县委和基层党委的意见》，经报请中共湘潭地区革委会党的核

① 浏阳市市志档案局编：《浏阳六十年（1949—2009）》上卷，2009年，第95页。

两枚公章："浏阳县人民委员会""湖南省浏阳县革命委员会"（浏阳市档案馆藏）

心领导小组批准，中共浏阳县革委会核心领导小组正式成立，王连祯任组长，陈再仁任副组长。县核心小组行使党委职权。年底，县革委会核心小组改为中共浏阳县委核心小组。

核心领导小组成立后，"文革"混乱的局面逐步扭转。[1]

1970年1月10日，县委核心小组发出《关于建立基层党委会的意见》，要求基层党组织在"清队"（清理阶级队伍）工作大体完成后，把整党建党作为"斗、批、改"的重点来抓，在具备条件的地方适时地建立新党委。至6月止，全县在原有1220个大队党支部中已经恢复组织生活的854个，重建的322个；应建立党委的7个省、地厂矿和66个公社、1个镇，已有3个省、地厂矿和1个公社建立了新的党委，其余的都建立了党的核心领导小组。

1970年2月10日至19日，县委核心小组、县革委会召开有区、公社党委或党的核心领导小组、公社革委会和县直机关的负责人会议，传达省

① 浏阳市市志档案局编：《浏阳六十年(1949—2009)》上卷，2009年，第95页。

革委召开的“准备打仗，全面跃进”誓师大会精神。会议要求以临战的姿态，从思想上、工作上、作风上、生活上转好“四个轮子”，下定决心，以实际行动粉碎美国、苏联的侵略阴谋。紧接着，当月20日，县委核心小组又召开有1700多名党员骨干参加的会议，传达省委核心领导小组工作会议精神，部署在全县范围内开展打击现行反革命分子破坏活动。同时，县城各单位集中建设防空设施，农村开展增产节约运动，全县兴起备战的热潮。

4月下旬，县委核心小组召开全体(扩大)会议，讨论研究进一步开展“一打三反”（打击现行反革命分子破坏活动、反贪污盗窃、反投机倒把、反铺张浪费）运动。25日，县委核心小组再次召开全体（扩大）会议，根据九大精神和上级部署，安排整党建党工作，强调把思想整顿放在首位。6月6日起至7月3日止，县委核心小组连续举办两期整党建党学习班培训骨干。随后，在区、社机关，企事业单位和县直各战线，分四批进行整党建党工作。

1970年12月18日至26日，中国共产党浏阳县第三次代表大会在县城召开，出席代表1511名，代表全县26740名党员。大会提出了“高举毛泽东思想伟大红旗，为继续完成党的‘九大’提出的各项战斗任务而奋斗”的号召。大会选举产生了33名委员组成的中共浏阳县第三届委员会，其中地方干部代表17名，不脱产的工人农民代表10名，军队代表6名，内有女性代表6名，王连祯为书记，贾德润为副书记。会后，继续抓党的基层组织的恢复和健全，到1971年底，全县66个公社已有57个建立了新党委，基层普遍恢复了党支部或新建党支部，大多数党员恢复了组织生活。此后，按照毛泽东提出的“党政军民学，东西南北中，党是领导一切的”指示，实行一元化领导，各级革命委员会分别在县委和基层党委的领导下，只履行政府职能。

由乱到治

批陈、“批林批孔”与全面整顿

1975 年是全面整顿年，由于邓小平出来工作，逐步实现由乱到治。这年冬天，浏阳县委书记贾德润到北京参加全国农业学大寨会议，时任国务院副总理的王震亲自接见他。当听到浏阳以北盛为中心的植桑养蚕已达到一定规模时，他欣喜地建议贾德润在北盛办一家缫丝厂，就地加工生丝，提高蚕茧的附加值。贾德润将王震这一殷切期望转告北盛公社党委后，公社党委书记赵长生召集专门会议进行了认真商讨，并组建了缫丝厂建设班子，由公社革委副主任李吉仁具体负责。这就是后来曾经名噪一时的县社合办企业北盛丝绸厂开办的由来。[1]

1971 年 1 月 30 日，县委召开三届二次全体（扩大）会议，学习中央《关于贯彻执行毛主席一月八日重要批示的通知》，开展反对骄傲自满、提倡谦虚谨慎的自我教育，帮助县委整风。会期 6 天，会上县委就自身存在的问题进行集体检查，在征求与会人员意见之后，作出了整改方案。会后，县委领导成员深入基层作样板，推动工业学大庆、农业学大寨，力争 1971 年各项任务的全面完成。

1971 年 5 月 26 日至 6 月 13 日、6 月 17 日至 7 月 3 日，县委根据上级部署安排，先后举办两期批陈整风学习班，共有 766 名党员干部参加。学习了毛泽东《我的一点意见》和《会见斯诺的谈话纪要》，集中批判中央文革小组组长陈伯达“天才论”和吹捧林彪等反党反马列主义的罪行。学员结合批陈开展自我检查，肃清陈伯达的思想影响，从而分清了是非，提高了觉悟。随后，县委先行试点在农村开展批陈运动，广大党员、干部和群众积极投入批陈运动。

1971 年 10 月 17 日至 26 日，县委根据省委、地委的部署安排，先后举办县直机关党组织负责人、区、社党委书记学习班和全县基层党支部副书记以上党员干部学习班，传达中共中央〔1970〕57、61、62、63、64、65、67 号文件，对 9 月 13 日发生的林彪叛党叛国事件感到极为震惊，对林彪及其反党集团的罪行表现出极大的义愤，一致表示坚决拥护中央所采取的措施。11 月初，根据县委统一安排，全县向广大群众原原本本地传达中央上述文件，组织了对林彪反党集团的批判。从 12 月起，县委又在全县范围内

① 周青云：《悠悠桑梓情》，政协浏阳市第八届委员会编：《浏阳文史》，2012 年，第 118 页。

组织传达学习中央陆续下发的关于粉碎林彪集团反革命政变斗争的三批材料，将批林运动引向深入，并开始清查与林彪反党集团阴谋活动有关的人和事。通过批判和清查，全县广大党员、干部和群众都认识了林彪反党集团的反动本质，纷纷表示要肃清其影响，把党领导的事业继续推向前进。

这一年，尽管全县遇到百日大旱，但广大农民发挥生产积极性，集中力量抗灾保丰收，仍然实现了浏阳有史以来粮食跨纲要（亩产400公斤）的目标。

1972年4月，县委按照中央〔1972〕12号文件转发的毛泽东在外地视察期间与沿途各地负责同志的谈话精神，围绕“要搞马列主义，不要搞修正主义；要团结，不要分裂；要光明正大，不要搞阴谋诡计”（简称“三要三不要”），联系实际，再次批判林彪反党集团的罪行，决定对全县党组织普遍进行一次整顿，以清除派性、增强团结。8月17日至31日，县委召开三届四次全体（扩大）会议，传达中央批林整风会议和省委三届三次全体（扩大）会议精神，开展批林整风。县委整风基本达到要求后，从县直机关抽调100余名干部到基层，重点帮助区（镇）、公社党委整风，均收到明显成效。

1973年2月，县革委召开第九次全会，紧接着县委召开农村大队党支部书记会议，在批林整风的基础上，贯彻全省农业学大寨经验交流会议精神，讨论落实1973年生产规划。3月下旬，县委召开常委扩大会议，学习讨论中央关于湖南问题的指示和省委三届四次全会精神，对全县深入开展批林整风和抓好生产工作作出了具体安排。

1973年7月上旬，县人武部奉命撤回“三支两军”人员后，中共湘潭地委对浏阳县委领导成员作了调整，贾德润任书记，王连祯、陈再仁、张绍春、余绍敬、郝月星任副书记。随后，县委对县直部分机构也作了调整：县委恢复组织部、宣传部、办公室，同时撤销县委会政工组、办事组；县革委设工交办、财贸办、农村办、计委，同时撤销县生产指挥组；恢复县公安局，撤销县革委会人保组；县革委会政工组下设的群众工作组改为县革委会群众工作组，政工组下设的教育组改为县文教局。县直其他行政科局也相继恢复。7月12日，县委召开县、区、公社、大队四级干部共3150人的会议，时间10天，邀请山西省昔阳县大寨公社党委负责人，以及南瑙、井沟、厚庄、留庄、金坡大队负责人介绍经验，会议动员“以批林整风为纲，用大寨精神学大寨，为把浏阳建成大寨式的县而奋斗”。

1973年8月24日至28日，中国共产党第十次全国代表大会在北京召开，浏阳籍的孔石泉、王首道、王震、李志民、杨勇、张翼翔当选为中央委员，唐亮为中央候补委员。县委于9月17日至21日召开三届五次全体（扩大）会议，学习贯彻十大精神，对全县学习宣传十大精神作了部署，强调“以十大为强劲东风，推动各项工作，努力完成和超额完成1973年国民经济计划”。会后，各基层单位认真落实县委全会精神，形成了学十大精神、促各项工作的浓厚氛围。

1974年1月18日，中央发出江青等主持选编的《林彪与孔孟之道》，全国开始“批林批孔”。浏阳县委于2月5日在县直机关开会动员，9日召开区（镇）、公社党委书记、县直各单位和县属企业、中学党组织负责人会议，部署“批林批孔”运动。4月11日，县委在城关召开万人大会，传达中央〔1974〕12号文件，理直气壮地宣布中央的规定：“批林批孔运动在党委统一领导下进行，不要成立战斗队之类的组织，也不要搞跨行业、跨地区的串连，要抓革命，促生产、促工作、促战备。”广大党员、干部和群众一致表示拥护。7月27日至30日，县委召开区（镇）、公社党委书记会议，学习贯彻中央《关于抓革命、促生产的通知》，部署安排下半年的工作，要求“农业学大寨要大规模展开，农业机械化要大踏步前进，农业生产要大幅度上升”。此后，县委还组织区委书记和部分公社党委书记，以及县直有关部门负责人，随同湘潭地区参观团到浙江、江苏、上海的6个县参观，重点学习粮食夺高产、大面积推广“三熟制”和发展多种经营的经验。10月12日，县委又召开区（镇）、公社党委书记会议，传达中央领导人接见湖南省委张平化等人的谈话精神，继续巩固安定团结局面，确保全年国民经济计划的全面完成。因而，下半年的工作又开始转向正常。

1975年1月，中共中央副主席、中共中央政治局常委、国务院副总理邓小平根据毛泽东的“要安定团结、把国民经济搞上去和学习无产阶级专政理论”的指示，提出了以“三项指示”为纲、进行全面整顿的战略举措。2月4日至6日，县委根据上级指示安排，召开区（镇）、公社党委书记和县直公司以上单位党组织负责人会议，传达党的十届二中全会精神，部署了全面整顿工作。

全县整顿是从稳定农村、发展农业入手的。1975年3月3日至8日，县委召开全县贫下中农工作会议，2162人参加。在组织学习毛泽东关于理论问题的指示、讨论加强无产阶级专政的问题后，安排部署了春耕生产。

6月14日至21日，县委三届七次全体（扩大）会议召开，区（镇）、公社党委书记和县直机关党组织负责人参加。会议先用5天时间组织专程去安乡县进行了参观学习，接着传达全省农业学大寨经验交流会议精神，讨论如何加快浏阳农业学大寨步伐。会后，各地各单位根据县委重新制订的农业规划，落实大干快上的措施。早稻收割后，县委为推广杂交水稻，安排农业局组织一批技术人员赴广西南宁制种，为来年“南优2号”“南优3号”的多点示范推广作好准备。从而，大办农业、大办粮食的热潮被迅速掀起。

此外，工业和其他行业的整顿也随着全面展开。1975年9月4日，县委召开工交各厂矿负责人会议，为期5天，主要学习中央领导人接见国防工业重点企业会议全体代表时的讲话，学习株洲田心机厂的经验，讲党性、批派性，促进安定团结。会后，工交战线派出工作队，进驻8个派性严重的厂矿企业帮助整风，并建立健全各项规章制度，促进了安定团结。

1975年10月28日，县委召开2800多人参加的全县四级干部会议，为期8天，传达全国农业学大寨会议精神，并经过充分讨论，提出了“全党动员，苦战三年，为把浏阳建成大寨县而奋斗”的口号。11月15日，湘潭地委召开有各县县委常委、地直机关领导干部参加的整风学习会议，时间15天。浏阳县委常委在自我检查的基础上，抓住批林批孔中的问题，开展了批评和自我批评，重点帮助了一名副书记。通过整风学习，常委一班人精神大振，从湘潭回县都不进机关，直奔丰裕公社蚕桑场，与县直机关1000多名干部一起劳动。为此，省委以正式文件转发了《浏阳县委常委交心通气搞得好》的报告。

1975年12月，县委结合农村年终分配，部署在全县城乡开展反贪污、盗窃、投机倒把和拖欠公款运动。经过一个月的运动，共清查出贪污、盗窃、投机倒把案件3150起，退回资金39.4万元、粮食31.9万公斤，偿还超支拖欠的公款828万元。同时，还在县直机关、企事业单位举办整风学习班，并邀请其下属单位的代表参加，清查出三类案件金额为3.38万元、粮食9500公斤，均作了清退处理。

这一年，农业在治山、治水等基本建设方面又有了新的突破，粮食总产量也比上年增长了4.8%；工业在新建、扩改企业的同时，总产值也比上年增长了6.2%。

崛起的厂矿

社队企业和工农业的发展

1966年12月5日，召开“路口茶场誓师大会”。到1967年3月底，终于完成了1040亩的茶园开垦、种植任务。1973年浏阳河银峰茶业有限公司的前身路口茶场开始受益，当年产茶叶300多担，产值达7万多元。1974年茶叶产量增加到700担，全为绿茶，由浏阳县农副产品公司包销。1975年，湘潭地区外贸局派茶叶技术员张应求驻路口茶场指导生产红条茶，当年生产1030担，送平江茶场。7月，湖南省外贸厅组织全省17家茶叶生产单位参加全省红茶评比会，路口茶场生产的红条茶被评为第一名，这是湘潭地区唯一获此殊荣的茶场，获得了价值3000元的日产机动喷雾器和价值1800元的日产茶叶修剪机各2台的奖励。同年12月10日，由湖南省农业厅、省对外贸易厅、省供销合作总社联合主办，在常德地区临澧县官庭茶场召开的全省茶叶工作总结会上，路口茶场场长熊日艾作了经验介绍，得到与会人员的一致好评。1976年，茶场开始生产红碎茶，生产成品茶叶1700多担，直送湘潭地区外贸局转送广州口岸，再销往俄罗斯、英国伦敦的市场。[1]

湖南省茶业有限公司与浏阳河银峰茶业有限公司举行联合开发万亩优质茶出口基地新闻发布会

① 朱玉华：《银峰茶业的前身》，政协浏阳市第八届委员会编：《浏阳文史》，2012年，第124页。

1965 年至 1978 年的 14 年中，全县社队企业逐步得到恢复和发展。1978 年产值达 9085 元，占全县工农业总产值的 31%。其发展较快的主要原因是“文化大革命”初期，城市国营厂矿停产“闹革命”，社队企业乘机购进大厂积压的原材料，生产大厂的缺门配套产品，在动乱中求得了发展；加上知识青年和城市人口下放，与农村建立各种联系，牵线搭桥，帮助办起了一批社队企业。1973 年成立县社队企业局，此后各区、社（镇）亦相应建立社队企业办公室，从上至下加强了对社队企业工作的领导。

1966 年社会主义教育运动后期，先后有金刚、大瑶等 19 个公社办起种、养、加工企业，占全县 67 个社（镇）的 28%。1970 年代初，大兴小五金、小化肥、小水泥、小水电、小矿山“五小工业”，到 1973 年社办企业遍及全县每个公社（镇）。金刚公社社办企业当年产值达 500 余万元，名列全县各社（镇）之首；1979 年突破 1000 万元，居全省各公社第 2 位。1973 年，全县 59% 的大队办有企业，共有社队茶场 153 个（其中社办 20 个）、林场 52 个（其中社办 34 个），70% 以上的大队、生产队办有集体养猪场，当年社队两级种养企业收入占全县社队企业总收入的 1.31%，1978 年上升到 7.25%。至 1973 年底，全县社队两级共有工矿企业 388 家，年产值 2889 万元，占全县工业总产值的四分之一；全县社队运输企业发展到 15 家，从业 600 余人，当年总收入占全县社队企业总收入的 1.7%。1976 年，有社队两级基建队 25 个，年总收入占社队企业总收入的 1.7%，1977 年社队基建队猛增到 54 个。

第三个和第四个五年计划（1966—1975），是在“文化大革命”期间实施的，受到了林彪、江青反党集团的严重干扰和破坏。但由于全县广大党员、干部和群众坚守生产、工作岗位，以不同方式对“文化大革命”进行抵制，因而使其破坏程度受到了一定的限制，经济建设在动乱中仍然取得了一定的进展。在工业建设方面，十年中新增县属全民所有制工矿企业 5 家，建成或扩改了氮肥厂、偏磷氨厂、水泥厂、化工厂和麻纺厂等县属企业；新增工业产品有合成氨、机制纸、水泥、食糖、氯酸钾等；农村公社工业和加工业也有了较大发展，从 56 家发展到 197 家，公社工业总产值增长 25 倍。1970 年浏阳县氮肥厂投产，1973 年采用 1600 毫米单筒造气炉，改进了出灰和自动控制系统，并用时钟式机械程序控制坐标阀代替互通旋塞，用宝塔式炉排代替扇形炉排，增设炉壁热水夹套，使副产蒸汽得到普遍利用。[①]

位于永和镇的浏阳磷矿，矿体长 8 公里，分布在金狮冲、马鞍山、樟

① 谭仲池主编、长沙市人民政府研究室编著：《长沙通史（当代卷）》，湖南人民出版社，2015 年，第 317 页。

大围山地区各林场的大批木材在装车待运

浏阳氮肥厂大门

树冲三地段，平均品位为20.5%，为全国大型矿之一。1959年9月开始在马鞍山建矿开采，同时当地公社、大队露天开采矿石数千吨。1964年1月，浏阳磷矿设立樟树冲、马鞍山两工区，同时永和磷肥厂设金狮冲工区。

1966年建山田湾采场。经历年扩建，不断改进选矿工艺，提高有效磷品位，到1985年底，年生产能力达70万吨。集镇也随着发展，建立了子弟学校、技工学校、医院、影剧院等配套设施。[①]浏阳磷矿被列入1966年湖南省第一批19个歼灭战工程，湖南省古港磷肥厂、浏阳永和磷肥厂于当年建成投产。1966年11月，全国磷矿工作会议在浏阳召开，肯定浏阳磷矿建设速度。1969年，浏阳磷矿（后改为湖南磷化工总厂）达产80万吨，成为全国六大磷矿之一。[②]七宝山硫铁矿则是以铜为主的多金属大型硫铁矿床，探明储量4058.91万吨，占全省总储量一半以上，为全国重点矿之一。1958年4月开始在老虎口探采，至1959年12月共采硫铁矿539吨，并正式成立浏阳磺矿。截至1985年底，共开采消耗磺铁矿石量221.3万吨。1969—1979年，当地公社、大队也设有磺矿和铜锌矿，年产矿石2.8万吨。[③]位于澄潭江公社虎形大队的湘潭地区澄潭江煤矿，1969年建矿，年产煤8万吨，煤藏量可采60年以上。

此外，在农业生产方面，经过农业学大寨运动，农业生产条件有了改善，农业现代化装备水平也有较大的提高。1976年农村排灌动力的拥有量比1966年增长4.5倍，每亩耕地的化肥施用量比1966年增加2.5倍，农村用电比1966年增加2.1倍。1966年至1976年的十年中，全县工农业总产值年均增长4.57%，其中工业总产值年均增长13.21%，农业总产值年均增长2.81%。粮食总产量年均增长3.47%，农民人均纯收入年均增长2.5%，财政收入年均增长9.18%。

澄潭江煤矿矿区一角

① 浏阳县地方志编纂委员会编：《浏阳县志》，中国城市出版社，1994年，第550页。

② 谭仲池主编、长沙市人民政府研究室编著：《长沙通史（当代卷）》，湖南人民出版社，2015，第316页。

③ 浏阳县地方志编纂委员会编：《浏阳县志》，中国城市出版社，1994年，第548页。

永和磷肥厂生产线

七宝山硫铁矿某井口

大会战

县内基本建设与支援三线建设

“省委发号召哎，修建马尾皂哎，干群齐努力哎，摘掉贫困帽哎！”这是当年在修马尾皂水库工地上唱得最多的一首夯歌。在县委、县革委主要领导成员的直接指挥下，北大区3区17社约10000多名劳动力会战马尾皂水库建设工地，人声鼎沸，热火朝天。马尾皂水库位于捞刀河上游支流双汀河上，坝址坐落在今淳口镇枫林村境内，集雨面积46.48平方公里，正常蓄水位167.78米，总库容为2702万立方米。1972年8月动工修建，1974年5月大坝竣工，是一座以灌溉为主，兼有防洪、发电、养殖等综合效益的中型水库。[①]

1978年之前，县基本建设投资出现过三个高峰：第一个高峰是1958—1960年，三年完成基建投资额1135.18万元，为前8年的2.6倍，三年兴办各类县办厂、矿35个，水利设施投资328万元。第二个高峰是1965—1967年，三年完成投资额3473.39万元，为前15年的1.6倍。第三个高峰是1973—1975年，三年完成投资额3423.26万元。县酒厂、县冻肉厂、县氮肥厂、古港纸厂、张家冲煤矿和普跃渠道、关山水库、马尾皂水库的兴建，以及县糖厂、文家市煤矿的扩建改造等，都是后两个投资高峰期完成的。

在基本建设方面，以县组织会战，十年中先后兴修了42.3公里的官庄水库引水灌溉工程（即普跃渠道），兴建了装机容量为1950千瓦的大栗坪闸坝电站；打通了106国道蕉溪岭地段，完成了319国道浏阳段40公里砂改油工程，修建了醴浏窄轨铁路等重点工程。浏阳公路大桥始建于民国二十五年（1936），几经毁修，1966年7月至年底，再度改建为永久性大桥，是湘潭地区第一座双曲拱大桥。1968年12月建成118米大跨径单孔的官渡大桥，使省道浏铁线全线贯通。1972年全县有渡口112处，对没有建桥的地方仍是一种交通补充。

1965年10月，铁道部和国家计委批准湖南省计委建设醴浏铁路的设计书，并决定由国家投资400万元，拨给旧杂钢轨74公里。当月底成立湖南省浏阳磷矿醴浏铁路建设指挥部，设工程处于醴陵，下按线路所经社队划分为11个工段，另设桥梁、钢轨、机修、电讯和轨枕预制厂等5个直属单位。工程处组织领导干部、技术人员、群众三结合的班子，进行踏测，选

① 朱玉华：《马尾皂水库修建前后》，政协浏阳市第八届委员会编：《浏阳文史》，2012年，第201页、205页。

1966 年建成的浏阳大桥为湘潭地区第一座双曲拱大桥浏阳大桥

1968 年 12 月建成的浏阳官渡大桥

定路线。中共浏阳县委、县人民政府招收了1063名复员退伍铁道兵战士，编成11个连队，参与工程建设。两县投入民工达25575人。同年11月1日，在大瑶组织开工试点。12月1日全线破土动工。次年5月1日醴陵南桥至浏阳城西竣工通车，7月1日全线基本建成，10月1日交付运营。醴浏铁路系762毫米窄轨铁路，所以被称为小火车，起于醴陵城北，由醴陵南桥进入浏阳县境的界口，经金刚、大瑶、牛石、荷花，跨越浏阳河入县城西，折线向东，通过关口、溪江、古港至永和磷矿，全长105公里。除正线外，建有货物专用线10条，其中县境内有浏阳航运码头卸货线、古港磷肥厂支线、浏阳磷矿选矿线、浏磷矿仓线、马鞍山硫铁矿装车线和永和磷肥厂支线。县境内全长67公里，设金刚、大瑶、枫林、牛石、古家、浏阳、筱水、关口、溪江、古港、樟树冲、马鞍山、马鞍岭、永和14个车站，马鞍岭为始发编组站，只办货运，其他为中间会让站，兼办客货运输，永和与醴陵互为客运到发站。[①]

自此，浏醴两县的交通运输和经济发展展示了全新的活力，开创了浏阳历史上有铁路运输的先河，1978年年货运量103.0256万吨，创历史货运量最高水平；1983年年运载旅客130.9889万人次，创历史客运量之最。[②] 1966年上半年，为解决浏阳磷矿和永和磷肥厂的供电问题，从株洲架设110千伏输电线路至永和，设立县内第一个110千伏变电站，并设古港35千伏变电站，于1967年3月1日投运。1968年，为建设秋收起义文家市会师旧址，开发南区煤炭资源，从古港架设35千伏线路至澄潭江，从澄潭江架10千伏线路至文家市，设浏阳、澄潭江两个35千伏变电站。醴浏窄轨铁路的通车与株永110千伏高压线路的投运，给县内工业发展提供了有利条件，促进了经济的发展。

为支援三线建设，在湘潭地委的统一组织下，1970年至1974年，先后抽调500多名干部、52000多名民兵，参加湘东铁路、枝柳铁路大会战。

1970年9月下旬，遵照湘潭地委指示，成立湘潭地区浏阳县湘东铁路建设指挥部，由贾德润任指挥长、刘世斌任政委，从浏阳抽调干部300多名、民兵38400多名（其中女民兵5000多名），按部队建制编成9个团、50个营、300多个连（其中女民兵连40多个），到攸县参加湘东铁路建设大会战，承担从皇图岭至菜花坪59.3公里及湘化支线7公里的铁路建设任务。经过两年零八个月的艰苦奋战，劈开46座山，填平65条垅，完成路基土方3809737立方米、石方461345立方米，建铁路桥8座、公路桥3座、涵

① 浏阳县地方志编纂委员会编：《浏阳县志》，中国城市出版社，1994年，第632页。

②《消失的醴浏铁路，不散的小火车情怀》，"浏阳喜扣"微信公众号，2015年10月17日。

醴浏铁路浏阳车站

浏阳河三元宫渡口

洞 241 处、倒虹吸管和渡槽 12 处；另湘化支线搬走土石方 37 万多立方米，架桥 2 座，修建涵洞和渡槽 43 处。1973 年 4 月，修建任务胜利完成。

1972 年 10 月，遵照湘潭地委指示，成立湘黔枝柳铁路会战浏阳指挥部，由夏桥任指挥长、张绍春任政委，从全县抽调干部、职工 240 名，组织民兵 3958 名，编为 4 个营、26 个连（其中女民兵连 1 个），于 11 月 23 日和 12 月 11 日分两批到达怀化县鸭嘴岩公社建设工地，担负 7.2 公里铁路施工任务。正当施工进入高潮时，上级指示决定浏阳民兵于 1973 年 5 月下旬全部转回本县。在 5 个多月的施工中，共修建涵洞 31 处，完成土石方 21.2 万立方米，成型路基 1076 米，经湘潭地区分指挥部检查，工程质量符合设计要求。

1974 年 6 月，为支援修建枝柳铁路，全县再次组织民兵 1 万多人（次年 1 月调回 5000 人），赴凤凰县木江坪修建新凤凰车站和 2 公里路基。成立湖南铁路建设浏阳指挥部，赵武先任指挥长、郑文俭任政委，参建干部、民兵发扬艰苦奋斗的革命精神，严守有关纪律，奋战 19 个月，于 1975 年底顺利完成任务。[①]

① 浏阳市市志档案局编：《浏阳六十年（1949—2009）》上卷，2009 年，第 114 页。

“三大讲”

揭批“四人帮”与改进领导作用

1976年，周恩来、朱德、毛泽东相继逝世，浏阳人民和全国各地人民一样，沉浸在巨大的悲痛之中。毛泽东9月9日逝世后，县委随即召开紧急会议，作出决定并发出通知，要求全县各级党委、各单位党组织迅速组织党员、干部和群众，学习中央发布的《告全党全军全国各族人民书》，开展悼念活动。18日下午，在县委的统一安排下，全县80多万人分别汇集到262个会场参加悼念活动。县城追悼大会在人民广场举行，县委常委、县革委常委、县人武部领导成员和2400多名干部、群众身着素装、臂戴黑纱、胸佩白花，庄严肃穆地收听了北京追悼大会实况。在悼念活动期间，许多人眼泪双流，有的甚至失声痛哭，既从内心表达出对毛泽东怀念之情，又饱含着对党和国家命运的忧虑。[1]

正当江青、张春桥、王洪文、姚文元加紧篡党夺权的时候，1976年10月6日晚，华国锋、叶剑英代表中央政治局，执行党和人民的意愿，对“四人帮”及其帮派骨干实行隔离审查，毅然粉碎了江青反革命集团。当中央人民广播电台播出粉碎“四人帮”重大新闻后，全县广大干部和人民群众无不兴高采烈、拍手称快。当晚县城锣鼓喧天、鞭炮齐鸣，游行队伍从四面八方汇集人民广场，热烈庆祝粉碎“四人帮”的伟大胜利。连续几天内，全县上下都是一片欢腾。

从1976年10月20日开始，县委根据省委、地委的部署安排，采取先党内后党外、先骨干后群众的程序，以最快的速度传达中央16号文件和打招呼会议精神，并组织近3万人的宣传队伍，运用多种形式，开展声势浩大的宣传活动，使中央指示精神家喻户晓、深入人心；并召开庆祝大会，热烈庆祝粉碎“四人帮”反党集团的伟大胜利。

接着，全县各级党组织按照县委的安排，共举办学习班4609期，47万多人参加。各级学习班深入学习中央16号文件和中央领导人讲话，弄清“四人帮”反党集团篡党夺权的滔天罪行、与之斗争的性质和伟大意义、方针政策，进一步树立信心和决心。参加学习的党员和群众联系“文化大革命”的实际，把“四人帮”的罪行揭露无遗，认识到江青反党集团与林彪反党集团一脉相承，都从打倒领导干部入手，进而篡党夺权。一致表示要坚决

① 中共浏阳市委党史联络组、中共浏阳市委党史办公室编：《中共浏阳地方史（1949—2002）》，中央党史出版社，2004年，第150页。

听从党中央的领导，将批判“四人帮”的斗争进行到底，把“四人帮”造成的损失挽回来。

1976年10月，中共湘潭地委对浏阳县委领导成员进行了调整，贾德润为书记，陈再仁、张绍春、郝月星、唐仲明为副书记。

在声讨“四人帮”罪行的基础上，县委采取层层办学习班的形式，先后从1976年12月开始传达中央关于王洪文、张春桥、江青、姚文元反党集团罪证材料之一至之三的文件，分阶段深入批判“四人帮”。全县70多万人参加了对“四人帮”的批判，还普遍联系“文化大革命”中“打土围子”“割资本主义尾巴”的实际，重点批判了“四人帮”“宁要社会主义的草，不要资本主义的苗”等谬论。通过批判，广大党员、干部和群众弄清了“文革”全面内乱“打倒一切”的祸源，激发了对“四人帮”的满腔义愤。

在开展对“四人帮”大批判的过程中，县委还根据省委和地委的部署安排，于1977年6月，举办县直机关副局长以上领导骨干92人参加的学习班，为期6天。接着又于6月下旬举办县直机关干部职工1125人参加的学习班，时间10天。两个学习班在反复学习中央领导人重要讲话的基础上，以整风的精神开展“三大讲”活动，即讲“四人帮”的罪恶、讲同“四人帮”作斗争的经历、讲同“四人帮”作斗争的体会。县委常委带头，机关领导干部也带头，从而带动与会人员“三大讲”。在“三大讲”中，一些受“四人帮”影响犯了错误的人，经过说清之后，通过民主评议予以解脱。

对造反起家的人，帮派思想严重的人，打、砸、抢分子，在学习班结束后，县委抽调干部组成核查办公室进行核查。经过几年核查工作，浏阳“文革”中发生严重事件的底子得以澄清，从中列审了19名对象。同时对全县“文革”中和“文革”后调进来的35岁以上的494名干部进行函调或外调，从中发现5名干部在“文革”中犯有严重错误，也进行了列审。整个核查工作共列审了24名对象，均整理专案，按照组织程序分别作出了处理。

1977年4月，中共湘潭地委对浏阳县委领导作出调整，陈再仁任县委书记，张绍春、贺森林、唐仲明、周青云任县委副书记。8月，党的第十一次全国代表大会召开，浏阳籍的王震、王首道、孔石泉、杨勇、李志民、胡耀邦当选为中央委员，唐亮当选为中央候补委员。21日，县委在县城召开万人大会传达十一大的主要精神。12月21日至24日，中共浏阳县第四次代表大会在县城召开。参加这次会议的代表992人，代表全县35515名党员。大会总结了同“四人帮”斗争的经验，分析了浏阳的政治经济形势，要求彻底肃清“四人帮”的流毒和影响；要求恢复和发扬党的实事求是、群众路线、批评与自我批评、民主集中制和艰苦奋斗的传统作风，充分发挥各级党组织的核心领导作用；要求深入开展“农业学大寨、工业学大庆”群众运动，坚持三年大上，力争到1980年建成“大寨县”，把三分之一的企业建成“大庆式”企业。全会通过了《关于改进领导作风的决定》。

县委在充分听取群众意见的基础上，创立了干部“四定一评”岗位责任制，即定办点社队，定任务指标，定劳动天数，定工作要求，评比检查验收。1978年1月29日，县委召开县直机关干部会议，以整风学习为动力，研究部署“四定一评”。12名县委常委、13名区（镇）委书记、11名工作队长定点22个公社、77个大队；2087名县、区、社三级干部和5980名大队支委定点850个大队、7490个生产队。县委书记陈再仁率先垂范，住在牛石公社静溪大队花树生产队，除回县开会或到面上检查工作外，天天早出晚归与社员同劳动，就连从县里开会回点上，也要挑回一担人畜粪，或拖回一车土杂肥。这个队在他的指导下，一年内完成田园化90亩，开垦水田11亩，开挖围山排水沟10多华里，垦复油茶100多亩，大田每亩施土杂肥100担，晚稻全部杂交化，实现了“赶上胜利生产队，力争亩产一吨粮”的目标。经过一年的实践，“四定一评”效果非常明显。县委三位正副书记办点的三个区，分别增产粮食2000万斤以上，占全县增产总量的46%。全县共增产粮食66446吨，总产量首次突破10亿斤大关，亩产达到1089斤，每亩净增144斤，生猪及其它农作物产量均有不同程度增长，农民人均纯收入比上年增长17.28%。“四定一评”是改进领导作风、加强干部素质建设的好办法，湘潭地委在浏阳召开现场会议，要求全地区学习推广。《湖南日报》也在头版头条以《农村干部办队岗位责任制好》为题加“编者按”，作了长篇报道。

农村干部办队岗位责任制好

——浏阳县委实行“四定一评”改进领导作风的调查

编者按：浏阳县委实行“四定一评”的干部办队岗位责任制，切实改进领导作风，调动了干部群众的积极性，促进了全县革命生产形势的发展。

毛主席曾经说过：“中国的改革和建设靠我们来领导。如果我们把作风整顿好了，我们在工作中间就会更加主动，我们的本事就会更大，工作就会做得更好。”领导带头，实行干部办队岗位责任制，这是对作风的一个整顿。它确实能使我们在农村的各项工作更加落实，更加主动。过去，我们每年都组织大批干部到人民公社办点，帮助开展农业学大寨运动。可是，有的地方成效显著，有的地方则变化不大。究其原因，当然不止一端，但与办队干部的工作责任感和工作作风如何，也总是有直接的关系。为了适应贯彻新时期总路线、实现新时期总任务的需要，为了更好地带领广大干部群众加快建设大寨县、高速度发展农业，我们一定要认真地改进领导作风和领导方法，真正做到少说空话，多做工作，扎扎实实，埋头苦干。希望各地同志对照浏阳的经验认真想一想、议一议，回顾总结一下自己在这方面的经验教训，真正采取革命的、过硬的措施，包括实行农村干部办队岗位责任制这样的办法，使改进领导作风快见行动，大见成效。

从县委书记“定”起

踏踏实实地干

初见成效

中共浏阳县委书记陈再仁同志带头参加集体生产劳动。这是他和社员们一起运肥。

本报记者摄

《湖南日报》头版头条报道：农村干部办队岗位责任制好

回归正轨
在澄清是非中开始拨乱反正

当年的高考作文题为“心中有话向党说”，这真是一个好题目。1966年开始的那场“文化大革命”停止了神圣的高考，这一停，整整11年，近4000多个日日夜夜，柳念国做过普工、车工、钳工、电焊工、设计员，干过许多苦力活。但当恢复高考的消息传来，压抑了十余年的读书渴望又燃烧起来……柳念国有多少话要写啊！可是，没等写完，考试时间已到，没有写完的作文能记多少分呢？虽然后来柳念国顺利地被录取了，但柳念国一直不知道自己的高考分数，更不知道各类大学的录取分数，这些今天在报纸上随意就能看到的新闻，当年却作为无可奉告的机密，许多情况至今不为人知。[①]

党的十一大后，根据中央和省委的指示，县委在澄清“四人帮”搞乱的是非过程中，开始进行拨乱反正。1977年10月，《人民日报》发表了中央党校《把“四人帮”颠倒了的干部路线是非纠正过来》的重要文章。县委开始干部政策的落实，决定由县委组织部牵头，建立专门班子，对社教运动和“文革”中受错误处理的干部进行复查，重点复查本人申诉迫切、群众呼声高的错案。1978年3月县委在镇头区进行试点，帮助区委采取定专人、定对象、定时间、定要求的办法，落实干部政策，平反冤假错案。该区经县委批准，为3名国家干部、10名党员落实了政策。县委推介了该区“坚持实事求是，落实干部政策”的经验。接着县委报经中共湘潭地委批准，又在11月13日召开追悼会，为原县长李映兴平反昭雪，恢复名誉，从而推动了全县落实干部政策的工作。

1978年5月，根据中共中央批转中央统战部和公安部《关于全部摘掉右派分子帽子的请示报告》，县委成立“摘掉右派分子帽子”工作办公室，安排一名县委常委主管，组织工作班子，开始对原划右派进行复查。截至党的十一届三中全会召开前，全县右派摘帽工作已完成60%。

自1977年国家恢复高考制度之后，县委多次在会议上动员下放知青和“老三届”、应届毕业生积极报考。当年经过全国统考，全县有242人被大专院校录取，170人被中等专业学校录取。1978年2月，根据上级指示精神，县委发出《关于教育工作的意见》，明确各级行政部门不应占用教育

① 柳念国：《难忘1977年高考》，政协浏阳市第八届委员会编：《浏阳文史》，2012年，第376页。

事业编制，凡抽调借调作非教育工作的一律回学校工作；决定将1975年下放到区（镇）、公社办的13所中学收回县办；规定各级各类学校不能随意放假，因特殊情况必须放假的，应报县文教局批准。1978年5月，县委在全县宣传工作会议上又反复强调：要提高教育质量，为实现四个现代化服务；抓好业余教育，扫除青少年文盲；继续组织初、高中毕业生复习，迎接全国高考。是年，撤销了学校革命委员会（革命领导小组），由县任命校长、教导主任。

1978年8月，县委恢复县人民检察院，让其履行宪法赋予的检察职能。县委明确要求县人民法院在认真履行审判职能的同时，开始有重点地复查社教、“文革”中大要案件。从此，公、检、法各自依法履行职能，相互配合制约，形成了加强人民民主专政的合力。10月，县委分别批转了县工会、团县委、县妇联关于换届选举的请示，强调各级党委进一步加强对群团组织的领导，搞好基层工、青、妇组织的整顿。县新一届工、青、妇代表大会分别于11月、12月召开，产生了新的县工会委员会、团县委和县妇联执委会。

全县开始起步的拨乱反正，对于把“文化大革命”特别是“四人帮”颠倒的是非颠倒过来而言，是一个良好的开端。

农工榜样

开展“农业学大寨”“工业学大庆”运动

农业的根本出路在于机械化。1978年5月，在“农业学大寨”运动中，浏阳县农业机械研究所与镇头公社农机厂合作，借鉴衡阳、江西等地较好机型的特点，结合本县的具体情况，成功研制出了浏阳—130型杂交水稻播种机，与同类型播种机比较，有运行轻便、转动灵活、取材容易、能雨天作业、效率高等优点，较好地解决了杂交水稻大面积推广中秧田面积愈来愈大、亟待解决加快秧田播种速度的问题，为夺取粮食生产的丰收提供了可靠有效的动力。[①]

1976年12月，中央召开第二次全国农业学大寨会议，号召“全党动员，大办农业，为普及大寨县而奋斗”。县委书记贾德润出席了这次会议。为贯彻落实第二次全国农业学大寨会议精神，12月25日，县委组织区（镇）、公社党委书记和县直机关负责人到常德、桃源等市县参观学习。接着传达中央领导人在全国农业学大寨会议上的重要讲话，研究召开农业学大寨万人大会的准备工作。

1977年1月12日，县委召开了为期4天的全县农业学大寨万人大会。参加会议的有县、区（镇）、公社、大队、生产队干部10437人，与会人数之多、声势之大是浏阳有史以来之最。会议传达了第二次全国农业学大寨会议精神和中央领导人的讲话，组织12人作大会发言，深揭狠批“四人帮”破坏农业学大寨的滔天罪行，狠批“四人帮”“宁要社会主义的草，不要资本主义的苗”的谬论，弘扬“大干社会主义有理、大干社会主义有功、大干社会主义光荣”的正气。同时，有14人在典型发言中交流学大寨的经验。大会表彰奖励了268个先进单位和119名先进个人，树立了6个单位和9名个人为先进典型。大会还讨论了浏阳三年建成大寨县的规划。会后，11个区（镇）、67个公社普遍召开了党委会及部门干部会，987个大队召开了党支部会、骨干会，8731个生产队召开了队委会、社员会。在很短时间使全国农业学大寨会议精神传遍千家万户，达到家喻户晓。

1977年2月6日，县委召开全县工业学大庆会议，与会的有工交、农林水、财贸、文教等单位负责人和先进个人共1349人，为期5天。会上传达了中发〔1977〕1号文件和全国工业学大庆筹备会及省工业学大庆会议精神，提

①《浏阳—130型杂交水稻播种机》，1978年5月28日，档案目录号：28-1-46-19，浏阳市档案馆藏。

浏阳县农业学大寨万人大会会议材料

出坚定不移地走大庆道路；坚定不移地抓好领导班子建设；坚定不移地建设一支“铁人式”的职工队伍；坚定不移地大干社会主义；坚定不移地依靠工人群众，加强企业管理。会议按照大庆式企业的六条标准，规划到 1980 年力争三分之一的企业达到大庆式企业标准，并分年度落实到企业。

在学大寨万人大会和学大庆会议开过之后，县委常委认识到自身的思想作风是关系到加快大寨县创建进程的关键，于 1977 年 2 月 12 日召开整风学习会议，吸收部办委负责人和区委书记参加，围绕“创建大寨县，县委怎么办”的主题进行专题讨论，力图着重解决县委的思想作风和团结问题。

通过总结经验教训，开展批评与自我批评，统一了思想认识，县委领导成员表示要率先垂范，真正成为领导“农业学大寨、工业学大庆”的带头人。

1977年2月23日，县委召开县、区（镇）、公社三级国家干部整风学习会，共有2610人参加，为期6天。会议传达中央领导人的讲话，就“如何搞好整党整风、加速建设大寨县”进行动员。会上，采取揭矛盾、找根源、解剖典型、分清是非、开展谈心等方法，揭露干部队伍中存在的问题，对犯错误的干部进行重点帮助。同时，表彰一批先进个人，并授予3人“模范干部”称号。会后，全县上下形成一条心、一股劲学大寨的氛围，掀起了创建“大寨县”的新高潮。

当年12月，根据中央提出的建设大寨县的要求，结合浏阳实际，县委制订农业学大寨的六条标准：（一）领导班子是真正带头大干社会主义的，实现三级干部分别参加劳动100、200、300天的要求；（二）贫下中农说话能够上算，能团结中农，斗资本主义，干社会主义；（三）一人有一亩旱涝保收农田，田土山林路综合治理；（四）粮、棉、油、猪、林过“纲要”，人平产粮1000斤以上；（五）对国家每人贡献粮食300斤以上（林、棉、油按比价折合计算）；（六）在争贡献、增积累的同时，做到正常年景90%以上社员增收，其余10%也不减收。1978年年底，全县有20个公社被湘潭地委命名为“大寨式公社”。文家市煤矿被评为全县学大庆红旗单位，浏阳氮肥厂、县汽车队由省命名为“大庆式企业”。次年7月，县外贸局被评为全国外贸“双学”先进单位。

在创建“大寨县”运动中，1977年12月，县委在全县组织了“一批双打三清查”（深入揭批“四人帮”；打击阶级敌人的破坏活动，打击资本主义势力；清查“四人帮”的流毒在本单位的影响，清查本单位阶级斗争的表现，清查资产阶级思想作风在领导班子中的反映）。全县清查出贪污、盗窃、投机倒把金额11万元、粮食32万公斤，还破获了一批刑事案件。1978年又继续开展“一批双打”，虽然打击了“四人帮”的社会基础，但在打击资本主义势力中混淆了是非，误整了一部分社员群众。

“学大寨”促进了全县农田基本建设和农业生产，截至1978年底止，全县旱涝保收农田达67.7万亩，拥有农用机械总动力9万千瓦，两季机耕面积达75.45万亩，粮食总产量达505254吨，生猪饲养量达66.58万头，养鱼水面达到6.5万亩，农业总产值达21189万元，贡献国家粮食9550.5万公斤，各项指标均创历史新高。

第四章

巨轮启程

改革开放全面启动和开创中国特色社会主义时期的浏阳

（1978年12月—1992年1月）

新鲜空气

民主政治建设的推进

杨意红是浏阳县葛家乡大塘村村民、党支部书记，他积极当好人民代表，经常深入人民群众当中调查研究、了解情况，及时总结向上级反映；同时做到了当好党风政纪监督员，为乡企业挽回数十万元的损失。他带领群众同奔致富路，粮食、生猪生产连年增产，村办企业红红火火，水利、交通等基础设施建设有了新的面貌，特别是办好了果蔬实用技术研究所，搞好了科技示范，带领上千人远赴海南制种，成为了远近闻名的“蔬菜大王”和省内“候鸟农业”的领军人物。1984年4月，经县九届人大常委会第二次会议审议，他被授予“浏阳县劳动模范”的荣誉称号；[①] 1987年3月，他获评“全国农村科技致富能手”称号；1988年3月，他被选为第七届全国人民代表大会代表；1992年3月，他被授予“长沙市农业先进个人”。[②]

1978年12月18日至22日，中共十一届三中全会在北京召开，作出了把党和国家的工作重点转移到社会主义现代化建设上来的决策。浏阳籍的中央委员胡耀邦、王震被增选为政治局委员。

1979年2月5日，县委召开四级干部会议，到会2025人，时间10天。会议主要组织学习了党的十一届三中全会公报，认真讨论工作重点转移问题，围绕“为什么要实现全党工作着重点转移”“能不能实现全党工作着重点转移”“如何实现全党工作着重点转移”三个问题，从理论和实践的结合上进行了深入讨论。这次会议开出了民主团结的风气和政治氛围，开出了发展经济的决心和劲头，从而为全县工作重点转移奠定了思想基础。

《光明日报》早在1978年5月11日就发表中央党校的文章《实践是检验真理的唯一标准》。由于县委摆脱不了“两个凡是”的影响，加上省委尚未部署，以致徘徊观望。直到1979年11月，县委才根据省委部署和地委安排，集中组织真理标准讨论补课教育。从县委中心学习小组开始，先后举办县直机关和区（镇）、公社理论辅导员培训班，到召开县直机关干部大会，印发1200多本学习辅导材料发给基层，组织单位干部职工学习，从而为全县各级党组织贯彻实事求是的思想路线，纠正长期以来的“左”倾错误，为实现历史性转变奠定了思想理论基础。

1979年12月，成立中共浏阳县委落实政策领导小组，下设办公室，各

①《浏阳县人大常委会关于同意授予杨意红等二十四位同志为“浏阳县劳动模范”荣誉称号的函复》，1984年4月17日，档案目录号：18-1-111-24，浏阳市档案馆藏。

②《先进个人登记表》，1992年3月11日，档案目录号：20-4-451-16，浏阳市档案馆藏。

有关部门分别成立落实政策办公室，采取“统一领导，分级负责，部门配合，协调一致”的办法，抓好冤假错案的昭雪平反和落实党的有关政策的工作。1980 年 3 月，县委提出复查冤假错案具体操作的 10 条政策界限和应把握的 4 个环节，在历时 9 年大规模落实政策工作中，坚持以“拨乱反正”为指针，取得了显著成绩：一是复查反右派、“反右倾”、社教、“文化大革命”四个时期受处理干部的问题，平反冤、假、错案。二是落实国民党起义投诚人员的政策。三是落实知识分子的政策。四是落实地下党和“二战”时期苏区肃反错杀人员遗留问题的政策。五是落实宗教政策。六是落实去台同胞家属的政策。七是落实侨眷房产和私房改造遗留问题的政策。八是落实中央关于为“四类分子”摘帽和改变家庭出身的指示。由于县委始终坚持积极慎重的原则，从而理顺了社会各方面关系，激发了被落实政策人员及其家属子女建设社会主义和推进祖国统一大业的积极性。

1980 年 2 月，党的十一届五中全会决定设立中央书记处，选举胡耀邦为总书记，并通过了《关于党内政治生活若干准则》。县委先后召开全会、常委交心通气会，认真学习《准则》，以整风的形式进行对照检查，并向全县各级党组织发出关于认真组织学习执行《准则》的通知。从 3 月至 6 月，县委分别举办县直机关党员干部、区（镇）公社及县直局以上单位党委委员（党组成员）、农村党支部书记 3 期学习班，随后全县各基层党组织以报告会、党课、组织生活会等形式，集中对党员进行党性、党纪、党风教育。在此期间，将“中共浏阳县委纪律检查委员会”升格为“中共浏阳县纪律检查委员会”，明确纪委属同级党委和上级纪委双重领导。

1980年，在完善人民代表大会制度中，县委根据国家《选举法》《地方各级人民代表大会和地方各级人民政府组织法》和《湖南省县、社直接选举实施细则》的规定，于9月成立浏阳县选举委员会，采取积极宣传“两法”、层层先行试点、稳步推进的办法，全面铺开县、社（镇）两级人民代表直接选举工作。全县共划分县人民代表选区99个，确定选举县第八届人民代表444名；划分社（镇）代表选区1447个，安排选举社（镇）人民代表6355人。经过选民登记、提名推荐、酝酿协商的办法，县人民代表的第一轮提名候选人有7704人，占应选代表人数的17.4倍；社（镇）代表候选人提名有30844人，占应选代表人数的4.9倍。经过“三上三下”同类比较、反复协商，最后确定县代表正式候选人685人，确定社（镇）代表候选人9857人。10月22日为“选举日”，全县参加投票的公民有619002

人，参选率达到96.9%，按额直接选举出县、社（镇）两级人大代表。同时，县委组织专门班子，对社（镇）领导班子成员进行全面考察。从11月下旬至12月上旬，全县67个社（镇）相继召开社（镇）人民代表大会。12月19日至24日，浏阳县第八届人民代表大会第一次会议在县城召开。会议以加快社会主义经济建设、繁荣社会主义科学教育文化事业、加强政权建设为主题，总结了县革委会三年来的工作，提出了“六五”期间全县经济建设的蓝图和1981年的具体目标任务及措施。大会采取按职务差额选举的办法，以无记名投票的方式，选举产生了县人大常务委员会主任、副主任、委员，周青云为主任；选举产生了县人民政府县长、副县长，张绍春为县长；选举产生了县人民法院院长、县人民检察院检察长。从此，县革

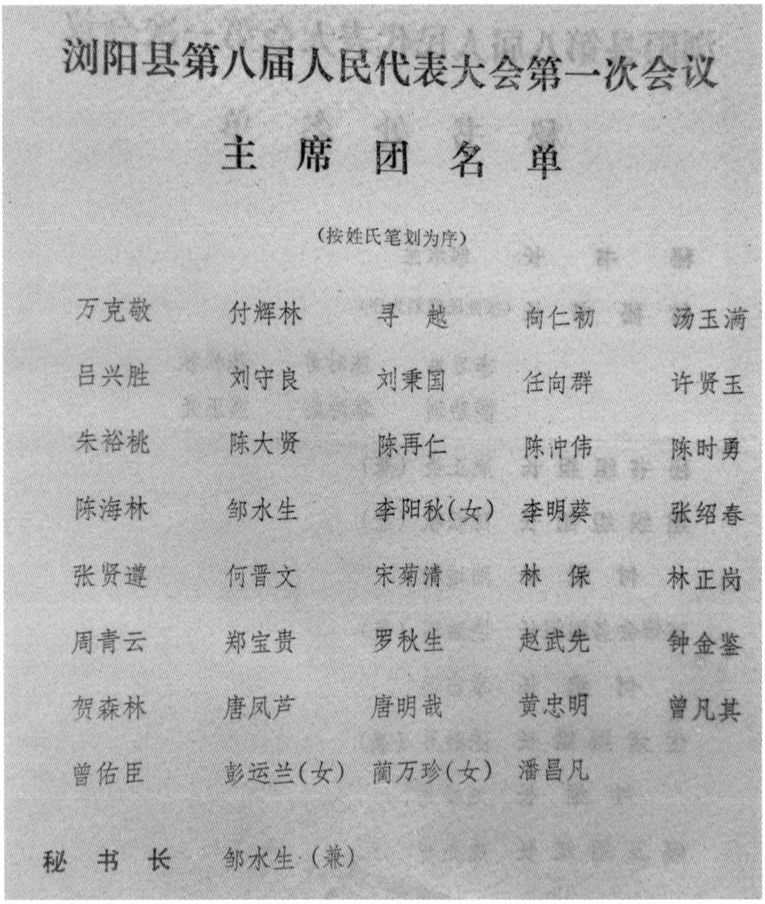
浏阳县第八届人民代表大会第一次会议

主 席 团 名 单

（按姓氏笔划为序）

万克敬	付辉林	寻　越	向仁初	汤玉満
吕兴胜	刘守良	刘秉国	任向群	许贤玉
朱裕桃	陈大贤	陈再仁	陈冲伟	陈时勇
陈海林	邹水生	李阳秋（女）	李明葵	张绍春
张贤遵	何晋文	宋菊清	林　保	林正岗
周青云	郑宝贵	罗秋生	赵武先	钟金鉴
贺森林	唐凤芦	唐明哉	黄忠明	曾凡其
曾佑臣	彭运兰（女）	蔺万珍（女）	潘昌凡	

秘 书 长　邹水生（兼）

浏阳县第八届人民代表大会第一次会议主席团名单

命委员会宣告撤销，恢复了县人民政府，县人民代表大会常务委员会成为常设的权力机关。会议期间，收到县人大代表批评意见和建议1104件，由有关主管部门当面答复或办理的有613件，占55.5%，其余的由县人大分类登记，并由县政府督促有关部门调查研究处理。

在建立政治协商制度中，县委经过积极筹备，在各级各界各战线酝酿推荐、民主协商、组织考察的基础上，从代表的广泛性、先进性和人民大团结出发，决定由10个界别69人组成政协浏阳县第一届委员会。在县第八届人大第一次会议期间，政协浏阳县第一届委员会第一次会议召开。会议的主题是：积极开展人民政协工作，为实现社会主义现代化和祖国统一而奋斗。会议讨论了人民政协的性质、任务、工作目标，选举产生了县政协

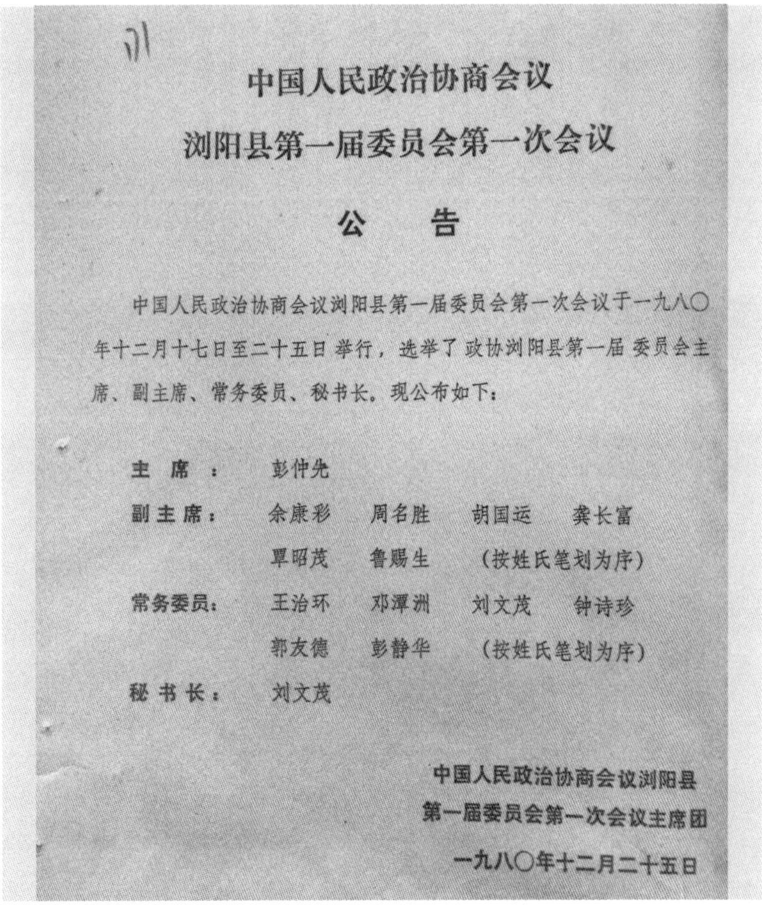

中国人民政治协商会议

浏阳县第一届委员会第一次会议

公　告

中国人民政治协商会议浏阳县第一届委员会第一次会议于一九八〇年十二月十七日至二十五日举行，选举了政协浏阳县第一届委员会主席、副主席、常务委员、秘书长。现公布如下：

主　席：　彭仲先

副主席：　余康彩　周名胜　胡国运　龚长富

覃昭茂　鲁赐生　（按姓氏笔划为序）

常务委员：　王治环　邓潭洲　刘文茂　钟诗珍

郭友德　彭静华　（按姓氏笔划为序）

秘书长：　刘文茂

中国人民政治协商会议浏阳县

第一届委员会第一次会议主席团

一九八〇年十二月二十五日

浏阳县第一届政协委员会第一次会议公告

主席、副主席、秘书长和常务委员，彭仲先为主席。会议期间，全体委员列席了县八届人大第一次会议，参加了对浏阳政治生活、经济建设等重要议程的讨论，并对全县工作提出了许多有见地的意见和建议。

政府、政协设立党组外，1980年根据省委湘发〔1980〕75号文件通知精神，成立中共浏阳县委政法领导小组，下设办公室。1981年3月调整充实了县公安局、县检察院党组，并将县人民法院党委改为党组，明确要求公、检、法机关认真履行宪法和法律赋予的职责，改变过去那种以党代政、以言代法、包揽司法行政事务的作法。将过去由县人民法院管理的法律宣传、人民调解、法律顾问等工作分离出来，由新成立的县司法局履行司法行政职能。1982年4月，根据省委湘发〔1981〕76号文件精神，撤销县委政法领导小组，成立中共浏阳县委政法委员会，研究处理政法工作中的重大问题，协调政法各部门的关系，协助县委管理政法干部。

1981年6月，党的十一届六中全会通过《关于建国以来党的若干历史问题的决议》，胡耀邦当选为中央委员会主席。8月20日，县委召开四届五次全会，认真学习贯彻六中全会和省委三级干部会议精神。次日，即召开三级干部会议进行学习贯彻，并在9月上旬以公社为单位培训骨干1.2万人，深入生产队向群众宣讲《决议》。随着《决议》精神的深入人心，全县广大党员、干部和群众的思想逐步摆脱"两个凡是"的束缚，开始正确对待拨乱反正和改革开放。

芳华依旧

上山下乡知识青年返城安置就业

女知识青年董敬芳，1964年初中毕业后，从湘潭下放到浏阳县大围山区中岳公社茅坪大队。1969年先后动员其父母、弟妹以及爱人的父母也到中岳插队落户，成为“一人下放，两家落户”的知青典型。她带领两家积极参加生产劳动和学习，并把自己的知识传授给农民群众，在生活上热情帮助农村贫困老人。她担任赤脚医生，为农民群众送医送药，和贫下中农打成一片，深得农民群众的喜爱。自1960年代到1970年代，她多次被评为中岳公社、浏阳县、湘潭地区、湖南省优秀知识青年，多次参加省、地、县知识青年积极分子代表大会，并代表全国知青出席了第四次全国妇女代表大会。1976年，她还代表知青参加中国人民友好代表团，到瑞士、罗马尼亚、阿尔巴尼亚等欧洲国家访问。董敬芳扎根农村15年，直到1979年全国知青上山下乡运动结束才回到湘潭，后在湘潭钢铁厂退休。[1]

从1960年代开始，实行城市知识青年下放农村锻炼，浏阳县于1964年2月成立知识青年上山下乡安置办公室，是全省上山下乡知识青年接收和安置的重点县之一。1968年12月22日，《人民日报》发表毛泽东的指示：“知识青年到农村去，接受贫下中农再教育，很有必要。要说服城里干部和其他人，把自己初中、高中、大学毕业的子女，送到乡下去，来一个动员，各地农村的同志要欢迎他们去。”至1979年，浏阳先后接收和下放知青14069人，其中长沙市662人，湘潭市710人，株洲市3036人，湘潭县131人，本县直接下放7638人，外地转入1892人。这些知青，安置到国营农林渔牧场526人，安置到社队企业629人，集体插队落户8023人，投亲靠友分散落户4891人。全县66个公社，除岩前、山枣潭公社外，都接收了知青插队落户。

全县各级党政十分重视知青工作，县委明确1名领导主管，设立专门机构负责知青下放的接收、安置、检查和指导。各公社建立领导干部、贫下中农、知识青年代表组成的“三结合”再教育小组，配有专职或兼职干部。在知青管理上，做到政治上有人抓、生产上有人教、生活上有人管。在此期间，全县先后下拨知青经费370.32元、木材2841立方米，为下放知青队、组共修建住房1276栋计3984间，建筑面积5.6万平方米。由于各级抓严、

① 罗昭年：《记下放知青模范董敬芳》，浏阳市政协文教卫体委员会编：《浏阳知青文史》，2009年，第252页。

教好、管细，广大知青基本安心农村，愿为建设社会主义新农村作贡献。

“紧跟伟大领袖毛主席，立志耕耘干革命，脚踩污泥炼红心，志在世界一片红。”知识青年上山下乡运动前后长达20多年，大多数知青积极响应党的号召，满怀豪情壮志，扎根农村表现突出。其中有一部分人担任了民办教师、赤脚医生、农技员、农机手、广播员，有的还进入了社队领导班子，成为农村的骨干。各地还涌现出一批知青先进集体和先进人物，有的光荣入党，有的光荣入团，出席了各级知识青年积极分子代表会议，并受到表彰。张坊公社志耘青年队，用自己的双手在高山峻岭绘新图，三年中在分散的“八坡九冲十二坳”的蓑衣斗笠丘上，生产粮食7万多斤，种植油茶、果木2万多株，改变了山村面貌。北盛公社卢渚大队知青尹南苏，为贫下中农治病200多人次，一位瘫痪12年的社员在他的精心治疗和护理下，有了良好的恢复效果。知青们经历了艰苦环境的锻炼，他们当中多数人都成为了改革开放和现代化建设的中坚力量。

党的十一届三中全会以来，随着上山下乡知青要求返城的呼声越来越高，1979年县委根据上级要求，陆续安排知青返城就业。到1981年底，全县14069名知青安置工作全部到位，其中招工9465人，提干73人，招生515人，参军364人，病退和返迁回城待业的3640人，余下12人，因已在农村结婚成家，自愿扎根农村。同年底，县知青办公室随之撤销。[1]

动员和安排知识青年上山下乡，在“文化大革命”前，让知识青年到农村锻炼和减轻城市就业压力，不是完全没有必要。然而，在“文化大革命”中，把知识青年作为改造对象，特别是把出身于剥削阶级家庭和父母有历史问题的知识青年作为重点改造对象，是不应被提倡的。

① 熊正炎：《城市知识青年下放浏阳农村概况》，浏阳市政协文教卫体委员会编：《浏阳知青文史》，2009年，第25页。

下放东门公社的知识青年于出席浏阳县知识青年积极分子代表会议时的留影

“搞大包干放开手脚”

农业生产责任制建立与完善

1978年北区对杂交稻产生怀疑、动摇以后，县委书记陈再仁于1979年6月带领县科委、科协和农业局的领导和技术干部在沙市乡四新村办点，发动群众种了1000亩杂交稻。在点上搞好晚稻备耕以后，现场召开了全北区3000多名生产队长会议。参观备耕，进行动员，上技术课；晚稻收割时，又组织生产队长临田考察验收。这一年，该村的杂交稻亩产810斤，比常规稻亩产高200多斤。验收会上，印发了点上大面积种植杂交稻的8项技术措施。由于各级领导坚持作样板，有效地带动了大面积的推广。这一年，一度喊打倒杂交稻的北区17个乡294个村，村村队队都种了杂交稻，面积达到89000多亩，占晚稻面积的33%。[①] 1989年，浏阳被列为全国杂交水稻种子生产基地县。1991年，种植早稻杂交14440公顷，创历史最高水平，占早稻面积的28.78%。[②]

1979年4月，中央召开工作会议，针对国民经济建设中一些重大比例关系严重失调的状况和经济工作中急于求成的现象，提出了“调整、改革、整顿、提高”的方针。县委召开常委会议，统一思想认识，接着召开区（镇）、公社和县直机关、县属企业负责人会议，对贯彻执行新“八字”方针、调整国民经济作出了部署和安排。农业：一是允许有专业特长的农民在与生产队签订合同的前提下，外出搞副业；二是扩大社员自留地，鼓励自养牲畜和经营家庭副业；三是放开农村集市贸易，支持传统庙会，鼓励农民长途贩运。是年，全县工农业总产值比上年增长46.8%，冒出了一批专业户和重点户。工业：一是对一些资源枯竭、设备陈旧、生产搞不上去、长期亏损的企业实行关、停、并、转。二是开始试行企业改革。三是进行企业改造，增强企业活力。1979年，县委负责人在氮肥厂试行利润包干提奖办法。该厂当年利润计划30万元，经过一年的实践，实现利润60万元，比上年增加37万元，按利润10%提成，共奖6万元。《湖南日报》11月13日头版头条进行了报道。是年全县通过新建和改造13个公社128公里公路，建造6座钢筋混凝土大桥，实现了66个公社个个通公路，除杨潭、船仓外，都通了客运班车。

在执行新的“八字”方针、调整国民经济的过程中，县委在农村虽然

①《推广杂交水稻，夺取粮食高产》，1984年5月，档案目录号：20-4-160-13，浏阳市档案馆藏。

②《浏阳市志（1988—2002）》，方志出版社，2007年版，第387页。

落实了党的相关政策，增强了农业活力，但最关键的问题即旧的管理体制仍然未动，“吃大锅饭”的问题未能解决。其实，农民还在留恋1960年代初期的包产到户，一部分基层干部也有恢复这种生产责任制的愿望和要求。鉴于当时省、地委暂无明确指示，加上浏阳1960年代试行的包产到户一直被当作“单干”受到批判，因而县委再也不敢越雷池一步，只好观望等待。

1980年9月，中央《关于进一步加强和完善农业生产责任制的几个问题的通知》下达后，根据省委召开的全省县委书记会议精神，县委就农业生产责任制的问题进行了讨论，认为浏阳和全省情况一样，属于集体经济比较巩固、农业生产逐年发展的地区，除个别山区贫困队外，大面上不宜搞包产到户，可以推行专业分工、联产计酬，也可以包产到组。

尽管包产到户、包干到户局限于山区和贫困队，但其他生产队也纷纷仿照推行开来。全县12217个生产队，1981年上半年已有1264个生产队搞了“双包”责任制，到1980年8月中旬发展到3875个生产队。实践证明，有责任制比没有责任制好，联产比不联产好。8月下旬，县委召开四届五次全会，学习贯彻中央《关于建国以来党的若干历史问题的决议》，着重领会其中关于“社会主义生产关系的发展并不一定套固定的模式，我们的任务是要根据我国生产力发展的要求，在每一阶段上创造出与之相适应和便于前进的生产关系的具体形式”的论述。通过学习讨论，全体县委委员认识到，推行联产承包责任制符合生产力发展的要求，是现阶段调整生产关系的必然，是经营管理制度上一项带根本性的改革。鉴于此，县委四届五次全会根据省委的指示，决定在责任制的问题上，贯彻“热情支持、积极引导、逐步完善、稳步推进”的方针，实行“不堵不塞、群众选择”的原则。

为领导好这场关系广大群众切身利益的深刻而复杂的变革，1981年9月上旬，县委召开全县大队党支部书记会议，深入学习中央文件，围绕搞多种形式的责任制是不是搞资本主义、会不会出现两极分化、能不能加快四个现代化、集体经济还存不存在等重大问题展开讨论，分清是非，统一认识。会上，县委归纳了全县出现的六种责任制形式：①专业承包，联产计酬；②统一经营，联产到劳；③包产到组，联产到劳；④小段包干，定额计酬；⑤包产到户，全奖全赔；⑥包干到户，即上交国家的，留下集体的，其余都是自己的。会议要求将六种责任制形式交群众讨论，由社员根据自己的意愿和要求进行自主选择。 会后，以公社为单位训练大队、生产队干部和党员，全县共训练骨干38063名，其中党员10496名；从县直机关抽调148名干部下到各区、社帮助工作，区（镇）、社组织2097名干部到大队帮助建立责任制，平均每个大队有2名干部，干部入队深入思想发动，力争思想工作进村入户，把政策原原本本交给群众；县委、县政府就大田生产责任制、山林责任制及定权发证、扩大社员自留地、进一步做好计划生育工作下发了四个配套政策性文件。为分类指导，县委选择不同地区办了4个点，区（镇）、社办了73个点，掌握了指导实施责任制的主动权；为确保工作质量，县委统一制定了农业生产责任制验收标准，认真组织验收。1982年春，县委针对部分大队的遗留问题，又从县直机关抽调干部到重点公社帮助完善责任制的工作。当年，随着生产责任制的普遍推行，农民的积极性高涨，全县粮食总产量增长20.8%，创历史最好水平。

联产承包责任制的建立，打破了人民公社“吃大锅饭”的局面。首先是突破了平均主义。这种责任制把生产成果与个人经济利益紧密结合起来，符合利益驱动原则，农民喜欢这种按劳分配的直接性和简明性。农民形容这种办法是国家得硬的，干部得明的（只有补贴，不能多吃多占），他们得实的。其次是增强了责任心。农民说：“打大班束手束脚，搞定额毛手毛脚，包产到组碍手碍脚，搞大包干放开手脚。”过去出工靠哨子指挥，“一声哨子人等人，二声哨子人看人，三声哨子慢慢行”。大包干后，“联产联心，人人操心”，“出工两头黑，重担一肩挑”。更加注重耕作质量，精耕细作体现在各个生产环节中；学科学、学技术的人多了，出现了“犁耙工夫争着学、技术讲座争着听、《科学小报》争着订、农技干部争着请”的好风气。同时，农民有了更多的自主权，出工迟早由自己安排，田里种什么自己作主。由于劳动潜力的充分发挥，一大批剩余劳力向非农业转移，广开多种经营门路，促进了农业结构的不断调整，乡镇企业总收入居全省第一。第三产业像雨后春笋般涌现，数万名“南下大军”浩浩荡荡奔赴沿海地区打工创收。

实践表明，实行联产承包责任制，带来的是人的心情舒畅，农村生产力的迅速发展。时任福州军区政委李志民、济南军区顾问何志远、广州军区副司令员黄霖、中纪委副书记张启龙等回浏阳视察后，都对家乡的改革和建设特别是建立联产承包责任制的做法给予了鼓励。

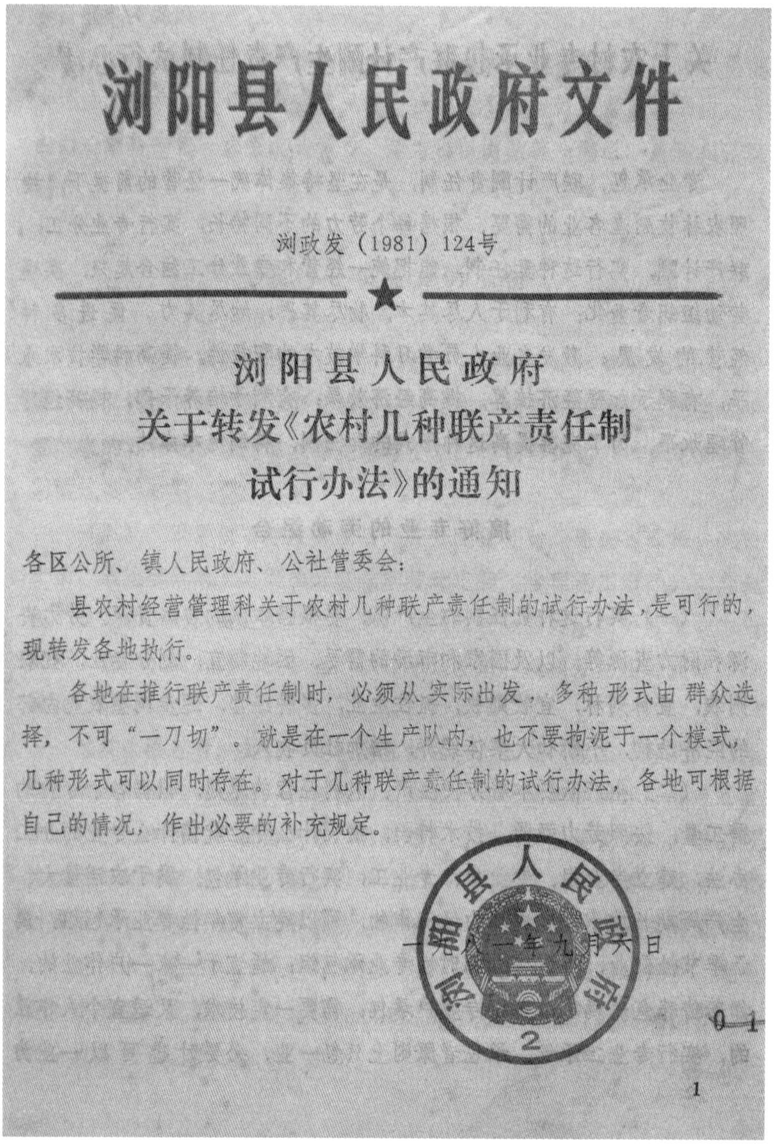

浏阳县人民政府文件

浏政发（1981）124号

浏阳县人民政府
关于转发《农村几种联产责任制试行办法》的通知

各区公所、镇人民政府、公社管委会：

县农村经营管理科关于农村几种联产责任制的试行办法，是可行的，现转发各地执行。

各地在推行联产责任制时，必须从实际出发，多种形式由群众选择，不可“一刀切”。就是在一个生产队内，也不要拘泥于一个模式，几种形式可以同时存在。对于几种联产责任制的试行办法，各地可根据自己的情况，作出必要的补充规定。

浏阳县人民政府

一九八一年九月六日

1

联产责任制办法

让农民吃下“定心丸”

继续推进农村改革

城关镇出口花炮厂坚持“质量第一，信誉第一”的办厂方针，靠依法依规，不断改善经营管理，使企业在激烈的竞争中得到了稳步发展。产品发展到127种，远销到日本、美国等26个国家和地区。1992年销售收入达1781.8万元。据统计，该厂20多年来累计提留积累774.9万元，创汇5448.32万美元，交纳税金1502.7万元，上交管理费297.8万元，为职工养老保险投入232万元，获得了明显的经济效益和社会效益，已连续四年跻身于全省百强乡镇企业之列。1993年2月被省政府评为明星企业。[①]

1982年9月，中国共产党第十二次代表大会在北京隆重召开，胡耀邦当选为中央总书记，王震、宋任穷当选为政治局委员，杨勇当选为中央书记处书记，王首道当选为中央顾问委员会常委，李贞、孔石泉、张启龙、李志民、唐亮当选为中顾委委员。浏阳县委书记陈再仁作为湖南的代表出席了十二大。大会前夕，《人民日报》以《人民的长工》为题发表了陈再仁先进事迹的长篇通讯。十二大后，县委对全县贯彻十二大精神作出了部署。10月10日召开了县委四届六次全体（扩大）会议，把思想统一到十二大精神上来，开创浏阳建设的新局面。

1983年2月18日，胡耀邦来湖南视察时，县委主要负责人前往长沙汇报了浏阳农业翻番的打算。胡耀邦听取汇报后说：你们的设想很好，思路清晰，很实在，投资少，技术有基础，农民都会干，希望你们一步一个脚印抓落实，争取实现计划。发展粮食、生猪生产，有个销路问题，浏阳即将划归长沙市管辖，要利用长沙市这个优势；发展生猪有个饲料问题，要把饲料工业搞上去。浏阳森林资源丰富，要加强培管，充分利用，光出卖原材料不行，要大搞竹木加工，提高经济效益。浏阳还有一个很好的条件，水资源丰富，要切实发展小水电，年增加1000千瓦，10年就是1万千瓦，虽然投资大一点，但这是可靠的。花炮生产不但要抓好内销，还要争取多出口，争取年产值过亿元。有一些工业要搞承包，你们的水泥厂搞了承包以后，3个月就扭亏为盈，足以说明承包这条路子非走不可。手工业也要搞承包，你们的县缝纫社承包后，收入增加9倍，这件事省委知道吗？要好好推广。社队企业也要搞好招、投标，实行承包，选用能人，这样经济效

①《城关镇出口花炮厂生产稳步发展》，1993年5月29日，《浏阳工作》第16期，浏阳市档案馆藏。

益很快就会上来。你们氮肥厂，要搞承包，包80万元利润怎么样（当时氮肥厂年利润为60多万元）？不要怕工人赚多了钱，工人每月拿到1000元不要紧，不算了不起。经济要上去，必须抓改革，中央对此会有大动作。后一段工作，你们指导思想必须明确，头脑必须清醒。我们现在欠账不少，社会问题也不少。我们要在集中精力抓经济建设的同时，抓好精神文明建设，诸如计划生育、社会治安都要认真抓好。总之，你们各项工作要往前赶，希望抓出成效来。

为贯彻胡耀邦的指示，在省委、省政府的支持下，县委、县政府聘请省科委、省科协和国防科大的专家，以“翻两番”为总目标，运用系统工程的原理，组织县内干部、技术人员 56 人，通过历时 9 个月的调查研究，编制了浏阳县经济、社会、科技发展规划，还编制了 16 个项目规划和 14 个专题论证材料，成为振兴浏阳的蓝图。

1983 年 7 月 1 日，根据省委的决定，浏阳由湘潭地区管辖改为长沙市管辖。在长沙市委、市政府的支持下，浏阳的经济、社会、科技等各方面继续获得较快发展。1983 年，全县已有重点种植业和养殖业专业户 22397 户，到 1984 年发展到 46747 户，联合体 276 个计 1136 户，其产值占农业总产值的 25%，商品率占 34% 以上；乡镇企业总产值比上年增长 22.3%。确定 20 个公社为林业重点社，从 1985 年起全面实行封山育林，育护面积达到 337 万亩，全县建立各类林场 308 个，其面积占宜林山地的 25.45%。1986 年，浏阳被国家林业部评为“全国飞机播种造林先进单位”，1987 年林业部召开全国林业厅局长会议，印发浏阳《坚持以封为主，封造结合，切实保护和发展林业资源》的经验材料。

1982 年 10 月，中央办公厅 37 号文件指出：“计划生育是我们国家的一项基本国策。”12 月，首次载入新宪法。经县委常委讨论同意，县政府出台《关于计划生育工作若干问题的规定》。1986 年，县委下发《关于加强计划生育经常工作的决定》，各乡镇相继成立常年工作队，明确一名副职分管，全县有常年工作队员 840 名，配备车辆 40 台。实行经常性工作和突击性工作相结合的工作方式，1978 年至 1987 年，全县共落实四项手术 284301 例，已婚育龄妇女由 136276 人增加到 212462 人，而年均净人口只有 15330 人。1988 年全县各级计划生育协会相继成立后，实行行政管理与群众自我管理相结合的工作方式，计划生育工作更加向前迈进了一步。

1982 年 9 月至 11 月，省委派出工作队会同地委、县委工作队，在浏阳镇头、柏加、北星、跃龙、普迹、官桥、金江、大围山8个公社进行人民公社体制改革试点，制定了《乡党委工作条例（试行）》《乡政权建设工作条例（试行）》《乡人民公社经济联合委员会工作条例（试行）》，写出了《镇头乡体制改革试点作法》，并编写了《人民公社体制改革宣传提纲》。1983年1月，县委召开公社体制改革工作会议，推广试点经验，部署全面开展公社体制改革工作。经过一个月的努力，面上59个公社体改任务圆满完成，包括试点，全县67个乡党委、乡政府、公社经济联合委员会全部建立。10月，中央作出决定，废除人民公社。据此，浏阳在农村体改中成立的公社经济联合委员会相应撤销，其经济管理由乡政府所属的站、办、所履行，生产队也由村民组取代。

1984年1月，中央《关于1984年农村工作的通知》指出："土地承包期一般在15年以上，生产周期长的和开放性的项目，如果树、林木、荒山、荒地等，承包期则应更长一些。"县委书记张绍春带头在太平桥乡金鸡村开展试点，随后在该村召开区（镇）、乡党委书记现场会议，介绍试点作法。会后，全县共进行100多个村延长承包期试点工作。8月，县委在认真总结试点经验的基础上，召开全县农村党支部书记会议，到会1252人，时间5天。会后延长承包期工作全面铺开。截至9月底，全县12825个村民组承包责任制全部落实到位，同时有6.8万亩水面落实了承包经营责任制，1209个村组企业落实了经济责任制，370户农民承包了农林开放性生产项目。1981年11月县委、县政府部署林业"三定"（稳定山林权属、划定自留山、确定林业生产责任制）工作以来，经过三年的不懈努力，全县共划分自留山166.6万亩，建立各种不同形式林业责任制的有436.7万亩。1984年冬，全县《山林权所有证》《农户自留山使用证》全部颁发到位。延长土地承包期，使农民吃下了"定心丸"。

1984年7月，县委、县政府召开全县经济体制改革会议，县供销等部门在会上介绍了各自的改革方案，拉开了全县农村配套改革的序幕。县供销合作社在1984年试点的基础上，1985年全面推行经营承包责任制。在全县28个独立核算单位下面，划分半独立核算单位507个，其中实行利润包干、超利分成、减利受罚的408个，大包干的46个，联销计酬的33个，联利计酬的20个。至年底，全系统购销额分别比上年增长39.5%和18.8%。

县信用合作联社是从县农业银行脱钩于1984年12月成立的，强调"姓农"，贴心为农服务。1985年，共吸纳存款5476万元，发放贷款7615万元，全县 67 个基层社有 66 个盈利，纯利润 177 万元，比上年增加 85.9 万元。县农技部门积极引导农户调整种植业结构，1984 年仅蔬菜面积就发展到 10 万亩。推广葛家乡农技站对农户实行产前、产中、产后全程承包服务的经验。改杂交稻秋季制种为春季制种，1985 年春制 6851 亩，平均亩产 305.2 斤，比 1984 年秋制增产 49.9 斤。粮食部门废除实施 32 年的粮食统购统销，从 1985 年春季起，实行粮食合同定购政策，一年一定，共与 203347 户农户签订合同定购粮 85695 吨。1987 年，粮食合同定购同平价化肥、柴油和发放预付定金实行“三挂钩”。后来，又全面放开粮油价格，取消城镇居民粮油定量平价供应和农村粮食统、定销平价供应，价格随行就市，各种粮、油票不再流通。1984 年 8 月召开农村支部书记会议，号召大力发展商品生产，为当年人均增收 50 元而奋斗。1984 年，全县农业总产值比上年增长 13.1%，其中多种经营产值增长 32.6%，林业收入增长 39.6%，牧业收入增长 15.4%，副业收入增长 51.8%，农民人均纯收入比上年增长 2.8%。

实行家庭联产承包责任制后，在宽松的环境下，农村中的一些能人拓宽致富门路，积极发展第二、第三产业，为乡镇企业的异军突起创造了有利条件。1984 年 1 月，根据中央和省、市关于发展乡镇企业一系列指示，县委调整充实了县乡镇企业领导小组，并将社队企业局更名为乡镇企业局。7 月，县委召开全县经济体制改革会议，明确提出乡镇企业是光明灿烂的事业，要求各级各部门将其作为农村工作的重心，主要领导人亲自挂帅，相关部门通力合作，大显身手兴办企业，形成乡镇办、村办、联户办、户办等多元发展的格局。

为激发原有企业内部潜力，1984 年全县推行“一包四改”，即实行各种形式的经营承包责任制，改干部委派任命为选举招聘，改职工由乡、村调配为企业招收、择优录用，改固定工资为浮动工资，改封闭经营为开放式经营。新办企业则实行新的经营管理制度。新老企业相继建立了酬效挂钩的分配机制、选贤任能的用人机制、经营承包或租赁经营的激励机制、自负盈亏的约束机制、避免短期行为的发展机制、企业所有者与经营者以责、权、利调控的产、供、销快速决策机制，部分企业实行股份制和股份合作制的开放经营机制。这些改革，使许多濒临崩溃的企业起死回生，一些效益差的企业走出了困境。这年，全县乡镇企业总收入比上年增长 22.3%。

为推动科技进步，县委提出了科技兴业方针。从 1984 年起，有的企业聘请外地技术员驻厂指导；有的企业与大专院校建立科技协作关系。县乡

王震回乡

镇企业局每年分别培训经营管理、财务、建材检测、建筑施工和营销等人员。县成立了花炮科研所，8 家花炮企业定为省级科技示范企业；80 多家出口花炮厂建立了科研机构；100 家机械、电器、化工、冶炼、皮革制品企业配备了科研人员。高效种植、养殖企业还办了 8 个民办科研所。同时，鼓励国有企业技术员利用假日到企业进行有偿服务，允许乡镇干部到企业任职，允许大专院校毕业生到企业工作，并重视奖励科技兴业有功人员。通过这些措施，乡镇企业呈现出勃勃生机。1986 年 8 月 9 日，浏阳参赛团队在第 21 届摩纳哥国际烟花节力克传统强队，勇夺桂冠。至 1987 年，全县有部分企业获部级质量达标企业或国际质量标准认证企业，有 100 多个产品获部优、省优奖。

为改变浏阳以传统的烟花鞭炮为主这一格局，县委、县政府着力引导乡镇企业调整产业结构，从传统工艺型向现代科技型发展，向二、三产业的广度和深度延伸。在致力于培育壮大传统花炮产业的同时，发展汽车配件业、能源运输业，开发皮革服装、纺织、抽纱，强化建筑建材业、竹木工艺业、食品工业和高效种养产业等。1987 年，全县乡镇企业发展到 1618 家，从业人员 124367 人，实现收入 5.219 亿元，其中工业产值达 3.5556 亿元，占当年全市工农业总产值 38%，已是“三分天下有其一”。当年乡镇企业

浏阳人民在街头欢庆浏阳花炮荣获第 21 届摩纳哥国际烟花节焰火大赛第一名

总收入和利润比 1978 年分别增长 1.17 倍和 1.72 倍。乡（镇）、村利用企业的上交，改善农业基础设施，修筑乡村公路，架设供电线路，改善办学条件，实行计划生育和赡养五保老人，充分显示了乡镇企业以工补农、改善农村公益事业的巨大作用。乡镇企业使相当部分农民在二、三产业中经受市场经济的洗礼和锻炼，实现了从事农业到主要从事非农业的转移。当时，浏阳乡镇企业已跨入湖南的先进行列。

全县 67 个乡镇中，张坊、人溪、小河、上洪、杨花、大圣、淳口、社港、大洛 9 个乡，1982 年至 1984 年年均人平纯收入在 120 元以下，农民口粮在 450 斤以下，被列为省、市的贫困乡，全县还有人平收入 200 元以下的村 182 个。为落实党中央、国务院 1984 年 9 月下发的《关于帮助贫困地区尽快改变面貌的通知》，1985 年 1 月，县委、县政府召开扶贫工作会议，与会的有贫困乡、村主要干部和县直部门负责人，为期 3 天，推出实施扶贫工程的六项措施：县政府成立扶贫办公室；实行对口扶贫；放宽政策；鼓励开发性扶贫；各级办点扶贫；组织党员干部开展扶贫“联系户”活动。1985 年起，县委、县政府坚持总结部署、检查验收，不断加力。三年内，除市、县有关部门对口扶贫投入外，县政府投入扶贫资金总额 1267.91 万元，下拨钢材指标 317 吨、标准化肥指标 806 吨，汽（柴）油指标 167 吨。由于县委、县政府采取扶贫扶志、治穷治本一系列措施，使贫困乡、村面貌有了较大改变，2.8 万户贫困户中，有 35% 脱贫致富，40% 增产幅度较大，总体上实现了人平收入三年翻番的目标。

掠过高楼的风

全面启动城市体制改革

在推进财政体制改革进程中，1987 年 12 月 19 日，浏阳县财政局根据全县国民经济和社会发展“六五”计划的执行情况分析和“七五”计划的规划，制订《关于我县财政收入在 1990 年过壹亿元的可行性报告》，通过科学测算与分析，得出可以达到目标的结论。1991 年 3 月，湖南省财政厅发出《关于奖励财政收入亿元县（市）的通知》，决定对 1990 年财政收入超亿元的浏阳等五个县（市）各奖励 100 万元；4 月，省委办公厅、省政府办公厅转发省财政厅、省委政策研究室《关于在全省推广五个财政收入过亿元县（市）经验加快县域经济发展的报告》的通知，认为五县（市）在发展县域经济、加强财源建设方面走出了很好的路子，希望各地各部门认真学习和推广他们的经验。[1]

1983年2月21日，县委召开县、区、社三级干部会议，就国营集体企业改革进行了部署。工业企业改革，主要是积极推行以承包为中心内容的经营责任制，承包形式有3种：基数包干、超收分成、减收受罚；基数包干、超收归己、减收自理；亏损包干、减亏归己、超亏自理。与此同时，扩大企业自主权。商业改革，主要是调整社会商业结构，改革国营商业的管理体制。放手发展合作商业和个体商业，恢复供销社、信用社为合作经济性质的体制。1984年7月10日，县委、县政府召开全县经济体制改革会议，研究部署进一步改革经济体制，主要是简政放权，把工商企业搞活。1985年，县属企业进一步完善、提高、普及和全面推行经营承包责任制，扩大企业在人、财、物管理上的自主权，重点进行4个方面的改革：改革干部制度；改革分配制度；改革劳动人事制度；改革经营管理制度。1987年，国有企业改革进一步深化，贯彻实施中央颁发的厂长工作条例、职代会工作条例、企业基层党组织工作条例和企业法。县委组织经委、工业局、总工会、组织部成立联合工作组，在县美术印刷厂进行历时1个月贯彻“三个条例”的试点工作，在此基础上制定出实施细则，在全县企业普遍推行。1988年起，全面推行厂长（经理）负责制、职代会制度、企业党组织的保证和监督等机制；同时深化企业内部的用工机制、分配机制、管理机制改革。在1984年7月全县经济体制改革会议上，县委提出要建立开放的、多渠

① 浏财预字［1987］第66号、湘财［1991］预字第61号、湘办发［1991］8号，档案目录号：46-1-408-3、20-4-422-1、20-4-422-3，浏阳市档案馆藏。

道、少环节、多层次的流通体制，对于搞活流通、繁荣城乡市场起到了积极的促进作用。1984年，商业、供销纯购进总额比上年增长40%，集体和个体商业得到了较快发展，全县集体零售网点达1700多个，个体工商户8200多户。同时，就鞭炮、木材及乡镇小煤窑的生产经营政策的放宽也提出了具体措施。县委、县政府还调整农产品购销政策，进一步放开集市贸易，确定全县实行定购、派购和统一收购的一、二类农副产品由原来的28种缩减到14种，在城区和农村集镇建立农贸市场，鼓励和支持长途贩运。这些都有力地促进了商品生产的发展。逐步缩小指令性计划范围。到1985年，全县指令性计划只剩下木材采伐指标和国营林场的上交木材指标，对仍实行计划分配的钢、铁、煤、汽车、有色金属等物资，分配基数逐年减少，不足部分通过市场流通解决。放开物资计划管理。原由县计划等部门管理分配的物资达47种，1979年以后，全县机电产品和农业动力机械全部放开；1984年，煤炭只下达生产计划，不纳入计划分配；1985年，竹、木市场全部放开，只管采伐不管销售；以后随着石油走向市场调节，计划物资全部放开，县物资计划管理的职能随之消失。从1985年开始，猪价全部放开，粮、油、棉、甘蔗实行合同定购，执行国家指导价，其他农产品价格全部放开；工业生产资料实行政府定价和市场调节同时并行的“双轨制”价格。从1987年起，价格改革进入调、放、管相结合的阶段，价格形式实现了以市场调节的目标。1984年，全县财政收入基数核定为5582万元，支出基数核定为1803万元，剔除上下划拨因素，定额上解3779万元，每年递增上解6%。1985年开始实行乡、镇一级财政，县对区（镇）实行“定收定支、超收分成、短收分担、节余留用”的办法。1986年8月，省委为支持浏阳修建株树桥水库，决定县财政上交4年不递增（后改为6年）。1983年4月和1984年10月，县委、县政府分别根据国务院批转财政部《关于国营企业利改税试行办法》《关于国营企业推行利改税第二步改革的报告》，进行了税收的第一步、第二步改革，形成了以流转税和所得税为主体、其他税种相配合的税制体系，把国家与企业的分配关系基本上纳入了固定轨道。1984年1月，根据省政府办公厅《关于我省人民银行与工商银行分设的决定》和中国人民银行湖南省分行的通知，中国人民银行浏阳县支行开始行使中央银行职能，从而形成了以人民银行为中心、各专业银行为主导的金融体系。

在科技体制改革方面，1984年3月，县委、县政府根据党中央和国务院提出的“经济建设必须依靠科学技术，科学技术必须面向经济建设”的战略方针，作出了《关于加强科学技术工作的决定》，指出要振兴浏阳经济，加快“两个文明”建设的步伐，必须走依靠科学技术之路，并提出了一系列举措。同时，在科技体制改革方面也进行了一些探索。1985年3月，《中共中央关于科学技术体制改革的决定》发出后，县委、县政府贯彻落实的重点是实现四个转变：一是由单纯的项目攻关向加强科学决策、宏观指导转变。1983年至1984年，县委、县政府委托县科委牵头，在省科协和国防工大的指导下，所制定的浏阳经济、社会、科技协调发展的中长期规划和近期计划，为浏阳的发展提供了科学依据。这一规划被授予国家科技进步二等奖。二是由科研攻关为主的封闭型向以引进消化为主的开放型转变。从1984年开始，把主要精力放在技术引进、新产品开发上。一方面，开发信息资源，筹建乡、镇企业新产品开发信息的协作网，聘请在外地工作的浏阳籍科技人员64人为浏阳的经济顾问，及时提供技术信息；同时派出60多批共312人外出考察，收集技术信息。另一方面，与省会大专院校建立协作关系，把科研单位的试验成果转化为生产力。据不完全统计，从1984年至1985年，先后从省科研、教学部门引进新成果、新技术11项。另外，寻技术、找能人，邀请外地专业技术人员帮助开发新产品，仅1985年就邀请50多位工程师以上技术人员来浏，正式签订成果转让合同10项，这10个项目年创产值1100万元、利润200万元。三是由无偿提供技术向技术商品化转变。从1985年10月起建立技术市场，还分别组建花炮、机械、轻化等11个专业市场，举办农村科技集市，成立技术咨询服务公司，建立科技开发服务中心，加强技术服务。为加强统一管理，以后又成立了浏阳县技术市场管理办公室，并在区（镇）、乡和厂矿企业配备了技术市场“协管员”103人。科技市场的建立，有力地促进了全县技术贸易的繁荣。四是由无偿投放科技经费向注重经济效益有偿回收转变。全面实行科技经费有偿合同管理办法，建立科技发展基金，委托银行办理拨款收款手续。在科技计划项目管理上采取分级管理的办法，并制订完善项目审批程序和拨款制度。这项改革使科技经费投放的经济效益有了必要的监督和反馈，改变了承担课题的单位躺在国家身上“吃大锅饭”的现象，更重要的是极大地调动了科技人员的积极性，有效地加强了课题承担单位的责任心，从而提高了科技经费投资的经济、社会效益，促进了科技与经济、社会的协调发展。

在教育体制改革方面，1985年6月，县委根据中央《关于教育体制改革的决定》，先后召开县直机关负责人会议和区（镇）、乡党委书记会议传达贯彻，部署教育体制改革工作。会后，从改革教育管理体制入手，实行县、乡、村三级办学，分级管理，除人头经费、办公费用由县统一安排外，校舍、校具、教学设备等费用分别由各级负责。在1986 年改造中小学危房工作中，省、市、县三级投放资金130 万元，乡镇财政投放81万元，乡村企业投放104万元，机关干部职工教师群众捐资95万元，各学校勤工俭学用于改善办学条件32万元，计划部门拨出小学改造钢材90吨、木材100立方米。全县新建校舍29765平方米，改造危房39700平方米。同时，按照《浏阳县普及九年义务教育规划》和县委关于加快普及九年义务教育的决定，开展“普九”工作。1986年，长沙市教委对浏阳普及初等教育进行验收，全县2个区级镇、65个乡、镇，有59个一次验收合格（其余8个乡次年复验合格），20个乡、镇被评为长沙市先进单位。全县学龄儿童入学率达98.7%，在校小学生巩固率达98.4%，小学合格率达82.68%，初等教育普及率达98.39%。在加强教育队伍业务建设方面，教育部门采取多种途径进行师资培训。仅1986年就有5000多名小学教师参加了在职培训，1100多人被中师函授学校录取，1869人系统学习中师函授课程，191人参加高师函授学习；220名教师参加高等教育自学考试，县送省、市进修学院学习的有120人，在县进修学校和区师训班培训的有240人。与此同时，调整中等教育结构，发展职业技术教育。三里坪中学发展成为浏阳县第一职业中学，后被升格为省重点职业中专。以后全县成建制的职业学校发展到23所。通过以上初步改革，全县教育结构趋向合理，教育管理有效加强，教育质量明显提高。文体卫生体制改革，也按照中央和省委的要求分步推开。

在改革中扩大对外开放。1984年5月，县委、县政府邀请浏阳籍在外地工作的领导人、专家学者、工程技术人员80余人回浏座谈，共商振兴浏阳大计，并聘请他们为浏阳经济顾问，以后又分别在北京、上海、武汉、广州、长沙等地召开以经济顾问为主的浏阳籍人士座谈会，争取他们提供经济信息，为招商引资牵线搭桥。先后在广州、深圳、武汉、北京、绥芬河等地设立对外窗口，推介浏阳产品，进行招商引资。1984年以来，县委、县政府多次组团赴美国、日本、澳大利亚等国进行考察，了解市场信息，组织焰火燃放，推介浏阳。1985年，共接待英国、加拿大、新加坡等10多个国家来浏参观访问、考察讲学的外宾62批192人，及其他国外客户。1986年，又接待41批200多人次海外客户。全县有旅台同胞5000余人、港澳同胞1500多人，分布在世界五大洲38个国家和地区的华侨华人8000多人，县内

“三胞”亲属4万多人。县委、县政府通过接待恳谈和各种联谊活动，动员“三胞”人士积极引进资金、项目、技术，为家乡经济建设出力，先后有2000多人回乡探亲、旅游和开展经济、文化等交流。1987年与1982年相比，全县外贸出口总额增长46.2%。在此期间，浏阳籍领导人王震、王首道、张启龙、李志民、周文龙、张藩、饶子健、孔石泉、孔诚、张翼翔、江文、黎东汉、汤池等先后回浏视察，为浏阳的经济振兴提出了宝贵意见。

新风拂面来

文明法制建设和机构改革

谢万坤是关口乡水佳村中洲组人，1970年1月退伍回乡，1981年5月主动丢掉“铁饭碗”，从干了6年的乡卫生院申请离职回家，同爱人黄春华一道从事养殖业。1981年至1984年，他家5人共向国家交售商品鸡、蛋、猪的总收入达7.16万元，除去成本后纯收入2万元，年均纯收人6900元，人均1380元，为国家换回外汇7万多美元。全国18个省、市2万多人先后到他家参观学习。他致富后，在经济上扶持了21户贫困户，资助4100多元，在技术上帮助了102户贫困户发展养殖业，让更多的人富起来。1984年4月，他参加了浏阳县“两个文明”建设先进代表大会，被县委、县政府授予“劳动模范”。他和爱人及家庭还先后被授予“全国模范退伍军人”“致富能手”“十佳现代文明家庭”等各级多种荣誉称号，受到中顾委常委王首道、民政部部长崔乃夫的高度评价。[1]

为推进社会主义精神文明建设，县委在全县开展“五讲四美”（讲文明、讲礼貌、讲卫生、讲秩序、讲道德、心灵美、语言美、行为美、卫生美）活动的基础上，广泛深入地开展了创建文明村、文明单位活动。1984年1月，县委召开县直单位党组织负责人和区（镇）、乡党委书记参加的创建文明村、文明单位工作会议，并发出《关于广泛深入开展建设文明村、文明单位活动的决定》。2月下旬，县委组织县直各部门负责人和区（镇）、乡党委书记，到南县八百弓乡和长沙县高塘乡参观，学习其创建文明村、文明单位的经验。28日至30日，县委在全县思想政治工作会议上，提出精神文明建设的三年规划：1984年打基础，1985年抓普及，1986年抓提高。同时，在全县开展创“五好”（热爱祖国思想好、讲究文明家风好、计划生育落实好、遵纪守法行为好、邻里团结关系好）家庭活动。1986年9月，为贯彻党的十二届六中全会精神，县委又作出《关于加强社会主义精神文明建设若干问题的决议》。1987年4月，为探索物质文明和精神文明一起抓的新路子，县委安排宣传部深入古港镇办点。该镇在确立思想建设、文化建设、经济建设、镇容镇貌建设四大目标的基础上，建立精神文明建设工作网络以及目标管理制度，实行“两个文明”一起抓。在思想、文化建设方面，镇有党校、万册图书馆、业余乐队和业余剧团，村有红白喜事理事会、关心下一代协会，

①《我县模范退伍军人谢万坤同志的材料》，档案目录号24-1-407-15、63-1-658-18，浏阳市档案馆藏。

还有46个厂、村精神文明共建协会。9月，省委副书记刘正在古港调研时指出古港镇的经验值得推广。随后，《长沙晚报》《湖南日报》和湖南广播电视台都作出了专题报道。10月，县委在古港镇召开全县农村精神文明建设工作会议，推广该镇“发挥网络作用，促进精神文明建设系统化”和“人人身上有指标，千斤担子众人挑”的经验。县委精神文明建设委员会成立后，每年下达“双文明”建设任务，进行检查督促、验收评分。在此期间，

浏阳县“‘两个文明建设’先进集体、先进个人、劳动模范表彰大会”光荣册

全县包括乡、村在内的文明单位一批批地涌现出来，有的还被长沙市、湖南省授予“文明单位”称号。

1982年宪法修改草案公布之后，全县有38万人（占18岁以上公民的57.5%）参加宪法修改草案的讨论，共提出修改意见227条。1985年10月，县委根据中央“一五”普法的统一部署，制订《关于向全县公民基本普及法律常识的实施方案》，决定从1986年起，向全县公民普及“九法一条例”（宪法、刑法、刑事诉讼法、民法通则、民事诉讼法、婚姻法、继承法、经济合同法、兵役法和治安管理处罚条例）的知识。1986年1月，县委成立普法领导小组，下设办公室，全县78个区（镇）、乡也普遍成立机构，在县、乡两级人大的监督下，开展普法工作。1987年，普法扩展到全县公民，全县普法对象76万人，有48万人参加学法，37万人参加了考试。1988年有70.2万人参加学法，59.2万人参加考试，其中农村村民普及面为75%，及格率为85%；城镇居民普及面为85%，及格率为92%；集体企业职工普及面为99.5%，及格率为95%以上。

中央〔1983〕23号文件下发后，县委在文家市区进行社会治安综合治理试点，取得经验后，于1983年6月召开全县整顿社会治安工作会议，提出全党动手，各方配合，认真落实综合治理、积极治安的方针，促进社会治安的进一步好转。1983年8月26日，县委召开全县政法工作会议，贯彻中央《关于严厉打击严重刑事犯罪活动的决定》，部署在全县范围内的严打斗争。在三年严打斗争中，共审结各类刑事案件1132件，重点打击对象案件352件，对598名犯罪分子依法给予了处罚。1984年至1985年，长沙市委、市政府决定在浏阳县关口乡升平村船形坪建立劳改农场，成立了长沙市第三劳动改造管教队。至1986年，全县普遍推行了纵向承包、横向承包、单项承包三种形式的治安承包责任制。全县组建治安联防队（组）28个，配有专职队员136人，建立护厂、护矿、护店队657个，队员1382人。1987年，治安联防队增加到39个，有队员171人。切实加强政法队伍建设，每年组织公安、检察、法院、司法等机关进行一次“整纪刹风”，公证处、律师事务所等机构也相应建立健全，同时对基层治保主任、调解主任进行培训，从而为推进社会主义法制建设提供了组织保障。

1983年11月开始，浏阳进行党政机关机构改革，指导思想是消除权力过分集中，兼职、副职过多，机构重叠，职责不明，人浮于事，党政不分等种种弊端，克服官僚主义，提高工作效率；总的原则是建立起精干和科学的机构，达到“精简、统一、效能”的目的。11月2日，县委召开县直机关机构改革动员大会，到会1100人，会议强调大力选拔青年干部，搞好新老合作交替工作。7日至9日，县委召开第二次机构改革会议，在更大范围进一步开展分组讨论，进行民主推荐。通过组织考察、上级批准，组成县委新的领导班子，张绍春任书记，何维琪、周青云任副书记；县局级机构由原来的60个精简为53个，党政机关人员划出188名。1984年1月，对县级科局和区（镇）、乡进行机构改革。按照“革命化、年轻化、专业化、知识化”的要求，1800多名干部参加民主推荐。被推荐对象836人，经过组织考察、多次筛选，最后确定62人为培养、提拔对象，分别担任了县直科局领导职务。在2月底前，对区（镇）、乡党政领导班子也进行了调整。11月，长沙市委对县委领导成员又作了调整，张贤遵任书记，何维琪、罗谟明任副书记，张绍春、周青云任顾问。按照“四化”要求，采取多种形式抓干部培训工作。1983年至1989年，共组织2613人参加正规化学历培训，占干部总数的21.8%；有5300人次参加一个月以上岗位职务培训，2020名“两下”（年龄45岁以下、文化初中以下）干部参加了学历培训。

1985年10月2日至6日，中共浏阳县第五次代表大会在县城召开，出席代表458人，代表全县42640名党员。大会根据党的十二大提出的党在新时期的总任务总目标，结合浏阳实际，提出努力加快经济发展的步伐，切实抓好社会主义精神文明建设，进一步加强社会主义民主建设，把各级党组织建设成为坚强的领导核心等任务。大会选举张贤遵任书记，杨武训、罗谟明、张松业任副书记。经第十届县人民代表大会第一次会议和政协第三届委员会第一次会议选举，罗昌明任县人大常委会主任，邹水生任县长，欧发维任县政协主席。1985年6月至1986年12月，全县分三批进行了整党。1986年6月，县委宣传部、组织部联合在全县党员中结合整党，组织开展“共产党员在新时期如何发挥先锋模范作用”的大讨论，进一步巩固了整党成果。1987年4月，中共长沙市委调整浏阳县委主要领导成员，张绍春任县委书记。

源头活水

治理整顿经济环境和秩序

1986年10月动工兴建浏阳株树桥水电站，1992年5月5日3号机组并网发电。整个工程共完成土石方188万立方米，混凝土10.6万立方米。总投资1.136亿元。水库正常蓄水位165米，相应库容2.29亿立方米，有效库容1.9亿立方米，是浏阳河的“龙头水库”。水库大坝坝型为钢筋混凝土面板堆石坝，是我国第一批建成的堆石坝之一，被《湖南之最》《世界水电手册》载入史册。电站设计水头58米，单机引用流量16.5立方米每秒，装机3台，总装机容量2.4万千瓦，年平均发电量7260万千瓦时。该电站的建成，对开发浏阳水电资源、缓和电力紧张、防御洪涝灾害、促进工农业生产以及旅游开发，均发挥了较大作用。[1]

1987年10月25日至11月2日，中国共产党第十三次全国代表大会在北京召开。胡耀邦当选为中央政治局委员，宋任穷任中顾委副主任，王首道任中顾委常务委员，孔石泉任中顾委委员，彭珮云当选为中纪委委员。

1988年1月3日，县委召开五届四次全体（扩大）会议，学习贯彻党的十三大精神，总结1987年工作，部署1988年的工作任务。县委提出1988年全县经济工作总的思路是：深化改革，紧中求活，做到稳定物价，稳定农业，进而稳定整个经济，力争有一个适当的发展速度和较好的经济效益。当年，全县共推广旱稻杂交10万亩，开发吨粮田12.9万亩，普遍开展农田水利建设，共投资361万元、投工665万个，完成土石方650万立方米，扩大了灌溉面积；农业机械动力比上年增加7%；化肥、农药、农膜的供应分别比上年增长12.9%、8%、64%。虽然遇到较为严重的春涝、夏旱和秋汛等自然灾害，全县仍然获得了农业的全面丰收。农业总产值比上年增长2.3%，粮食总产量增加8.9万公斤，其中春粮产量创历史最高纪录。城市改革始终抓住搞活企业这个中心，沿着两权分离的路子，深化企业经营机制改革。全县46家国营企业全面完善了承包责任制，其中3家面向社会招标承包，实现所有权和经营权分离，明确厂长的中心地位，体现了权力、职责、风险、压力、利益相统一。1988年全县工业总产值比上年增长23%，利润增长21.2%。科技体制的深化改革重点是推动科研与生产的结合，县委、县政府还要求科技工作要坚持面向基层、为经济建设服务的宗旨，加强科学技

① 中共浏阳市委党史联络组、中共浏阳市委党史办公室编：《中共浏阳地方史（1949—2002）》，中共党史出版社，第252页。

术的研究与开发。1988年，全县实施科研开发项目56个，科研成果和开发产品获得国家、省、市奖励28个，实施“星火”计划项目18个。教育体制的深化改革主要是在巩固普及初等教育成果的基础上，有计划、有步骤地推进九年制义务教育的实施。1988年，全县7至12周岁学龄儿童入学率达99.64%，普及率达99.18%，合格率达85.9%。其他各个为工农业生产服务的部门和监督管理部门，按照县委、县政府的要求，也深化了相应的改革。

1988年10月17日，县委召开常委（扩大）会议，传达党的十三届三中全会、中央工作会议和省委五届七次全会精神。会议提出要坚决贯彻治理经济环境、整顿经济秩序、全面深化改革的指导方针和政策措施，并明确把明后两年改革和建设的重点突出地放到治理经济环境和整顿经济秩序上来。10月25日至27日，县委召开五届五次全体（扩大）会议，专门研究部署治理整顿工作。会后，县委、县政府成立治理整顿领导机构，组织专门班子，抓好各项措施的落实。

至1989年第一季度，治理整顿已初见成效。一是压缩基建规模和社会集团购买力，加大了对农业的投入，确保了重大建设工程。全县10万元以上的133个基建项目，通过清理，停建、缓建22项，压缩投资1240万元。1988年社会集团专控商品申报额为401.3万元，审批专控211.7万元，实际压缩189.6万元。固定资产投资主要安排生产性建设项目，特别是农田水利建设工程、支农工业、乡镇企业、出口创汇企业和能源交通项目。围绕“农业要升温”，建立农业发展基金，绝大部分用于农业开发。在重点工程建设上，集中财力保证了株树桥水电站的建设。二是整顿流通秩序，初步克服了经济生活中的混乱现象。对1986年以来新开办的20家公司进行了调查清理，政企脱钩3家，撤销3家。在整顿市场秩序方面，共查处违章违法行为1432起，查处投机倒把案件1997起。同时，对全县10960户个体户进行了检查整顿，查处违章违法行为340起。开展财务、税务、物价大检查，入库偷漏税收金额200多万元，清缴各项截留上交80多万元，上缴乱涨价款10万元，商品抢购风得到了平息，消费过热逐步降温，乱涨价的现象得到控制，猪肉、蔬菜等副食品价格从1988年10月份起就有明显下降。

1989年12月7日，县委召开六届三次全体（扩大）会议，传达学习党的十三届五中全会、中央工作会议和省委五届九次全体（扩大）会议精神，通过了《贯彻中共中央关于进一步治理整顿和深化改革的决定的意见》。县委围绕“对外开放，对内搞活”的方针，着力于招商引资。1990年2月，应中国国际友好联络会之邀，浏阳县组织人员参加华人赴檀香山200周年庆典焰火晚会获得成功。同年夏，县长谭仲池、副县长杜元礼等一行前往深圳市洽谈招商项目时，参照深圳市办荔枝节的经验和做法，萌发了筹办首届中国（浏阳）国际花炮艺术节的想法。1991年3月6日至10日，浏阳县举办了首届浏阳花炮艺术节，出席的有省、市领导人，来自10多个国家和地区的50多名外商、外宾和全国各地近3000名嘉宾，以及中央、省、市主要新闻单位的70多名记者。国家副主席王震从深圳发来贺电。节日期间，开展了经贸洽谈活动，全县花炮订货合同总额达2.18亿元。一花引来百花开。首届花炮艺术节的举办，使浏阳开放的大门敞开了，不仅带动了产业发展和商贸流通，促进了烟花炮竹、花卉苗木等土特产品的外销，而且带来了思想观念的更新，使改革开放释放出强大的内生动力，调动和激发了浏阳人民干事创业的创造力和积极性。

从1990年到1991年，全县进一步贯彻落实治理整顿的方针，采取了坚持总量控制、适时调整紧缩力度和积极调整结构等一系列措施，治理整顿取得了明显成效。通货膨胀得到有效控制，物价上涨幅度明显回落，国民经济和各项事业都有新的发展。1992年与1987年比，全县国内生产总值增长36.72%，工业总产值增长124.03%，农业总产值增长8.47%，财政收入增长64.41%，社会出口总额增长31.63%，社会商品零售总额增长49.34%，存款余额增长256.34%，农民人均纯收入增长84.58%。

在此期间，中顾委常委王首道从1988年3月至1990年2月先后3次回浏视察，每次都到株树桥水电站建设工地检查指导，帮助解决资金、器材等具体问题。中顾委副主任宋任穷回浏视察时，对葛家乡政府的工作和金江中学的办学条件给予关心，勉励大家克服困难。1988年，两位领导人还为《浏阳人民革命斗争史》的出版作序、题词。同年11月22日，中央政治局委员胡耀邦在长沙听取了县委负责人的汇报后指出：各级领导干部要多搞调查研究，要坚持实事求是；要多办实事，抓乡镇企业要立足本地资源，着眼群众致富；要关心群众疾苦，走群众路线：农村要解决群众照明的问题，尽快用上自来水，开展正当有益的文化娱乐。

社会“稳定器”

强化思想政治工作

全国优秀教师、浏阳县大围山区白沙乡千秋村小学青年教师贺学禹，志愿离开条件较好的学校，到偏僻林区的一所山村小学教书育人。他和妻子李龙英一起克服重重困难，通过五年的奋斗，使这个山村小学的教育质量显著提高，入学率、巩固率、合格率、升学率全部达到百分之百，使一个落后的山村小学成为县级规范学校、文明单位，为发展农村的教育事业作出了积极贡献。1990 年 8 月被中共长沙市委、长沙市人民政府授予“雷锋式青年”称号；[1] 9 月被长沙市教育委员会授予“优秀青年教师”称号；[2] 1990 年 12 月被共青团中央评为全国“学雷锋先进个人”；1991 年 10 月被中华全国青年联合会、中国青少年发展基金会等授予第二届“中国十大杰出青年”称号。

“中国十大杰出青年”贺学禹（左）夫妇在图书阅览室学习

①《中共长沙市委、长沙市人民政府关于授予潘豫安同志“焦裕禄式干部”、刘建元同志“王进喜式工人”、贺学禹同志“雷锋式青年”称号的决定》，1990 年 8 月 11 日，档案目录号：4-2-959-3，浏阳市档案馆藏。

②《长沙市教育委员会关于授予贺学禹同志“优秀青年教师”的决定》，1990 年 9 月 10 日，档案目录号：30-1-1057-33，浏阳市档案馆藏。

1987年5月，县委负责人深入基层，分别与13个区（镇）的农民代表直接对话，就物价和其他政策方面的热点问题，实事求是地作出解释，气氛和谐、融洽。到11月止，各级参加对话的群众达2.6万多人。

1988年1月，县委在《浏阳报》复刊、浏阳广播电台和道吾山广播电视转播台建成大会上指出：党报、广播电视都是宣传党的路线、方针、政策的重要工具，必须坚持四项基本原则。在连续两年的“思想教育活动月”中，党员和村组以上骨干受教育面达90%，成人受教育面达70%。继1987年中国国民党革命委员会长沙市委员会浏阳支部成立后，1988年中国致公党长沙市委员会浏阳支部和黄埔浏阳联络站相继成立。县委对这三个基层组织加强领导，并通过市政协和市委统战部加强思想政治工作。

1988年2月1日，县委召开常委会议，决定从1988年开始，用两年或更多一点时间，在全县普遍深入开展党在社会主义初级阶段基本路线教育。2月25日至28日，县委召开全县国家干部会议，组织学习社会主义初级阶段理论。4月，县委书记张绍春深入青草乡，就农村如何开展党的基本路线教育进行专题调查，并抽调几名干部协助该乡试点。试点总结出了“运用先进典型引路，克服怕变思想；运用致富典型引路，克服小富思想；运用帮富典型引路，克服致富畏难思想”的经验，省委办公厅的《摘报与交流》及《湖南日报》都作了报道。4月19日，县委发出《关于开展生产力标准大讨论的通知》，要求进一步解放思想，转变观念，促进改革和现代化建设。随后通过举办县直机关副科级以上干部学习班、生产力标准理论讨论会、演讲比赛、论文征集、考试测验等各种形式，从而使广大干部群众加深对基本路线的理解。

1989年6月21日至23日，中共浏阳县第六次代表大会在县城召开，出席代表398名，代表全县44333名党员。大会号召发挥政治优势、维护安定团结，把浏阳的改革和建设推向前进。提出在国民经济发展方面，要正确处理调整经济结构与加强农业基础、保持发展速度与提高经济效益、社会化生产与社会化服务、促进经济发展与控制人口增长四个方面的关系，以治理整顿为重点，以改革总揽全局，坚持党在社会主义初级阶段的基本路线，促进生产力的发展；要从战略高度统一认识，加强领导，把精神文明建设切实抓好，加强富有吸引力和凝聚力的思想政治工作，加强民主法制建设，加快教育、科学、文化事业的发展，深入开展创建文明单位的活动；必须坚持“党要管党”的原则，严肃党的政治纪律，加强党的基层组织建设，加强机关廉政建设，加强党委制度建设，切实提高党组织的战斗力，发挥党员的先锋模范作用。会议选举邹水生为县委书记，谭仲池、蔡四桂、罗克崇为副书记，并通过《关于加强廉政建设的决定》。经县第十一届人民代表大会第一次会议和政协县第四届委员会第一次会议选举，罗昌明任县人大常委会主任，谭仲池任县长，欧发维任县政协主席。

1989 年 6 月 30 日至 7 月 1 日，县委召开六届二次全会，传达贯彻党的十三届四中全会和省委五届八次全体（扩大）会议精神，对今后的工作进行部署。随后，从政治思想教育入手，重点抓了继续稳定学校师生的工作，在全县大抓安定团结的教育，广泛开展爱党、爱国、爱人民、爱社会主义的“四热爱”教育，通过编写教材，组成报告团在全县巡回宣讲，从而使中央精神基本上家喻户晓；在反对资产阶级自由化，坚持党的领导、坚持社会主义道路、坚持治理整顿深化改革等几个主要问题上，广大干部群众有了较为明确的认识。同时，注重运用典型引路，开展向雷锋式青年贺学禹学习活动，加强了对年轻一代的思想政治工作。

1989 年 7 月 1 日，县委发出《关于加强党的建设的若干规定》，随后全县 67 个乡镇党委都办起了党校，当年就有 42185 名党员受到了系统培训。8 月 18 日，县委召开反腐倡廉动员大会，并发出了《关于深入进行反腐倡廉宣传教育的通知》。从 7 月开始即对党政干部营建私房进行了清理，共查出 1986 年 3 月以来在城乡营建私房的 712 户，占地 106.73 亩，造价 1708 万元，到 1990 年 12 月全部作出结论，共查出和追回应补、退、罚金额 108 万元。1990 年 6 月，县委转发了县纪委《关于普及党规党法、加强党纪教育的报告》，在全县广泛开展了系统的党风党纪教育，年底有 35459 名党员参加了党纪党规知识考试。

1989 年 12 月 7 日，县委六届三次全体（扩大）会议通过了《贯彻省委关于开展社会主义思想教育的决定的意见》《关于加强基层党组织建设的决定》。会后，县委书记邹水生在杨潭乡进行试点，在总结经验的基础上全面铺开社会主义思想教育活动，从 1990 年开始至 1992 年 8 月，用近三年时间分别在全县农村 1010 个村、96 个县直机关和企事业单位及 565 个城市基层单位开展了社教工作。

1990年，县委把健康向上的群众文化活动作为思想政治工作的重要形式，要求开展社教的村建立图书室、乡镇建立图书馆。8月，全省农村图书馆会议在浏阳召开，推介浏阳县农村图书馆（室）建设和管理经验。全县在组织捐书活动的基础上，先后开展演讲、征文、读书笔会、知识抢答赛等活动30多次，40多万人参与。至1992年，全县共创建万册图书馆10个。1990年12月15日至17日，县委、县政府举办浏阳首届农民艺术节。节日期间，城区举行盛大艺术游行、大型文艺晚会、“浏阳河之光”渔火焰火晚会、“百盏彩灯一条街”、文艺汇演，以及农副产品和工业产品一条街展销等一系列活动。全县各地广泛开展群众文艺活动，100多个演出队1.2万人参演，观众达35万人次。1991年3月6日至10日，又隆重举办了首届浏阳花炮艺术节。这些举措，不仅极大地丰富了市民群众的文化生活，而且还进一步树立了浏阳对外开放的良好形象。

以计划生育为题材的大型现代花鼓戏《石榴湾风情》自1987年创作以来，先后巡回演出100余场。经过反复修改加工，于1991年10月下旬，由浏阳焰彩花鼓戏剧团代表长沙市参加湖南省第二届“映山红”戏剧节比赛，享誉省城。1992年4月，作为获奖节目受文化部邀请晋京作汇报演出，18日在首都人民剧场首演成功，中宣部、文化部、中国文联、中国剧协负责人和老干部、老将军多人观看了演出，文化部副部长陈昌本、著名艺术家欧阳山尊等接见全体演员。24日，剧组应中顾委办公厅邀请，在中南海中央警卫团礼堂为中直机关作汇报演出。《人民日报》《光明日报》、中央电视台等多家媒体进行了报道。

1990 年 12 月举办的浏阳县首届农民艺术节文艺晚会

大型现代花鼓戏《石榴湾风情》剧照

第五章

潮动三湘

发展社会主义市场经济和改革开放全面推进时期的浏阳

（1992年1月—2002年11月）

开创新纪元

学习邓小平南方谈话与撤县设市

1992年12月22日，浏阳县政府派县民政局副局长陈建兴等人去北京，向民政部有关领导专题汇报浏阳撤县设市工作。1993年1月16日，由当时的国务委员陈俊生签字，批准浏阳撤县设市。1月25日，民政部批文到达湖南省民政厅。省里考虑到浏阳对长沙的依靠要多些，为了有利于浏阳经济发展，省政府根据民政部批复，发文明确：浏阳市仍属长沙市管辖。[①]

1992年1月18日至2月21日，邓小平先后视察武昌、深圳、珠海、上海等地，沿途发表一系列重要讲话，他强调：姓“社”姓“资”的判断标准，应该主要看是否有利于发展社会主义社会的生产力，是否有利于增强社会主义国家的综合国力，是否有利于提高人民的生活水平。2月28日，中央〔1992〕2号文件转发邓小平南方谈话要点后，县委组织中心学习小组成员进行了认真的学习和讨论，一致认为《谈话》科学地回答了党内争论较大的是非问题，对于统一认识、解放思想，建立和发展社会主义市场经济、把改革开放和现代化建设推向前进，具有现实的指导意义。3月4日，县委召开区（镇）、乡和县直单位党政负责人会议，传达中央〔1992〕2号文件精神，学习领会《谈话》的精神实质，用“三个有利于”统一思想认识。会后，全县在广大党员干部中掀起学习《谈话》的热潮。5月24日，县委召开工作会议，要求全县各级抓住机遇、更新观念、大胆尝试，促进经济上新台阶。并提出六项举措：一是大力开发引进，发展企业；二是设立经济窗口，发展边境贸易；三是抓好浏河经济开发区建设和小城镇建设；四是围绕服务，鼓励行政事业单位办实体；五是搞好农工贸改革；六是办好5个集团公司、10个批发市场，加强公路建设。

1992年10月12日至18日，中国共产党第十四次全国代表大会在北京召开，大会的主题是加快改革开放和现代化建设步伐，夺取有中国特色社会主义事业的更大胜利。会上浏阳籍彭珮云当选为中央委员。后在八届全国人大一次会议上，她被任命为国务委员。党的十四大以后，县委组织中心小组全体成员学习十四大精神，并就建立社会主义市场经济体制展开讨论。随后，县委、县政府实施了一系列举措：在经济管理方式上由计划指令为主转向市场调节为主，全面放开粮食价格，实行市场调节；在商业系

① 柳骥德：《浏阳撤县设市纪实》，政协浏阳市第八届委员会编：《浏阳文史》，2012年，第83页。

统全面实行公有私营、租赁经营；同时实行政企分开，并批准670多名干部“下海”，100多名干部停薪留职自谋出路。县委、县政府参照沿海地区的作法，先后成立“浏阳经济开发区建设发展公司”“浏阳县永安经济技术开发区建设公司”。一些乡镇与县直机关跃跃欲试，随之而来的是“开发热”，直到中央紧缩银根后才急剧降温，经过一系列的治理整顿，全县经济重新走上持续、健康、稳定发展的轨道。

1992年10月26日至28日，中国共产党浏阳县第七次代表大会在县城召开，出席代表399人，代表全县45220名党员。大会确立今后三年的发展战略是：科教领先，改革兴县，“四通”（通路、通电、通水、通电话）并举，内引外联，市场导向，优化结构，增进效益，加速发展。认为今后三年经济建设的重点是：上下一盘棋，左右一股劲，努力加快“三大建设”（基础设施建设、城镇与市场建设、农产品基地建设），实施“三大工程”（支柱产业发展工程、规模效益工程、旅游资源开发工程）。会上，选举梅克保为书记，吕兴胜、尹信达、欧代明为副书记。在浏阳县第十二届人大第一次会议和政协浏阳县第五届第一次会议上，罗昌明当选为县人大常委会主任，吕兴胜当选为县人民政府县长，罗克崇当选为县政协主席。

随着国民经济的迅速发展和社会各项事业的全面进步，浏阳设市条件已基本具备：一是市政建设初具规模；二是城镇人口不断增加；三是城区国民生产总值不断增长；四是城区文教卫体事业和城市管理职能机构基本配套。为更好地适应改革开放的需要，经县委多次研究，决定由县政府着手进行撤县设市的筹备工作。从1990年起，县政府就撤县设市向长沙市作过汇报。1992年1月，县第十一届人民代表大会常务委员会第十四次会议，对撤县设市的有关事宜进行审议并通过。随后，县政府先后两次行文向长沙市政府请示。通过长沙市政府申报，省政府原则同意浏阳撤县设市。4月23日，国家民政部区划地名司和省民政厅等有关负责人来浏阳考察，认为浏阳撤县设市的条件已经具备。7月2日，省人民政府正式向国务院呈报《关于撤销浏阳县建立浏阳市的请示》。

1993年1月16日，国家民政部下达了《关于湖南省撤销浏阳县设立浏阳市的批复》。《批复》全文如下：“湖南省人民政府：你省一九九二年七月二日《关于撤销浏阳县建立浏阳市的请示》收悉。据国务院批准，同意撤销浏阳县，设立浏阳市（县级），由省直辖，以原浏阳县的行政区域为浏阳市的行政区域，不增加机构和人员编制。”

1993年2月7日，浏阳县第十二届人民代表大会常务委员会第二次会议通过了《关于撤县设市具体执行时间的决定》，决定从1993年2月10日起，浏阳县第十二届人民代表大会改为浏阳市第十二届人民代表大会、浏阳县人民政府改为浏阳市人民政府。

1993年2月11日，撤县设市庆典暨花炮艺术节开幕式隆重举行。国家副主席王震、全国人大常委会原副委员长耿飚发来贺电，中顾委常委王首道、国家民政部部长崔乃夫以及湖南省领导人熊清泉、陈邦柱、刘夫生、刘正为撤县设市题词；省、长沙市领导人和兄弟县（市）负责人及国内外客商共3600余人莅临。庆典仪式上，省委、省人大、省政府、省政协主要领导人分别为中国共产党浏阳市委员会、浏阳市人民代表大会常务委员会、浏阳市人民政府、中国人民政治协商会议浏阳市委员会授牌。这一事件具有重大的意义和深远的影响。

浏阳人民热烈庆祝浏阳撤县设市暨第三届国际花炮艺术节

处处皆景

个体私营经济发展与旅游资源开发

1995年5月3日至7日，省内14位知名画家应邀参加视察大围山风光的活动。此次由浏阳市政协邀请、市旅游局组织、林业部门配合的视察活动，历时5天。5月3日，画家们到达浏阳的当天，市主要领导谢树林、罗昌明、罗克崇等到住所看望全体画家。5月4日，画家们在有关部门负责人的陪同下登上大围山，视察了龙须漕、栗木桥、船底窝、白面石等景区，对湘东翡翠大围山的溪石奇观大为赞赏，并进行实地写生和作画，创作一批反映大围风光的油画、中国画、水彩画、书法等30多件作品。在5月7日下午召开的座谈会上，省美协名誉主席、国画画家陈白一，省美协主席、水彩画家黄铁山，省书画研究院常务副院长、国画画家钟增亚，湖南日报社摄影美术部主任编辑、漫画家谢丁玉，湖南师大艺术学院院长、教授聂南溪等先后发言，分别就在溪石开发上做文章、利用近城优势造舆论、注意结合旅游业的文化性和商业性、切实保护自然生态环境、落实开发的整体规划等方面提出了建议。[1]

1993年2月，中共浏阳市委召开农村工作会议，明确个体私营经济是社会主义市场经济的组成部分。2月26日，市个体私营经济小组会同市政协在本市开展调查研究。3月19日，市委组织两个考察组分赴个体私营经济发展快的浙江温州、义乌和本省邵东、蓝山等地，进行为期12天的考察学习。之后，市委书记梅克保提出加快发展个体私营经济、再造一个“温州”的战略思路。4月16日，市委、市政府发出《关于加快个体私营经济发展的若干规定》（简称《35条》），很快引起省委的重视，被内刊转发全省各地参考。4月19日，市委、市政府召开发展个体私营经济工作会议，动员全市各级解放思想，加大力度，放手发展个体私营经济。会后，各乡、镇、街道召开动员大会，各地大力宣传省委“四个不限制”（不限制发展比例、发展规模、经营范围、开业条件）和市委《35条》的政策规定，鼓励个体工商户、私营企业主大胆投入，加快发展。当年4月，市个体私营经济小组牵头，组织工商、物价、审计等单位成立清理“三乱”（乱收费、乱罚款、乱摊派）小组，5月3日至6月27日在全市共调查收费单位38个、收费项目126项，市委、市政府决定取消44个收费项目，并制定《关于加强对个

① 唐学雷：《我省知名画家视察大围山风光》，《浏阳报》1995年5月12日，第1版。

体私营企业收费管理的规定》，建立个体私营企业税费负担卡制度和“三乱”举报制度。市委还要求各级、各部门加强协作，紧密配合，形成多层次、多内容、多形式的社会化服务网络，进一步优化个体私营经济的发展环境。

随着一系列措施的落实，全市个体私营经济迅速发展。1993 年，全市新增个体工商户 6446 户，新发展私营企业 247 家，个体私营经济总收入达 161353 万元，比 1992 年增长 1.07 倍，占全市乡镇企业总收入的 52.9%。浏阳被评为全省发展个体私营经济先进县（市）。私营企业丰日电气公司董事长黎福根还被评为全国工商联先进个人并出席了全国表彰大会。全市有 80 多位非公有制经济人士被选为市、乡镇人大代表和市政协委员。1998 年 2 月，市委、市政府召开全市乡镇企业工作会议，并由市政府制订《抓十强、扶百优、促千家、组建三集团的方案》，还出台了《关于保护个体私营经济、外商投资企业发展的暂行规定》。1999 年，增加新扩改投入 3.45 亿元，增加 30 万元以上的新扩改项目 293 个。2002 年 11 月，成立企业信用担保公司，当年就为 4 家企业担保融资 300 多万元。至年底，个体私营企业 19300 多户，从业人员近 30 万人，其中 22 家企业进入“湖南省私营企业十大行业 500 强”，全年纳税 4.2 亿元。

在培育和发展市场经济的过程中，浏阳市委、市政府注重旅游资源的开发，决定把这一新兴产业作为全市支柱产业来发展。1994 年 6 月，市委成立旅游资源开发小组，负责旅游资源调查研究和旅游资源开发的协调工作。在市委统一安排下，市旅游资源开发小组重点对东、南区的景点进行调查，提议以大围山国家森林公园为旅游开发的突破口。9 月，市委、市政府采纳旅游资源开发小组和市政协的意见，委托市政协开展推介大围山的系列宣传活动。1995 年 10 月，市委、市政府决定成立大围山旅游开发经济特区领导小组，大围山的开发正式启动。在长沙市委、市政府的支持下，集中进行基础设施建设。经过一年的努力，大围山国家森林公园西麓园于 1996 年 8 月 1 日正式开园。随后，东麓园于 1997 年 8 月 19 日开园。

在大围山旅游开发的带动下，全市一些景区和景点也作出开发规划，有的开始启动。1996年，市委作出《关于加快浏阳旅游业发展的决定》，进一步明确发展思路，确定“谁开发，谁投资，谁受益”的开发原则。为加强对旅游资源开发的领导，市委、市政府在开发小组的基础上经过调整充实，成立市旅游资源开发领导小组。领导小组成立后，组建旅游资源普查队，并聘请省知名专家主持普查队的有关业务工作，开展户外实地调查，编制各相关乡、镇普查报告。至1997年9月，共完成16个乡、镇、街道的普查工作。1999年5月，浏阳市旅游资源普查评审会召开，省旅游局和长沙市旅游局负责人和专家评审并通过普查报告。至此，浏阳在全省县（市）中率先完成了旅游资源普查工作。普查之后，相关乡镇及文化部门从基础设施建设入手，加快旅游资源统一开发。通过多年的努力，全市逐步形成了以大围山、道吾山、社港周洛为主的绿色生态旅游线，以谭嗣同故居、文庙、胡耀邦故居、文家市秋收起义纪念馆、石霜寺为主的人文教育旅游线，以城区特色街道、主题公园和浏阳河风光带为主的观光旅游线，以大瑶花炮文化博物馆、周末焰火晚会为主的花炮文化旅游线，以“农家乐”为主的郊野休闲旅游线等多种特色旅游线路。

佛教祖庭石霜寺

秋收起义文家市会师旧址

同时，层次化、网络化、现代化的旅游宣传促销体系也逐步形成。1996 年以来，全市共举办 50 多次各种旅游主题活动，引起了电视、网络等各种媒体的极大关注，提升了浏阳旅游的知名度。先后接待全国各地来浏阳踩线的旅行社 46 家，来浏阳拍摄专题风光片的新加坡、香港、台湾、深圳等地电视台 10 多家。各旅游景区和旅游企业先后参加昆明旅交会、大连旅交会、湖南旅游节等各种大型旅游节会，起到了“借船出海”的作用。与此同时，各景区、景点的管理也在逐步加强。大围山国家森林公园 1997 年以来连续 4 年被评为“长沙市文明单位”，2000 年被评为长沙地区市民最喜爱的“十佳景点”和“全国文明森林公园”，2001 年又被国家旅游局评为全国首批 AAA 级景区。1997 年以来，全市累计投入 11 亿元进行生态建设，成为“全国造林绿化百佳县（市）”“中国花木之乡”“全国花卉苗木示范基地”，2002 年 3 月获批“国家级生态示范区”，浏阳重现蓝天碧水。

随着旅游资源的开发和游客逐年增长，浏阳的旅游企业不断发展壮大。1996 年 5 月 1 日，浏阳旅行社成立。2000 年市委、市政府决定放开旅行社市场后，省中青旅等多家旅行社在浏阳设立分社，至 2002 年 10 月，全市共有 11 家旅行社。作为浏阳新的经济增长点，旅游业正向全市一大支柱产业发展。2002 年，全市共接待游客 71 万多人次，旅游收入达 1.9 亿元，初步扭转了多年来外出旅游人数多于入浏旅游人数的局面。

文家市现场会

推进企业产权制度改革及其他改革

1996年4月25日上午，岩前造纸厂产权拍卖会如期在文家市镇老人民路老镇政府大楼二楼会议室举行。参加拍卖的领导有镇长杨圣芝、副镇长陈志方、镇企业办主任陈时长及企业办会计周晚美，参加竞拍的有张爱莲、孙建全、刘连高等人，还有闻讯赶来的80多名当地村民及企业干部。最终经过多轮竞拍及协商，张爱莲与孙建全联手以55万元拍下。不景气的企业岩前造纸厂得以成功拍卖，在文家市这片红色的革命热土上庄重地敲响了浏阳企业产权制度改革的第一锣。继岩前造纸厂成功拍卖后，镇政府又将镇办20多家集体企业的资产分别采取拍卖、兼并、破产、租赁等多种形式，实施企业产权制度改革，从而盘活了集体存量资产。到1999年，全镇26家企业全部完成产权制度改革。[①]

随着社会主义市场经济体制的逐步建立，市属企业和乡镇集体企业遇到各种严峻的挑战，一些企业陷入困境，有的甚至陷入“厂长负盈、企业负亏、银行负债、政府负责”的怪圈。虽然从1992年起，市委、市政府采取租赁承包、引资嫁接、退二进三（退出第二产业，进入第三产业）、破产重组以及股份合作制改造等多种形式进行企业改革，但终因没有触及企业的产权实现形式，致使企业难以最终走出困境。

产权明晰是建立现代企业制度的关键所在。为解决好产权主体缺位导致的“资产不连心、经营不贴心、亏损不痛心”的问题，浏阳市委在牢牢把握“三个有利于”根本标准的基础上解放思想，大胆创新，于1997年在全省率先实行企业产权制度改革。产权制度改革是从文家市镇得到启示的。1997年初，该镇党委、政府经过认真研究，将连年亏损的投资120多万元建成的岩前造纸厂以50多万元的价格整体拍卖。拍卖后头7个月就实现产值160万元，创利税达30万元。市委通过调查研究，认为文家市镇的作法符合“三个有利于”标准，符合市场经济规律。11月8日，市委、市政府在文家市镇召开全市盘活企业资产现场经验交流会，决定在全市推广文家市镇的经验，全面推行企业产权制度改革。

12月8日，浏阳市产权交易中心正式挂牌成立。这是全省首家县级产权交易中心。市产权交易中心具体承办全市国有、集体企业与市域内私营

① 余振魁：《浏阳市企业产权制度改革第一锣》，政协浏阳市第八届委员会编：《浏阳文史》，2012年，第141页。

企业的产权交易事宜。产权交易中心实行“一个窗口对外、一栋楼办公、一站式服务”。市直有关单位抽调专人组成工作班子，分为项目组、资料审查组、办证组、督查组四个组开展工作。产权交易中心的成立，进一步推进了全市以拍卖和出让为突破口的企业产权制度改革。各乡、镇、街道认真贯彻文家市会议的精神，也都成立企业改制领导小组。通过半年的大胆改革，全市完成了改制的国有集体企业就有 502 家，改制面达 85%。

1998 年 4 月，市委、市政府成立市国有和集体工业企业改革领导小组，对市属国有、集体工业企业实施以股份制改造为主的企业产权制度改革。为积极稳妥地推进企业产权制度改革，市委、市政府制定了一系列配套政策并进一步完善社会保障制度。由市劳动部门组建市再就业服务中心，制定下岗职工再就业工程措施，负责管理原市属国有、集体企业全部职工的人事档案，提供用人单位和下岗职工双向选择的场所，组织人才（员工）交流和对外劳动力输出活动，规范企业合同用工行为，帮助企业下岗职工寻找新的工作岗位，维护社会大局稳定。同时，健全社会保障统筹制度，对原国有、集体企业已退休和可按规定提前退休人员，由社会保险局发放退休养老金。市财政对于资产量化过程中或企业破产后其净资产不足以支付职工工龄股总额的企业，由财政一次性现金补助，确保改革的顺利进行。鉴于轻纺总公司、医药总公司机关人员不是财政拨款，企业改革与脱困的工作相当繁杂，两公司按原机关定编人数的 50% 先行减员分流，留用人员专门从事企业改革工作，其工资、办公费用在改革后的三年时间内由财政拨付。

通过企业产权制度改革，市属国有、集体企业实行股份制重组 18 家，兼并联合 1 家，清盘解散 14 家、破产 3 家。在产权制度改革过程中，尽管少数改制企业还有这样那样的遗留问题或拍卖中的某些失误，但是从整体上说，企业改制是成功的，得到省委、省政府的认可。改革之后，现代企业制度逐步建立，社会保障制度进一步完善，企业重新焕发出生机和活力。

在进一步深化企业体制改革的同时，市委、市政府对其他方面的改革也进行了扎实推进，以促进市场经济的发展。

农村改革：1994 年 10 月，市委召开山水综合开发动员大会，提出“综合开发山水，再造一个浏阳”的发展战略。会后，市委、市政府成立山水综合开发领导小组，设立山水综合开发奖励基金，每年优先安排 1000 万元以上的贷款用于山水开发，从而促进了农业结构的进一步调整。从 1994 年开始，农工贸综合服务公司在各乡镇普遍建立起来，同时发展了一批专业协会、科研所、互助储金会，有的乡镇以村为单位建立不定期的托田所之类服务组织，“公司＋基地＋农户”的社会化体系也逐步形成。1994年市委、市政府发出《关于加快集镇建设和管理的意见》以来，到1997年，全市除1个山区乡外，35个乡镇先后编制完成集镇发展规划。1995年12月，市委、市政府发出《关于农村土地使用制度改革的若干规定》，做好耕地承包期延长30年的工作。到1996年12月底止，除淮川街道外，全市39个乡、镇、街道的998个村、12906个村民小组，有17.1万户农户调出、调进耕地15.6万亩。1997年，全市共签订承包合同246993户，逐户颁发土地经营证，合同立卷归档13127卷。

宏观管理体制改革：1994年，市政府将关系重大国计民生的6类40种商品27个生产（经营）单位列为价格监审对象，实行分类管理和差率控制。1994年至1995年，市政府从财政拨款107万元作为价格补贴，用来平抑猪肉、蔬菜、生活用煤涨幅过大的价格。1994年以来，在财政管理上先后实施政府采购、工资统发、营建工程预决算审查、会计委派和集中核算等形式的改革，提高政府财政管理的效率。1992年国家对外经济贸易部批准浏阳经营出口的商品有粮油、食品、山货等17种；1997年1月，外贸部又下达《关于同意浏阳市对外经济贸易鞭炮烟花公司经营进出口业务的批复》，此后浏阳先后获得进出口权的企业33家；从1987年至2002年，浏阳外贸出口供货连续16年居全省县级外贸之首。1994年，由市政府先后出台《浏阳市出售公有住房办法》《浏阳市公有住房理顺租金第二步实施办法》《浏阳市住房公积金暂行办法》和《浏阳市住房制度改革实施办法》，在全市铺开以优惠售房、集资建房为主要内容的房改工作。1995年6月，又由市政府出台《浏阳市深化城市住房制度改革实施方案》，并成立住房公积金管理中心。

科技教育改革：1992年，县委根据“科教兴县”战略，正式出台《浏阳县科技兴县实施方案》。1993年，科技部门进一步全面落实市委、市政府作出的《关于推进科技进步的若干规定》，实施《浏阳县“八五”科技事业发展规划》《浏阳市“九五”及2010年科技事业发展规划》。1993年至1994年，浏阳科研项目获省级科技进步奖共13项，先后被评为全国科技工作先进县（市）、全国引进国外智力先进集体。市委、市政府《关于实施科教兴市战略，加速科学技术进步的决定》发出后，浏阳被列为全国农村技术市场试点县。1996年10月，湖南省科委在浏阳召开现场会，向浏阳13家民营科技企业颁发《湖南省民营科技型企业资格认定证书》。浏阳市科技咨询服务中心从1994年成立以来，被评为湖南省科技咨询先进集体。1993年6月，市委、市政府作出《关于加快普及九年义务教育的决定》。1995年，市委、市政府以浏发〔1995〕75号文件明确规定"分级办学，分级管理"的职责，分别划定市政府与乡镇政府、街道办事处办学的职责范围。1996年，再次修订"普九"《规划》，继续举全市之力普及九年义务教育，1993年至1997年，全市仅学校"双改"（改造学校危房、改善办学条件）就投入2.3亿多元，新扩建校舍22万平方米。1997年，全市较高标准实现"基本扫除青壮年文盲，基本普及九年义务教育"的"双基"目标，被评为全国"两基"先进市（县）。同时全市共有各类职业学校6所，职校（含市外中专职校）招生人数与普通高中招生人数基本持平；同时经教育行政部门批准的社会办学19所，成为浏阳教育事业的有力补充。

乡镇体制改革：1995年6月，全市进行以撤区并乡、简政放权为重要内容的乡镇体制改革。6月15日，市委召集各区、乡、镇领导班子成员集中谈话；16日，在市政府大礼堂召开全市撤区并乡动员大会；20日，下达《关于撤区并乡后乡镇工作委员会及其组成人员任职的通知》。当时，全市共有11个区，67个乡、镇、街道，平均每个乡镇不足2万人，面积不足75平方公里。各乡镇差别很大，人口多的近6万人，少的仅2000多人。市委、市政府确定方案后，经长沙市政府报省政府同意，省民政厅发出〔1995〕92号批复，撤销城郊、古港等11个区，全市共设40个乡、镇、街道，其中乡19个，镇17个，街道4个，重新确定乡镇新的内部机构和人员编制，初步进行人员分流，建立新的乡镇财税体制，使乡镇工作步入正轨。1996年，全市国内生产总值提前四年实现翻两番的战略目标，1997年比1992年增长92.96%。

打开山门奔富路

改善基础设施条件

不到10天时间，浏阳人民集资修路的热火就燃遍了全县每个角落，涌现了一幕幕动人的场景。远在天津的中国人民解放军87368部队的屈敏等18位战士获知家乡修建高等级公路，每人从仅有的20元津贴中挤出10元寄往指挥部。年仅8岁的金江浒溪学校学生陶晓，把自己一角一角积累的零花钱捐给浏永工程。关口长禾小学举办"'319'在我心中"的少先队主题队会，队员们把卖废纸废品的67.8元献给了"319"。台胞谢仁馨先生回大陆探亲，看到家乡修建高等级公路，十分高兴，慷慨捐献500美元……1993年1月18日，也就是1992年古历腊月廿六日上午，大雪纷飞，寒气袭人，一老三小突然出现在县政府门口，信访办的同志还以为是来上访要钱过年的。谁知竟是三个小朋友从电视上得知要修"319"，把藏在罐子里的钱倒出来，硬拉着婆婆带路，说要送给"319"修路。当信访办的同志帮着把纸包打开，眼泪涮地一下流了出来，全是1分、2分、5分的纸币和硬币啊！11岁的老大陈秀芳10元8角9分，老二陈双双8元4角2分，小宇帆……[①]

党的十四大以来，浏阳经济发展形势喜人。但随着市场经济体系的逐步形成，浏阳相对落后的交通、电力、通讯等基础设施日益成为制约经济发展的"瓶颈"。大力推进以交通、电力、通讯为主的基础设施建设，已成为摆在县委、县政府面前的一项紧迫任务。

319国道浏阳至长沙段原线为1930年代修建，1960年代改建为普通四级油路，弯多坡陡路窄，设计日车流量为1000辆，实际上达到3000辆，行车不畅，事故频繁。1992年5月，县委获悉长（长沙）永（永安）高速公路即将动工修建，便决定从永安至浏阳城改线修建一条设计为35公里的高等级公路（简称浏永公路）。在广泛征求有关乡镇意见的基础上，县委、县政府于8月邀请省内专家对319国道浏永段改建工程进行初步踏勘测量、设计和可行性论证。9月，县委召开专题会议就有关重大事项作出决策。10月底在县第七次党代会上正式通过修建浏永高等级公路的决定；县人大、县政协就支持浏永高等级公路建设也相继作出决议。随后，报批立项。省计委下达《关于319国道浏阳至永安段二级公路项目建议书的批复》后，县委正式发出《关于全县动员修好浏永高等级公路的决定》，并于11月成立319国道

① 宋国屏：《浏永高等级公路建设二三事》，政协浏阳市第八届委员会编：《浏阳文史》，2012年，第226页。

浏永段改建工程指挥部。

1993 年 2 月 11 日，319 国道浏永段改建工程奠基典礼隆重举行，并宣布 3 月中旬正式破土动工。然而，以自力更生为主建设高等级公路，首先遇到的棘手问题是启动资金 2000 多万元暂无着落。市委、市政府得知市政协委员已有捐款行动后，经商议，便由市政协向全市社会各界发出集资倡议。由于各界人士和各级领导干部以及广大党员带头，不到三个月，就集资 2280 万元。在集资过程中，除全市人民踊跃购买政府债券外，市政协全体委员、各条战线离退休干部，在外地工作的浏阳籍人士和在部队服役的浏阳籍战士、个体工商户、私营企业主、台胞，乃至少先队员都纷纷捐款，连农村一些老人也把积存的捐出来，真正形成了“举全市之力，建致富之路”的强大合力。

为加速建设进程，1993年9月9日，市委召开区委书记会议，研究民兵（民工）建勤方案。11日，市委、市政府发出《关于民兵（民工）建勤修建浏永高等级公路的决定》。市人武部和民兵师随即制定实施细则，共组建14个民兵团、65个民兵营。10月25日，市委、市政府召开全市民兵（民工）建勤誓师动员大会。会后，民兵挥师上阵大战“319”。各民兵营克服天寒多雨、地质条件差等重重困难，逢山开路，逢坑填方，不到半年时间就完成路基土石方130万方，至此路基工程基本完成。随后，由专业施工队伍进行路面硬化和两旁绿化。1994年10月，梅克保调郴州地委工作，长沙市委任命谢树林为浏阳市委书记。市委继续把修建浏永高等级公路列为重中之重并加强领导。在浏永公路建设过程中，蕉溪岭公路隧道是难度最大的一段工程，也是全省最长的公路隧道。隧道高7.5米，宽10.5米，长3900多米。由铁十二局、省华建公司（原湘煤一处）和川煤十处分别承建。隧道安装现代化的照明、通讯、通风、消防和电子监控等配套设施，成为浏阳一道新的景观。 1996年10月1日，全长33.086公里的浏永高等级公路正式交付使用。浏永高等级公路实际投资2.75亿元，建设资金以自筹为主，国家计委、交通部、省交通厅、长沙市政府给予补助，各级建行在贷款上也给予了支持。

浏阳人民自力更生、艰苦奋斗修建国道得到中央、省、长沙市领导人的高度评价，也引起各级新闻媒体的密切关注。1994 年 4 月 11 日，全省交通工作会议在浏阳召开，推介浏阳经验。9 月 25 日，国家交通部部长黄镇东在北京接见浏阳市委负责人和工程指挥部负责人时，充分肯定了浏阳的

319国道浏永高等级公路蕉溪岭隧道掘进场景

经验和作法。宋任穷、王首道、彭珮云十分关注和支持浏永公路的建设，高度赞扬家乡人民艰苦奋斗、自力更生的精神。中央电视台、《中国交通报》《人民公路报》《湖南日报》、湖南电视台等各级各类新闻媒体多次对工程建设情况进行了报道。浏永高等级公路的建成使浏阳到长沙行程由84公里缩短为61公里，行车时间由3小时缩短为1小时。浏永高等级公路基本竣工时，市委乘势而上，又决定把这条高等级公路从浏阳延伸到大瑶东风界。浏大高等级公路全长32.385公里，总投资近4.6亿元，其资金来源同样以自筹为主。1995年4月，市委成立浏大公路工程建设指挥部，开始办理工程立项和可行性研究报告、报批手续。当年10月开工，经过5年多艰苦奋斗，2000年12月31日竣工通车。

在此期间，通讯、电力等基础设施建设也迅速推进。1992年9月，无线寻呼开通；1993年8月，移动电话开通； 12月，浏阳市电话号码升至7位数；1994年3月，万门程控电话第一期工程6200门竣工；1995年底，市话交换容量达16128门，同时GSM数字移动基站建成；1997年4月，投资近5000万元的多媒体通信网络市区网络初步建成。与此同时，全市建成35千伏变电站3个，110千伏变电站2个，220千伏变电站1个，完善了城乡输变电网络。浏阳基础设施建设的推进，不仅改善了招商引资、经济发展的硬环境，而且特别是把自强不息、敢为人先的“浏阳精神”提升起来了。全市人民满怀信心地谋大事、创大业，立志在革命老区走出一条快速发展的新路来。

“以软补硬”

推进依法治市与优化经济发展环境

1997年，在一个没有区位、资金和人才优势的地方，建设一个全新的经济开发区，发展和推进工业文明，并不是一件容易的事情。浏阳经开区初创之时，因为没有对路的产业发展目标，建设发展遇到了一系列困难。1999年，针对发展困局，浏阳经开区提出走“有所为有所不为”“靠专业化园区起步”的发展道路，决定建设生物医药专业园，形成特色和品牌的发展战略。提出这个发展战略是基于：湖南生物资源丰富，中药材资源居全国第二位，拥有湘雅医学院等一大批有影响力的科研团队，在发展生物医药产业方面深具潜力。至此，浏阳经开区的开发建设逐步进入轨道。1999年，浏阳经开区率先抓住全省医药证照服务、GMP改造等机遇，快速聚集资源，抢先形成产业集聚。作为专业化的医药管理服务机构，园区管委会除建立新药报批、医药企业认证、资金筹措、医保目录统筹等为主要内容的产业化服务中心外，还建设生物医药分析检测中心、组合生物合成与天然产物药物技术、体外诊断试剂技术、植物提取技术、生物医药公共实验中心等系列公共服务平台。与此同时，还设立创业孵化基金，这不仅提高了产业转化成功率，还降低了入园医药企业投资成本，吸引了一大批具有国内先进水平的高科技项目入驻。经过19年的努力，生物医药产业如今已成为浏阳经开区的一大产业。浏阳经开区生物医药产业的大发展，也促进了湖南生物医药工业的大发展——自2006年以来，浏阳经开区产值连续多年占全省医药产值三分之一以上，实现湖南医药工业的集群化发展。目前，经开区的尔康制药及威尔曼制药、九典制药、华纳大制药、金泰制药等骨干企业，已成为湖南医药经济增长的主要动力源。[①]

1992年以来，市委把专业法律法规列为各部门“二五”普法的重点，市政府建立行政执法责任制度。1995年后，市政府与44个行政执法单位签订行政执法责任状，确定了40个乡、镇、街道的法制员。

1996年1月，市委七届五次全体（扩大）会议提出了依法治市的战略要求。9月23日，成立依法治市领导小组。“三五”普法期间，参加普法考试的干部合格率达100%。全市各中小学统一聘任法制副校长和法制辅导员，实现了法制教育“从娃娃抓起”的要求。1995年底，全市创建村民自

①张永红：《“千亿园区”奋进路》，《浏阳城市手册》，民主与建设出版社，2016年，第166页。

治示范村 90 个，村民自治示范乡镇 6 个。2000 年 6 月，浏阳被评为湖南省村民自治模范市。1996 年，市委、市政府下发《关于政法综治工作的决定》，全市开展“三评一帮”（评遵纪守法户、评文明户、评双文明户、帮落评户）和“三创”（创安全文明单位、创安全文明小区、创安全文明乡镇）活动，设立了见义勇为基金。截至 2000 年，全市分别有 16 个、8 个、5 个单位被评为长沙市、湖南省、全国行业依法治理先进单位。

自 1990 年第一家律师事务所成立以来，到 2002 年全市共有 4 家律师事务所、41 名注册律师，共办理刑事辩护及代理 1426 件，民事、经济诉讼代理 3270 件，行政诉讼代理 185 件，非诉讼法律 2221 件，担任常年法律顾问 716 人次。1998 年至 2002 年，累计办理各类公证 5359 件。1997 年 6 月 24 日，市委印发《浏阳市“九五”期间依法治市实施方案》。1998 年，浏阳被评为全国依法治理百强县（市）。

1993年以来，市委、市政府大力治理“三乱”，取消了一批收费项目，并在《浏阳日报》予以公布。1994年，在继续治理行政事业单位乱收费和落实“收支两条线”的基础上，又狠刹了向企业乱摊派的不正之风，并实行“三卡”制度，全面发放了企业负担卡、农民负担卡、个体工商户负担卡，还对一些重点企业落实了挂牌保护制度。1995年至1997年，市廉政纠风领导小组一成立，就在全市开展治理整顿工作，加大了纠正行业不正之风的力度。1998年4月，市委、市政府决定单独设立纠正行业不正之风领导小组。5月4日，市委、市政府召开治乱纠风、优化环境动员大会，并下发〔1998〕18号文件，明确了具体措施。通过治理整顿，“三乱”现象和行业不正之风得到有效遏制。市委支持市人大把评议行风作为制度固定下来，并延伸至乡镇一级；市委、市政府聘请一批德高望重的离退休老干部担任行风评议员，加强对行风的监督，促进了行风建设。

自 1992 年以来，市委、市政府主要抓了“三资”（中外合资、中外合作、外商独资）企业的引进。到 1996 年，通过上门招商、委托招商、节会招商等形式，全市共引进“三资”企业 32 家，总投资额 20537.57 万元。1996 年 6 月，经市委决定，浏阳市招商合作局正式成立，同时成立招商引资工作领导小组。

1997年，市委就优化招商引资环境提出“以软补硬”的重大举措，即以超强的力度和超常的办法来优化招商引资的“软环境”，以弥补硬环境的不足。2月3日，市政府发出《关于招商引资工作的若干规定》，进一步

1997 年 5 月，浏阳工业园（无费区）奠基典礼

明确了各方面的优惠政策。市委、市政府还决定在工业园区实行“无费区”政策，凡进入工业园区的生产性项目，免征所有行政事业性规费；同时每半年召开一次外资企业代表座谈会，对经济作出显著贡献的外商，由市政府授予“荣誉市民”称号。

1997 年 3 月，市委决定成立浏阳市外资企业投诉中心，并设立和公布投诉电话。同时，市委、市政府组织开展了外资企业对职能部门进行评议的活动。从 1993 年至 1997 年，市委组织主要领导成员代表市委、市人大、市政府、市政协先后多次赴北京、广州参加浏阳同乡团聚会，赴长沙、株洲、湘潭召开浏阳籍部分干部座谈会，并加强与外地浏阳经济顾问的联系。随着环境的进一步优化，浏阳对外开放的形象进一步树立起来，全市新引进外资企业 13 家，引进外资达 552.54 万美元。

吹响进军号角

“进百强、冠三湘”与加强农业基础

据1994年度统计资料表明，浏阳经济综合实力接近全国百强县（市）最低水平。与第99名的宁国县、第100名的瓦房店市相比，在21个指标中，浏阳国内生产总值、财政收入等10个主要指标均已超过他们的水平，占47.6%；有6项指标已接近他们的数额，占28.6%。浏阳多项工作在全省乃至全国有突出位置。生猪、粮食进入全国百强县（市）行列；牛、羊肉产量排全国第21位；科技、文化工作分别进入全国先进县（市）行列；城乡卫生获全省先进县（市）称号；财政收入、外贸出口均居全省之首；烟花多次在国际夺魁，年产量占全国五分之三，居全国之首，国家授予“中国烟花之乡”殊荣[1]。

1996年，浏阳市委、市政府经过认真分析，认为浏阳的革命传统和经济、资源、区位以及基础设施等多种优势和近年来的发展态势，是进百强（即经济综合实力进入全国经济百强县市行列）、冠三湘（即经济综合实力排名湖南第一）的客观依据。确定从1997年开始，力争用5年时间实现浏阳经济综合实力“进百强、冠三湘”的目标，把一个经济繁荣昌盛、环境优美整洁、社会文明进步、人民健康富裕的浏阳带入二十一世纪。以这一宏伟目标进一步激励全市上下团结一致、负重奋进、奋勇争先，夺取全市改革发展新成绩。这一目标总的发展战略是：靠科教兴市、依法制治市、建经济强市、创文明城市、奔小康富市。实现这一目标的具体措施是：要把解放思想、更新观念、打破常规、敢为人先作为实现战略目标的先导；要大力培育新的经济增长点，重点抓好招商引资和内部挖潜；加快旅游业的发展，以此为龙头带动第三产业的发展；牢固树立“科教兴市”的思想，加大对科技和教育的投入，提高科技在经济领域中的含量，培养众多德才兼备的人才，促进经济的发展；始终坚持“两手抓、两手都要硬”的方针，大力加强精神文明和法制建设，为改革与发展创造一个良好的环境；切实加强对“进百强、冠三湘”的领导，充分发挥各级党组织的战斗堡垒作用，充分调动广大干群的积极性，上下众志成城，确保“进百强、冠三湘”目标的实现。[2]

1997年9月12日至18日，中国共产党第十五次全国代表大会在北京召开。这次大会的主题是：高举邓小平理论伟大旗帜，把建设有中国特色社会

① 中共浏阳市委、浏阳市人民政府：《关于学先进、奔小康、进百强、冠三湘的决定（1997年2月14日）》，浏阳市市志档案局编：《浏阳年鉴》，1997年卷，第37页。

② 陈霞辉：《市委、市政府提出“进百强、冠三湘”目标》，浏阳市市志档案局编：《浏阳年鉴》，1997年卷，第60页。

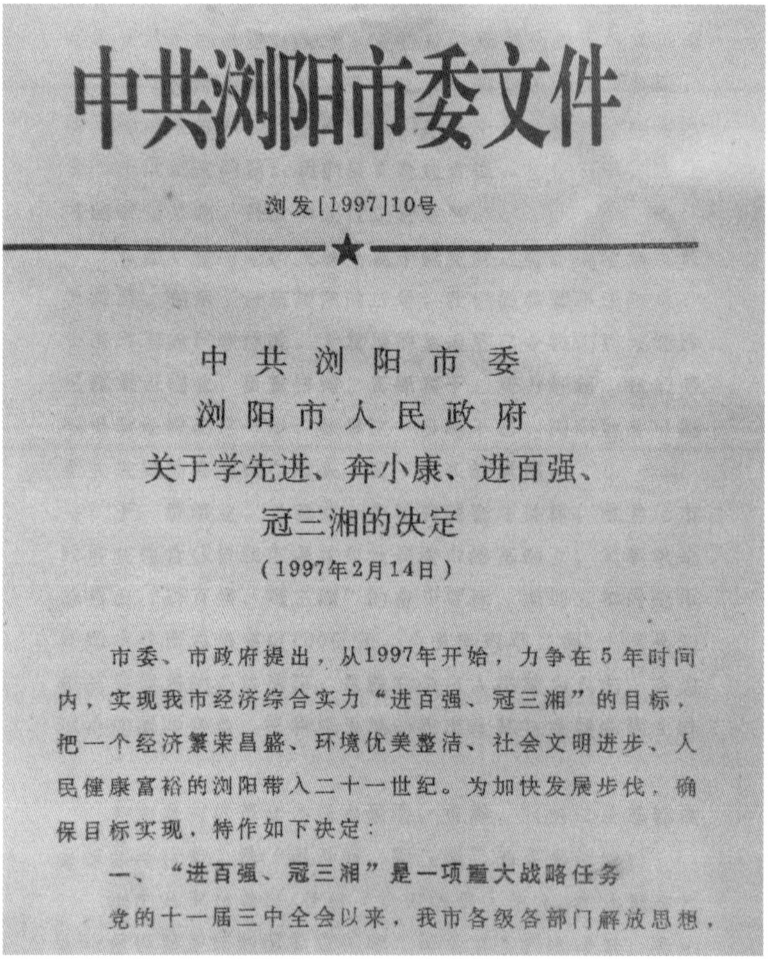

中共浏阳市委文件

浏发[1997]10号

★

中 共 浏 阳 市 委
浏 阳 市 人 民 政 府
关于学先进、奔小康、进百强、
冠三湘的决定
（1997年2月14日）

市委、市政府提出，从1997年开始，力争在5年时间内，实现我市经济综合实力“进百强、冠三湘”的目标，把一个经济繁荣昌盛、环境优美整洁、社会文明进步、人民健康富裕的浏阳带入二十一世纪。为加快发展步伐，确保目标实现，特作如下决定：

一、“进百强、冠三湘”是一项重大战略任务

党的十一届三中全会以来，我市各级各部门解放思想，

1997年2月，中共浏阳市委、浏阳市人民政府发出《关于学先进、奔小康、进百强、冠三湘的决定》

主义事业全面推向二十一世纪。浏阳籍的彭珮云在会上当选为中央委员。后在第九届全国人民代表大会第一次会议上，彭珮云当选为副委员长。9月28日，市委中心学习小组组织学习党的十五大报告。随后，市委发出《关于认真学习宣传和贯彻落实党的十五大精神的通知》。11月，市委举办市直单位和乡、镇、街道党政主要负责人培训班，分专题组织了学习和培训。1998年8月，市委八届二次全体（扩大）会议召开，着重学习邓小平理论。9月，市委发出《关于深入学习邓小平理论的安排意见》，与此同时，全市各级各单位共组建100个演讲分队，送理论进村入户。11月，市委召开全市宣传思想工作会议，进一步部署学习邓小平理论，广泛宣传十五届三中全会精神。

2000年，市委把学习和实践邓小平理论和“三个代表”重要思想纳入议事日程，聘请17位理论教员组成市委理论教育讲师团，确定22个课题，深入基层宣讲，共授课250多堂；同时举办3期“浏阳论坛”，聘请著名专家教授讲学，收到了良好效果。

1997年10月13日至16日，中国共产党浏阳市第八次代表大会在城区召开，405名代表出席，代表全市50087名党员。大会确定今后五年工作的总体思路是：以邓小平理论和党的十五大精神为指导，始终坚持以经济建设为中心不动摇，坚持物质文明和精神文明两手抓两手都要硬的方针不动摇，坚持“进百强、冠三湘”的发展目标不动摇，继续主攻新的经济增长点，主攻对外开放，主攻选贤任能，主攻环境优化，抓住机遇，发挥优势，突出重点，深化改革，加快经济体制和增长方式两个根本性转变，实现经济的快速、健康发展和社会全面进步。大会选举欧代明为书记，徐湘平、李科明、张贤近、李中琪为副书记。经第十三届人大一次会议和市政协六届一次会议的选举，李定国当选为市人大常委会主任，徐湘平当选为市政府市长，刘建芳当选为市政协主席。

市委八届一次全会认为，“进百强、冠三湘”作为奋斗目标，体现着自强不息、敢为人先的浏阳精神，必将促进浏阳的巨大发展，本届市委务必解放思想，团结奋斗。全会强调要把全市人民动员起来，继续优化发展环境，增强齐抓发展的合力。全会后，市委从宣传发动入手，把“一个目标、四个主攻、五大战略”落实到基层，以激励全市人民积极投入新一轮的大发展。在市委统一安排下，《浏阳日报》连续刊出了《为政之要，惟在得人》等系列评论及《开放浏阳，发展浏阳》等专题述评；浏阳电视台录制了《开放，别无选择》6集专题片，并作为电教片发放到各乡、镇、街道。市委宣传部还组织以“解放思想、优化经济发展环境”为主题的各界人士座谈会。这些都引起了社会强烈反响。

1998年5月4日，市委、市政府召开了“优化发展环境月”动员大会。大会强调要部署清理和取消乱收费的文件和项目，开展自查自纠和组织专门班子重点督查，实行收费卡登记制度、服务承诺制度和企业挂牌保护制度。会后，市直机关16个执法部门和单位分别制定《促进经济发展承诺书》，向社会公布了承诺内容。行政事业性收费执收单位建立“七不准”制度，即不准巧立名目，擅自提高标准收费；不准用自制收据和非专用票据收费、罚款和集资摊派；不准利用部门职权在企业、农村强行摊派征订报刊、杂志；不准利用部门职权或垄断地位高价推销产品或宣传品；不准以开业、庆典、支持工作等名义摊派钱物；不准超越职权和法律规定限额乱罚款，人情执罚；不准执收工作人员直接从收费和罚款中提取奖金。

1999 年，市委、市政府又召开优化经济发展环境会议，组织开展“二无一摒弃”活动，即无假冒伪劣商品，无坑蒙拐骗行为，摒弃地方保护主义，创建浏阳商品安全区。以后又把优化经济发展环境当作“浏阳形象”品牌。为防止“三乱”反弹，40 个职能部门的“公开服务承诺”正式向社会公布。57 项收费项目和 10 项规范降标项目被市政府宣布取消和中止执行。为鼓励优秀人才投入“进百强、冠三湘”的主战场，1999 年 3 月，市委选调 74 名干部职工，分赴全国 24 个省、市、自治区，建立花炮营销办事处，使其成为销售花炮和推介浏阳的窗口。4 月，市委面向全国公开招聘 10 名经济管理人才，充实到经济工作第一线。10 月，市委召开人才兴业动员大会，进一步出台优惠政策，鼓励行政干部到经济建设第一线去。据统计，全市有 44 名国家干部摒弃官本位思想到民营企业任职，其中副局级以上干部 8 名。

与此同时，市委还决定在农村全面组织综合实力争创“十强乡镇”“百强村”活动，每年验收评比一次。市委书记欧代明深入到这批乡镇调查研究，强调各地要把争创“十强乡镇”“百强村”作为总揽经济工作全局的大事来抓，根据各自实际作出规划，制定切实可行的措施，还就如何提高经济实力的问题，与这批乡镇进行认真研究。在农村开展创“十强乡镇”“百强村”活动的同时，市直机关各部门也按照市委的指示开展争创一流工作的活动。到 2002 年，全市有 30 多项工作跻身全国先进行列。

总结连续几年抗灾的经验后，市委、市政府于 1998 年 10 月作出“治水强农，治水保安”的战略决策，成立市水利建设指挥部，作出《关于加快我市水利建设步伐的决定》，从 1999 年起，市财政每年拨给防洪工程建设费 2000 万元；动员全市国家机关及企事业单位工作人员在三年内每人每年捐出一个月的基本工资用于防洪工程建设；农业人口以粮代劳每人每年捐出 10 公斤用于水利建设。规划 5 年内完成浏阳河源头的 4 座防洪水库，以及全市 1 万多处水利工程恢复和兴建任务。到 2002 年，先后建成了中塅、板背两座防洪水库，可调节库容 2582.7 万立方米。

1997 年 6 月，市委、市政府作出《关于加快我市农村小康建设步伐的决定》，要求各级切实做到“六个必须”：必须以改革为动力，必须以调整优化产业和产品结构为手段，必须以科技教育为先导，必须以推广农业产业化为途径，必须以两个文明共同发展为标志，必须以加强党的建设和改善党的领导为保证，推进小康建设。1998 年 2 月，市委召开农村工作会议提出，围绕“进百强、冠三湘”的战略目标，强化农业基础地位不动摇，花大力气建立兴农强农新机制，加快农业发展的步伐。1999 年，浏阳成为全省第二批小康县（市）之一，综合实力名列全省第四。

在实现农民增收的同时，市委、市政府发出《关于进一步做好减轻农民负担工作的通知》，确定每年 3 月为“减轻农民负担月”。市政府撤销未经省政府批准自行出台的收费文件，取消 10 个与农民和企业相关的邮电通讯配套费等收费项目，还向农民发放 32 万份“农民负担监督卡”，入户率达 90% 以上。到 2001 年底，全市农民人均负担仅占人平纯收入的 2% 以下，保持了全省减轻农民负担先进市（县）地位。2002 年 4 月，市委、市政府全面部署农村税费改革工作，主要措施是“三个取消”（取消乡统筹费、农村教育集资等面向农民征收的行政事业性收费和政府性基金；取消屠宰税；逐步取消统一规定的劳动积累工和义务工）、“两个调整”（调整农业税政策、调整农业特产税政策）、“一项改革”（改革村提留征收和使用办法）。9 月，市委、市政府在澄潭江镇召开农村税费改革暨农业税征收入库工作会议，要求各地学习澄潭江镇推行“送税上门”的经验，打好税费改革攻坚战。经过税费改革，全市核减后的农业税面积 780907 亩，人均 0.66 亩；常年产量为 500 公斤，税率为 7%。全市应征收两税及附加共 6028.8 万元，人平税赋 42.6 元，与 1999 年相比，共计减征 4092.2 万元，人平税赋减少 29.93 元。

管住人、看住钱

金融安全区创建与花炮公司上市

寒冬时节，浏阳市民却感到一股县域企业改制的热浪扑面而来。这里改革成功的一个重要标志，就是有效地解决了银行债权悬空的问题，不仅防止了国家资产的流失，化解了金融风险，而且确保了金融资产在流动中取得效益，从而营造出一个金融绿洲，营造出全省的金融安全区。[①]

1998年，全市金融机构各项存款达261985万元，保费收人4633万元，但银行资产质量不高，不良贷款5.5亿元，占贷款总额的27.48%，银政、银企关系紧张，收息收贷阻力大，导致企业贷款难。加上社会金融机构出现，金融秩序相当混乱。为了防范和化解金融风险，优化投资环境，1999年4月，浏阳市委、市政府成立创建金融安全区领导小组，发布《关于创建金融安全区的决定》，召开全市创建金融安全区动员大会，与市直有关部门和40个乡、镇、街道签订了《创建金融安全区目标责任书》。10家骨干企业联名发出《致全市企业的倡议书》，承诺以良好的信用来促进金融安全区的建设。

创建金融安全区是从整顿农村“两会一部”（即农村合作基金会、民政部门管辖的储金会、供销系统扩股部）入手的。当时全市有34家农村合作基金会，其存款总额达3.4亿元，但不良资产比例高达70%以上。4月8日，市委、市政府召开各乡、镇、街道党政负责人、财政所长、经管站长、农村合作基金会主任以及市直有关部门负责人会议，宣布农村合作基金会停止一切存贷业务。

在清理整顿中，市委、市政府于6月至7月三次召开清理整顿农村合作基金会工作会议，指出清理整顿工作牵涉面之大，资金之巨，足以影响到浏阳的稳定和发展，要求各级各部门齐心协力，把清理整顿作为当前压倒一切的中心工作切实抓好，由乡、镇、街道党政一把手负总责。与此同时，市委从市直各部门调集300多名业务骨干专门从事清理整顿工作。根据市委的意见，7月，市委组织部牵头发出《关于限期清收行政事业单位工作人员在农村合作基金会借款和担保借款等有关问题的通知》，规定限期清收的时间为7月31日，对逾期未偿还借款人员视其情节作出不称职、辞退等行政处理，直至依法追究法律责任。市委还先后举办两期学习班，借

① 肖建生：《营造金融绿洲——小型企业改制看浏阳之三》，《湖南日报》，2001年12月。

款或担保借款在2万元以上的干部近200人参加，落实偿还规划。接着，由市委政法委牵头从公、检、法抽调80名干警，对拖欠借款不还的重点户进行强制督收。期间，依法对一名借款数额巨大又无力归还的干部判处了有期徒刑，对28名干部作了不称职的处理，从而带动了社会还贷。11月中旬，市委、市政府成立“整治金融环境突击月”领导小组，从市委办、政府办、政法委、人民银行浏阳支行抽调人员组成办公室和法律服务工作队、宣传服务工作队，开展“突击月”活动。本着以宣传教育和打击整治相结合，一般清欠和突出重点相结合的原则，突出整顿信用环境。在“突击月”中，市人民法院通过对金融案件的审理，执行314起，标的570万元，宣布对拒不执行法院判决的23人实行司法拘留，对27个单位和个人发出《督促执行公告》。

各乡、镇、街道和市直单位结合各自的实际情况，密切配合金融机构和执法机关，清收贷款本息，重点整治一批恶意逃债、废债、赖债的典型户。各乡镇政府和街道办事处举办欠贷欠息人员学习班，宣讲政策，帮助其增强信用意识，采取限期清偿方式落实偿还方案，对拒不清偿债务、恶意逃废债的典型户，将其列入本市（本乡）不守信用户，并张榜公布，情节恶劣的，在乡、镇闭路电视、浏阳电视台和《浏阳日报》上予以曝光。经过一年多努力，农村合作基金会的清理整顿工作基本完成。全市34家农村合作基金会，11家已清盘关闭，23家并入农村信用社。清理整顿使农村信用社的不良资产下降5个百分点，家家实现盈利，实际盈利累计达1500多万元。

在整顿各类基金会的基础上，为了在企业改制过程中切实维护金融债权，1999年6月，由市政府发出《浏阳市金融债权管理制度》，规定企业改制必须坚持三条原则：一是企业改制必须经债权银行同意；二是改制所得必须全部存入债权银行；三是除安置职工的必要费用外，其他资金必须用于归还银行贷款本息。同时，召开联席会议，成立金融债权维护领导小组，并将《关于积极支持企业改制，保证银行信贷资产安全的意见》转发全市执行。据统计，在全市150多家企业改制过程中涉及的1.8亿元银行贷款本息全部得到落实，其中归还贷款本金4180万元、利息920万元。供销系统欠农行贷款本息6700万元，在改制中债权全部得到落实，并归还本息2100万元。

随着银政银企关系的理顺，金融机构积极转变经营思想，调整工作思路，大力支持地方经济发展。1999年，全市金融机构累计投放资金22.6亿元。2000 年 9 月，中国人民银行行长戴相龙视察浏阳的金融工作，认为浏阳创建金融安全区是真正找准了金融经济协调发展的最佳途径。2001 年 9 月，长沙创建金融安全区领导小组受权正式宣布浏阳为“金融安全区达标单位”。到 2003 年经验收，中国人民银行武汉分行正式确认和授牌浏阳为金融安全区。浏阳成为中南地区辖区内三省唯一获此殊荣的县（市）。

从 1997 年起，市委、市政府为整合全市花炮资源，鼓励和引导全市花炮企业投资 7 亿多元进行“三大改造”（厂房改造、产品工艺科技化改造、生产流程机械化改造），进一步做强、做大、做精花炮产业，使之向规范化方向发展。1998 年上半年，又作出组建国有资产控股的浏阳花炮股份有限公司的决策。经过争取，1999 年 2 月，国家证监会发行部正式通知浏阳做好上市前期准备工作。11 月 5 日，省政府下发了《关于同意设立湖南浏阳花炮股份有限公司的批复》。12 月，市委、市政府召开市直有关部门参加的花炮上市筹备工作会议，经过紧张筹备工作，湖南浏阳花炮股份有限公司于 12 月 31 日挂牌成立，拥有股本总额 5000 万股，其中国有股 3293.24 万股，占股本总额的 65.86%。2000 年 12 月，经国家证监会长沙特派办验收后，正式向国家证监会报送材料。2001 年元月，市委书记袁观清率队赴京看望浏阳籍老同志时，勉励驻京人员出色完成花炮股票如期获准上市的任务。7 月，浏阳花炮获得国家证监会批准向社会公开发行 A 股股票的批示。8 月 28 日，浏阳花炮股票（代号 600599）在上海证券交易所成功上市，成为全国第一支花炮股票。此次发行的人民币流通股（A 股）共 2200 万股，公司首期融资 1.97 亿元。2002 年 10 月，首届国际烟花安全质量技术论坛在浏阳举行，次年，国际烟花协会在浏阳成立。①

① 中共浏阳市委党史联络组、中共浏阳市委党史办公室编：《中共浏阳地方史（1949—2002）》，中共党史出版社，2004 年，第 329 页。

“三再二找”

探索市域经济发展之路

眼下是夏粮收购时节，浏阳市金刚镇上黄村50多位村民第一次不为谷价的贵贱操心了。2001年6月初，他们告别了庄稼汉的生活，成了镇上的居民，大伙集资300多万元建了个农贸市场，做起了农副产品批发生意，现在这里每天商品成交额达10多万元，已成了湘赣边贸中的一颗“明珠”。截至9月上旬，浏阳市启动“万户农民进城镇创业工程”一年多来，已有2.5万上黄村这样的农民在各城镇落户、创业致富。浏阳市为加快农民向城镇转移的步伐，于2000年初启动了万户农民进城镇创业工程。市里决定敞开城门，三年内组织1万户从事个体工商、高科技种养业、文化、信息经营和其他第三产业的农民到市城区、中心集镇、旅游重镇落户。为了让他们安得心、稳得住、创得业、富得起来，市政府在原承包的田土山水、原房屋所有权、小城镇户口、计划生育、建房用地、生产经营等多个方面予以优惠、倾斜，对申请进城镇创业的农民一路“绿灯”，对已进城镇创业的，各级政府热心做好协调服务工作，全市很快掀起了农民进城镇创业的热潮。[1]

1998年12月，市委召开经济工作会议，确定全市经济工作重点是调整和提高，注重抓好产业内部、行业内部、地区内部以及产品结构、企业组织结构和所有制结构的调整。会议要求，从根本上改变经济工作的方式方法，尽快实现四个转变：从注重规模、注重数量转到注重效益、注重质量上来；从注重抓组织产品生产转到集中精力抓市场开拓上来；从习惯和依赖于粗放经管的经济增长方式转到特别注重抓科技进步、抓劳动者素质提高上来；从过于讲究平衡转到集中财力办大事上来。

为借鉴发达地区的先进经验，找准浏阳发展的新路子，1999年5月，市委组团分别考察了山东、江苏、上海、广东的一些先进县（市）。考察回来，市委在务虚会议上提出，“思想再解放、视野再开阔、思路再提升，对照先进找差距，对照差距找出路”，鼓足“进百强、冠三湘”的勇气，树立自胜者强的精神。此后，《浏阳日报》和浏阳电视台开辟了“三再二找”专栏，进行广泛宣传，全市各级各部门也认真组织了讨论。这次思想大解放活动，对于市委一系列新的经济社会发展举措的出台起了先导作用。

① 刘凌、廖上鉴、邱义成：《浏阳农民进城创业掀热潮》，《湖南日报》2001年9月7日，第A1版。

2001年10月，市委又组织市直有关部门和乡、镇、街道党政“一把手”到山东、华东、广东考察，进一步开拓发展思路。经过考察活动和务虚讨论，在加快工业化、城镇化和农业产业化进程上达成共识。12月24日，市委八届八次全体（扩大）会议指出，长（沙）株（洲）（湘）潭一体化给浏阳带来新的发展机遇，浏阳应把“依托长株潭、服务长株潭、互补长株潭”作为工作方针，充分借助长株潭的优势，逐步把浏阳建设成为高新技术的转化基地、原材料生产加工基地、大中城市生活后勤服务的保障基地、城市居民休闲旅游度假的后花园，力争构成菱形经济结局，更大范围地优化资源配置，加快浏阳的发展。

2002年1月，市委召开八届九次全体（扩大）会议，总结“十五”开局之年的基本经验后指出，虽然全市的工业有了一定的基础，但是至今没有上规模的企业，没有叫得响的品牌，还仅仅是处在工业化的初级阶段；虽然全市的城市建设有了一些亮点，但是支撑城市发展的产业还很薄弱，发展后劲严重不足，城市化低于全国、全省平均水平；虽然全市的结构调整有一定的规模，但是农业发展仍然没有质的飞跃，至今没有能够连接农民与市场的真正意义上的龙头企业，无法抵御变化莫测的市场风险。全会强调全力推进“三化”，将是今后一个时期内总揽全市经济工作的灵魂，也是全市各项工作的出发点和落脚点，要牢固树立工业立市思想，努力加速工业化进程；突出城镇建设工作重点，不断提高城镇化水平；积极培育农业龙头企业，加快农业产业化的步伐；继续加强基础设施建设，为加快“三化”进程创造更加有利的条件。2月，市委在全市经济工作会议上，又对积极推进“三化”作出了具体部署。要求在经济结构调整、构筑新兴工业支柱、城镇扩容提质、拓宽融资渠道、培育新的经济增长点五个方面取得大突破。市委积极应对入世挑战、提升市域经济发展思路所制定的这一重大决策，将成为以后一段时间全市经济工作的行动指南。

为加快工业化进程，1996年秋，市委开始酝酿在浏永经济走廊创建工业园区，决定建立浏阳工业园，初步规划面积为12平方公里，并于12月成立浏阳工业园建设指挥部。1997年5月10日，浏阳工业园奠基。1998年，市委、市政府发出《关于成立工业园管理委员会的通知》，并撤销了原浏永经济开发区管理委员会。接着又设立了湖南浏阳工业园开发投资有限公司，注册资本2000万元。1998年12月，市委八届三次全体（扩大）会议提出举全市之力抓好工业园建设的要求，并从各级各部门抽调了一批行政人员和专业技术人员。1999年初，市政府投入1670万元全面启动园区建设。2000年12月，市委八届八次全会又指出，要以工业园建设为重点，加快经济结构调整。2001年9月，省计委批文将浏阳工业园更名为湖南浏阳生物医药园区。10月，浏阳生物医药园成为联合国工业发展组织在中国唯一的医药产业基地。2002年1月，长沙市人民政府把浏阳生物医药园确定为长沙市十大标志性工程。5月，国家科技部把浏阳生物医药园认定为国家火炬计划生物医药产业基地。到年底，园区基本建设投资2.7亿元，征地3500亩，建成11万伏变电站和日供水2万吨自来水厂，建成4.1万平方米的办公、商居商用房，建成高标准道路7.3公里。园区已引进45家企业，其中国家级实验室2家，总投资23.6亿元。园区与海内外15家著名大学、科研单位建立了密切联系，拥有国家级新药59种，涌现出斯奇康、威尔曼、九汇、泰尔等一批效益突出的企业。园区实现医药总产值5亿元，实现税收4560万元。2001年1月，在沿溪镇、三口乡规划23.7平方公里兴建浏阳花炮精品园，并于11月通过省级规划评审，2002年6月，省政府把花炮精品园区列入省级开发区，11月国家农业部把该园列入全国乡镇企业科技园区。2002年，园区企业完成总产值3.8亿元，实现税收1500万元。市委、市政府制定《浏阳市工业发展纲要》，2002年"一轴"（即以永安到大瑶高等级公路为轴线）、"两园"（即工业园和城区商贸园）、"四区"（即以大瑶、镇头、官渡、永安四个中心镇为支点）的工业布局轮廓展现出来。在此基础上，以工业园为中心，在洞阳、永安、北盛、蕉溪四个乡镇连片建成工业新区，规划面积40平方公里。

加快城镇化进程。1998年，市委、市政府组织对城镇基础配套设施建设市场化的课题进行调研，形成《经营城市：城镇建设发展的启动器》的调研报告，在当年召开的全国中小城市发展研讨会上受到好评。12月，市委召开八届三次全会，将城镇建设列为经济建设"五个重点突破"之一，决定实施三年内万户农民进城镇创业工程。1999年1月，市委、市政府发出《关于进一步加快小城镇建设若干问题的决定》，出台《关于万户农民进城镇若干政策的决定》。4月，市委书记、市长率队考察天津、大连城市建设后提出要建设具有"个性"的城市。同月，设立城市建设投资开发公司，五年内先后投资8000万元，改造人民路、新文路，扩改后出让土地2.1万平方米，回收资金略有节余。1999年，市政府先后发出《关于进一步加快住房建设的通知》《浏阳市已购公有住房上市交易管理实施细则》《1999

年深化城镇住房改革实施方案》。2000年7月，市委八届六次全会又作出《关于加快城镇建设的决定》，市委、市政府成立城市总体规划修编领导小组。2001年4月正式启动城市总体规划修编工作，到2002年底，总规修编获得通过。城市规模定位：到2010年城区26万人口，26平方公里；到2020年，城市人口35万人，34.7平方公里。城市结构定位："一水"（浏阳河）、"二心"（旧城区商贸中心和新城区行政中心）、"三山"（道吾山、西湖山、天马山）、"四轴"（浏东公路城区段发展轴、319和106国道环线发展轴、金沙路发展轴、行政中心景观轴）。按照新规划，城市建设主要是构建"三级中心"（主城区、中心镇、一般镇）、"四条轴线"的市域城镇体系。与此同时，以其为重点的小城镇规划全面编制到位，还编制了77个中心村建设规划。2001年，将城市管理办公室升格为城市管理局，与综合执法大队合署办公，城市管理逐步步入法制化轨道。到2001年，全市转移城镇创业的农民达12661户计51788人。2002年2月，市委经济工作会议再次发出《关于引导10万农民进城镇创业的意见》，促使全市城镇化率每年增长2个百分点。市委、市政府决定停止单位集资建房。2002年，全市房地产开发企业发展到27家，房产销售22.19万平方米，实现销售收入1.828亿元。据统计，全市城镇基础配套设施和房屋建设总投入26.05亿元，城镇面积新拓展22.5平方公里，其中主城区由10.8平方公里拓展至15平方公里；城镇人口发展到34万人，其中主城区15.5万人，城市化率25.8%；新增35个具有一定规模和品味的市场，解决1.8万人经营就业问题。浏阳先后被评为湖南省卫生城市、全国卫生先进城市、省级文明城市。永安镇被确定为全国小城镇建设试点镇；大瑶镇被确定为全国小城镇建设示范镇，并被评为全国村镇建设先进镇。

加快农业产业化进程。1997年2月，市委召开农村工作会议，确定农业"进百强、冠三湘"的战略目标。1998年2月，市委农村工作会议提出，要大力推进农业产业化，从根本上解决农业比较效益低的问题。1999年6月下旬，市委、市政府组织编成《浏阳农业现代化实践途径探索》的课题调研成果；12月市委八届五次全会通过《关于加快农业现代化建设步伐的决定》。2000年2月，市委成立农业现代化建设领导小组和专门的办事机构，重点发展优质稻、中药材、蔬菜、花卉苗木、油茶、楠竹、养殖7大主导产业。2001年，26位市级领导、36个市直单位参与帮扶，累计投资420万元。2002年1月，按照市委八届九次全会的决策思路，重点实施

1999 年，浏阳市人民路、新文路国有土地使用权第一轮拍卖出让会场景

“五四三二一”工程，即“五产业”（药菜果茶产业、花卉苗木油茶楠竹产业、黑山羊为特色的养殖产业、烤烟产业、农副产品加工业）、“四示范”（大瑶镇南山村、淳口镇鸭头村、沿溪镇沙龙村、官桥乡九龙村）、“三走廊”（浏永线、浏东线、浏西线特色产业走廊）、“两重点”（浏阳现代农业园、镇头农业现代化核心试验区）、“一竞赛”（全市每个乡镇确定一个村参加农业现代化竞赛），当年浏阳被列为全省农业现代化建设试点县（市）。1998 年 12 月，市政府发出《关于建设浏阳市高科技农业园的初步设想》。1999 年 5 月，市委、市政府成立现代农业园管理委员会，该园核心区选址涉及古港、沿溪、三口、永和等乡镇，规划面积 1 万余亩。12 月，市委八届五次全会对建设好农业园有关问题进行了研究，由市政府每年投入园区基础设施建设资金 300 万元，三年内完善好。2000 年 8 月和

2002年7月，省委书记、省人大常委会主任杨正午先后两次视察农业园。在推进农业产业化的进程中，全市逐步形成了粮菜烟花药羊六大产业基地。一是粮食基地：1999年规定乡镇每发展1万亩优质稻奖励5000元，共创建永安、北盛等17个重点基地乡镇。2002年，全市水稻播种面积105.63万亩，总产量45.5万吨，其中优质稻面积、产量均超过一半。二是蔬菜基地：2000年3月成立无公害蔬菜检测站，12月出台《浏阳市无公害蔬菜产销的若干规定》，以关口、古港、沿溪为重点建立基地3.3万亩。2001年浏阳被列入全省十大重点蔬菜基地。2002年种植面积21.18万亩，产值2.44亿元，蔬菜、素食菜加工企业发展到100多家。三是烤烟基地：1998年，浏阳被列为长沙卷烟厂优质主料烟重点生产基地，推出全省第一个优质烟叶“鹤源”品牌，获1999—2001年度“全国烟叶工作先进单位”，并相继被列入全国国际型烟叶开发基地、全国高香气烟叶开发基地、全国烤烟生产农业标准化建设示范基地。2002年，全市种烟乡镇19个、种烟户2.587万户，种烟面积11.88万亩，产量15625吨，产值1.28亿元。四是花木基地：建立森林病虫害检疫站，划定花木示范区，逐步形成以柏加、永和为中心的花木生产示范区，成为中南六省最大的花卉生产基地之一。2000年，柏加镇被定为全国花卉苗木示范基地。同时，浏阳先后被授予“中国红檵木之乡”“中国花卉苗木之乡”“全国造林绿化百佳县（市）”“中国油茶之乡”等称号。2001年5月，全省第一个高科技现代化种苗示范基地——省林木种苗示范基地落户洞阳镇，占地1200多亩。2002年，全市花木种植7.12万亩，产值4.55亿元。五是药材基地：2000年初市委农村工作会议后，制订了《浏阳市中药材产业发展规划》，到2002年，形成了山田、七宝山等16个中药材生产基地乡镇，全市种植6万亩，产值0.95亿元。六是黑山羊基地：1999年，浏阳黑山羊被列入国家农业部优质地方品种保持项目以及《中国畜禽引种指南》，建立了湖南省黑山羊原种场。2002年，全市黑山羊基地乡发展到18个，基地村121个，规模养殖户4300多户，饲养黑山羊84万头，出栏47万头；10家加工企业年产1000吨，产值0.4亿元。与此同时，成立市农业综合开发办公室，争取浏阳列入了国家农业综合开发项目区，争取资金3887万元，在北盛、官桥、镇头、古港等乡镇建设高标准农田9.2万亩，项目区调整结构面积达50%以上，农民收入明显增加。到2002年，全市农业经济作物与水稻的种植比例达到51.2:48.8，实现农林牧渔总产值31.4亿元，农民人均纯收入3545元。

雨润花红

淳化民风与公民道德建设

三口乡闭塞排外、环境不优，以前一直是党政领导的心病。一个广东老板的花炮厂刚刚建好，部分村民就开始割起“唐僧肉”来，致使这家企业不得不忍痛外迁。淳化民风活动在该乡试点后，优化环境服务企业的变化吸引了外地客商的目光。1999年8月，方来出口包装有限公司看中了三口，签订项目合同那天，村民们敲锣打鼓，排着长队欢迎投资方到来。之后短短两年多时间，又有8家年产值过千万元的企业在这里安家落户，沉寂多年的三口竖起了幢幢厂房，荒山野岭响起来隆隆机器声。[1]

浏阳市委自1996年发出《关于学习贯彻党的十四届六中全会决议，加强精神文明建设的意见》以来，坚持把精神文明建设纳入经济社会发展总体规划，列为党委和政府重要议事日程和党政干部目标责任制。1998年8月，市委召开八届二次全会，专题研究淳化民风问题，要求各级党组织把淳化民风、推进精神文明建设列为重要议事日程。全会提出，要严厉打击各种歪风邪气；充分发挥基层党组织的政治核心作用；开展文明村组、文明屋场、文明家庭的创建活动。尔后，市委成立淳化民风试点工作领导小组，并从市直机关抽调一批工作人员组成工作组，由市委负责人带队，于8月至11月到三口乡进行试点。12月市委召开八届三次全体（扩大）会议，推广试点经验，部署全市淳化民风活动。

1999年1月，市委召开全市淳化民风动员大会，并发出《关于在全市深入持久地开展淳化民风活动的通知》，对淳化民风提出七条要求：一是弘扬正气，形成积极向上的舆论氛围；二是治理“两乱”（乱建庙宇、乱建露天佛像）；三是以俭戒奢，革除大操大办的传统陋习；四是更新观念，破除狭隘落后的保守意识；五是遵纪守法，克服各种无政府主义行为；六是严禁赌博，开展健康有益的娱乐活动；七是加强教育，提高城乡社会道德水准。随后在全市各乡、镇、街道和市直单位全面开展淳化民风活动。为了把这一活动引向深入，市委成立理论讲师团，深入基层宣讲邓小平理论、“三个代表”重要思想、党的政策和国家法律法规。市委还举办“浏阳论坛”，就一些理论问题、信仰问题邀请专家授课。2000年8月，市委组织“浏阳市新世纪新农民报告会”，重点推介“中国十大杰出青年农民”张

[1] 郑文新：《文明催开富裕花——浏阳市开展淳化民风教育活动系列报道之三》，《长沙晚报》2001年10月31日，第A1版。

浩和浏阳四个科教致富典型，并将报告会摄制成光碟在全市组织播放学习。市委还组织编印《淳化民风教材》《市民教育读本》，分发到广大市民手中。

浏阳淳化民风得到社会广泛关注和上级的高度评价。1999 年 12 月，全省农村思想政治工作会议在浏阳召开，浏阳经验在此次会议上得到一致认可。省委宣传部转发《努力构建新时期农村社会主义道德规范——湖南省浏阳市开展以德治市、淳化民风教育活动的调查》，在全省广泛推介。同时中央宣传部《宣传工作》和《湖南日报》《长沙晚报》及各级电视传媒也都对此进行了重点宣传推介。

1999 年 7 月，市委成立处理“法轮功”问题领导小组，下设办公室。2001 年 1 月，市委决定处理“法轮功”问题领导小组办公室升格为正科级常设机构。到年底共举办各类“法轮功”人员教育转化学习班 75 期，参加学习的 861 人次。在党中央的领导下，“发动社会各界揭批‘法轮功’邪教歪理邪说，对被裹胁蒙蔽的人员进行教育转化，维护了社会政治稳定”[1]，浏阳被评为全国同“法轮功”邪教组织斗争先进集体。

与此同时，市委还组织学习《浏阳英雄儿女传》，号召党员干部做新时期的英雄儿女；拍摄反映浏阳百年历史的专题片《浏阳之歌》，作为电教片发至基层党支部，倡导发扬自强不息、敢为人先的浏阳精神；开展建党八十周年“党在我心中”系列演讲征文活动，组织学习《中国共产党简史》和“共产党好”党史知识竞赛，从而使广大干部群众加深了对党的历史的了解。

2001 年 10 月，中央发出《公民道德建设实施纲要》。市委组织学习，并强调要把加强社会主义思想道德建设作为发展先进文化的重要内容和中心环节来抓，要求全市上下认真抓好《纲要》的宣传和贯彻。随后，各级兴起学习宣传《纲要》的热潮。2002 年 5 月，在创建全国文明城市动员大会上，市委一再提出要认真学习贯彻《纲要》，继续深入开展淳化民风教育活动，不断提高市民道德水准和文明素质。各乡、镇、街道和市直各单位认真做好挂图宣传，使这一形象直观、通俗易懂的大众化宣传深入到广大群众。《浏阳日报》开设“公民道德建设大家谈”专栏，推介道德建设正反典型；浏阳电视台创办“奏响道德新曲”等栏目，积极弘扬道德新风。同时，全市还分别开展社区党员志愿者、读书会、“争做文明市民、爱护美好家园”“中华诗词走进校园”等活动，以及由市关心下一代工作委员会牵头组织的《纲要》知识抢答赛、“十佳小公民”评选等系列活动。各

①《中国共产党简史》编写组：《中国共产党简史》，人民出版社、中共党史出版社，2021 年，第 313 页。

方配合，形成了加强精神文明建设的强大合力。

到2002年底，全市共评选出文明单位152个，文明乡镇2个，文明村64个。55个单位被评为长沙市文明建设先进单位，4个单位被评为长沙市文明建设标兵单位，4个单位被评为湖南省文明建设先进单位，其中洞阳镇龙洞村、淳口镇南冲村获“全国创建文明村镇先进单位”称号。

崭露头角

“浏阳现象”的形成和发展

和许多老区一样，浏阳这块英雄的土地抱守着封闭和贫困，沉寂了近半个世纪。20世纪90年代，当市场经济浪潮席卷而来时，敢为人先的浏阳人民终于在沉默中爆发。他们以惊人的创造力，造就了区域经济发展中令人瞩目的“浏阳现象”：特色产业傲视群雄，城市化进程独步三湘，财政收入、外贸出口连续多年雄居全省县（市）之首，40多项工作跻身全国先进行列……一个1994年还戴着“国家级贫困县”帽子的山区市，为何短短七八年间，经济规模、实力一跃进入湖南省县（市）前茅？初夏时节，穿行于这块热土，探寻“浏阳现象”的奥秘，终于找到了答案：开放的浏阳人初步学会了用市场法则解读自身经济，用市场经济规律驾驭区域经济快速发展。一言以蔽之：市场作主！[①]

贯彻党的十五大精神以来，浏阳改革开放和建设又开创出新局面。到2002年，全市综合实力接近全国百强，在全省先进行列排位第二。湖南省委、长沙市委对浏阳的发展一再予以肯定和鼓励，省委领导人把浏阳的发展称之为“浏阳现象”。在中央和外地工作的浏阳籍领导干部、专家学者及其家属对家乡的快速发展也都倍感高兴。时任国务委员的彭珮云、老将军黎东汉以及胡耀邦、王震、王首道、李志民、张藩、何志远、曾涤、张凯的家属子女也先后回到浏阳，目睹家乡的变化，无不感到欣慰。

2002年，《湖南日报》、《经济日报》、湖南人民广播电台、湖南卫视、湖南电视台经济频道、湖南电视台都市频道、《长沙晚报》等14家新闻媒体，都纷纷深入浏阳城乡，采访城市建设、传统产业改造提升、高新技术产业发展、农业结构调整等情况，作了专题报道。7至8月，《湖南日报》发表了《市场作主——区域经济“浏阳现象”解读（上）》《弘扬特色——区域经济“浏阳现象”解读（下）》，《长沙晚报》以解读“浏阳现象”专栏发表《好一个浏阳奇迹——县域经济看浏阳之一》《解读“浏阳现象”——县域经济看浏阳之二》《浏河潮当先——县域经济看浏阳之三》，《经济日报》发表《高新科技兴浏阳》，对“浏阳现象”进行了广泛的宣传和深入的探讨。

随着“浏阳现象”的形成和发展，全市国民经济保持快速增长的好势

① 刘凌、陶小爱、苏柏松、李斌、刘建新：《市场作主——区域经济“浏阳现象”解读（上）》，《湖南日报》2002年7月4日，第A1版。

头。2002 年与 1997 年比，国内生产总值增长 65.8%，财政收入增长 76%，社会消费品零售总额增长 88.4%，城乡居民储蓄余额增长 89.4%，农民人均纯收入增加 1103 元。其他社会事业都取得新的进步。计划生育工作迈入全省模范县（市）行列。教育通过改革，在普及九年义务教育的同时，增办高中班，先后投入资金 3.2 亿元，新、扩建校舍 30 余万平方米。香港著名实业家田家炳先生 1997 年捐资 400 万元，加上市内投资，共投入 1800 万元，在关口街道罗陂坝建成占地 15.3 公顷、建筑面积 6 万平方米的田家炳实验中学，1998 年投入使用。至 2001 年，全市普通高中在校学生人数由 1997 年的 8874 人增加到 18428 人，提前一年实现“翻番”。原龙伏职业中学于 1988 年 5 月收归县管，命名为浏阳县第一职业中学，1995 年更名为浏阳市职业中专。原十二中 1993 年更名为浏阳市工业交通学校，为职业高中，1998 年并入浏阳市职业中专。社会办学发展到 52 所，职业高中（中专）在校学生 1.5 万多名，浏阳外国语学院发展到 19 个班 1000 名学生。文化设施建设有所加强，投资 245 万元的市图书阅览大楼建成开放，群众性文化活动十分活跃，全民体育健身运动在城乡普及开来，浏阳保持着“全国文化先进县（市）”“全国体育先进县（市）”的称号。广播电视实现村村通，投资 3000 多万元的广电中心即将建成。同时，以离退休人员为主体的各类协会也十分活跃，为推动社会进步发挥着积极作用。全市社会大局稳定，齐心协力促发展的氛围已经形成。

在成绩面前，市委对照先进找差距，清醒地看到浏阳的综合实力尚未达到“进百强、冠三湘”的预期要求，特别是经济总量的人均值仍然不高。同时也看到，经济实力之所以未能达到“进百强”的标准，是因为工业基础薄弱，仍靠传统的花炮产业支撑，高新技术产业虽已起步，但还是一条短腿，以致经济发展的后劲不足。为谋求新的发展大计，市委、市政府本着拜师求教的精神，先后邀请全省知名企业家浏阳行、知名台商浏阳行、院士专家浏阳行，虚心听取他们的意见和建议。在此期间，还成功举办了第五届中国浏阳国际花炮节、第二届中国特产文化节、首届国际烟花合作与贸易大会等大型节会活动。这对全面提升浏阳整体形象和对外开放水平都有重大的意义。

党风廉政建设是一项长期的任务。浏阳早在 1990 年代初就是全省最早实行政务公开的试点县（市）之一。1999 年，市纪委、市委组织部、市监察局、市人事局联合下发了《关于实行政务公开工作的有关规定》，在全省率先建成一个总面积890平方米的政务公开中心，共设置3大类15个服务窗口。2001年又新增市长公开热线受理处、信访接待处、财务公开管理处3个窗口。中心成立以来，共组织政府采购、产权交易、人才招聘、大中专毕业生供需见面会、出租车经营权拍卖等大型活动599起（次），成交金额4.54亿元，为国家节约资金和增值创效47123万元，引进各类人才500多名，共受理市民投诉咨询5781人次，全部落实答复。同时，全市1047个村（居委会）普遍推行了村务公开，15个市直中学和40个中小学联校也推行了校务公开。2001年11月，15个省市参加的全国政务公开工作会议在浏阳召开。2002年1月，市纪委、监察局被中纪委、监察部评为全国纪检监察系统先进集体。

1996年起实行对领导干部和国家公务员进行年度考核工作。在第一年考核中，11名公务员被辞退，18名领导干部就地免职，154名公务员被确定为不称职。到2002年，全市共有208人因政绩平庸被就地免职或降职使用，53人因连续两年考核不称职被辞退。1997年，在先后向社会招聘21名干部的基础上，又面向社会公开招聘40名乡镇长助理和10名企业经营管理者。市委率先在全国县市中实行科局级领导干部任职资格认证制，2001年8月，229名从1280名参考人员中脱颖而出，取得资格证书，其中69人在乡镇班子换届中被提拔。2002年9月，第二次认证考试有80名青年干部获证，其中28名在2003年的干部调整中得到提拔。1999年6月，来自全国35所高等院校的1000余名毕业生和本市的120多名民营企业主，参加了浏阳市首届“相约浏阳河”人才供需洽谈会，其中126名大学本科生、研究生被68家企业聘用。

1999年9月，市委按照省委部署，集中一个月时间在乡、镇、街道干部中开展了“四个观念”（政治组织观念、群众观念、政策法制观念、勤政廉政观念）教育工作。2000年4月，又继续进行了该项教育的“回头看”活动。2000年3月初到4月底，在市委、市人大、市政府、市政协以及市纪委、市委组织部、宣传部、市人民法院、人民检察院、公安局等单位领导班子及成员中开展了以“三讲”（讲学习、讲政治、讲正气）为主要内容的党性党风教育。2001年2月至2002年3月，全市分三批在市直部门、乡镇街道、村级领导班子和干部队伍中开展了“三个代表”的学习教育活动，富有成效，其中2001年3月，全市从市直机关抽调1031名干部，加上乡镇干部5445名，下村入户广泛听取群众意见，为群众排忧解难，达到了“听民声、察民情、解民忧、集民智、帮民富”的目标。2002年6月，全国农村“三个代表”学教活动联席会议领导小组和中组部联合授予浏阳市“全国农村‘三个代表’重要思想学习教育活动先进集体”的称号。

2002年10月25日至28日，中国共产党浏阳市第九次代表大会在城区召开，出席代表409名，代表全市52664名党员。大会提出了今后五年全市工作的指导思想和奋斗目标：以邓小平理论和“三个代表”重要思想为指导，全面贯彻党的十六大精神，紧紧围绕实现浏阳跨越式发展目标，全力实施开放带动、交通先行、三足鼎立（烟花鞭炮、医药食品、商贸旅游——编者注）、人气东聚的发展战略，大力推进工业化、城镇化、农业产业化进程，力争用五年乃至更长一些时间把浏阳建设成为富裕的经济强市、秀美的山水名市、文明的现代都市、安全的法治城市。在市委第一次全会上选举产生常委会，李亿龙当选为书记，赵建强、贺国谦、黎石秋、梁粮、黎建、郑耀频当选为副书记。在浏阳市第十四届人民代表大会第一次会议和政协浏阳市第七届委员会第一次会议上，张贤近当选为市人大常委会主任，赵建强当选为市人民政府市长，李中琪当选为市政协主席。

第六章

乘风破浪

全面建设小康社会和推动经济社会科学发展时期的浏阳

（2002年11月—2012年11月）

“百里花木长廊”

农业结构调整稳步发展

浏阳市为了把花木产业做优、做强、做大，使其成为富民强市的绿色产业，决定从2002年起，用3至5年的时间建设一条“百里花木长廊”。该工程主要分浏永、浏东、浏西三个部分，即319——集里盆景花卉区、关口——永和彩色苗木盆景区、柏加——跃龙绿化苗木区。为确保该工程顺利进行，浏阳市在年初便制定工作方案，坚持“扩大规模、提升质量、开拓市场、丰富品种、增加亮点、打造品牌”的总体工作思路，注重以经济效益为中心的综合效益，走品牌带动产业发展之路。工程实施后，预计2002年全市花木种植面积将突破10万亩，浏阳市将真正成为集观赏、旅游、科教于一体的长株潭的“后花园”。[1]

[1]《浏阳市开始筹建“百里花木长廊”工程》，中共浏阳市委办公室：《浏阳信息》第124期，2002年11月4日。

九曲浏阳河从美丽的柏加镇穿境而过

2002年11月8日至14日，中国共产党第十六次全国代表大会在北京举行。大会的主题是：高举邓小平理论伟大旗帜，全面贯彻“三个代表”重要思想，继往开来，与时俱进，全面建设小康社会，加快推进社会主义现代化，为开创中国特色社会主义事业新局面而奋斗。市委组织中心组成员通读、精读十六大报告，抓住“三个代表”重要思想这个灵魂，围绕“全面建设小康社会”这个主题，把握“解放思想、实事求是、与时俱进”这个精髓，深刻领会十六大的重大历史意义和现实意义。随后，各乡、镇、街道和市直单位均组织宣讲和学习活动，把十六大精神贯彻到基层。全市分正科级领导干部和宣传委员两个层次举办十六大精神专题学习研讨班。为加快浏阳发展，市委组织制定《浏阳市全面建设小康社会规划纲要》，决心进一步从源头上切实解决党风党纪方面存在的突出问题，团结和带领全市人民为全面建设小康社会而共同奋斗。

2002年4月全面启动农村税费改革以来，原定分三年逐步取消农业税的目标，由于部分省、市提前取消农业税，2005年1月，长沙市率先在全省全面取消农业税，随之浏阳也同时取消对农业税的征收。从此，农民种田不再要完税，种田“纳粮”成为历史。随着国家对农业政策的不断调整完善，并不断加强对农业的投入，不单是取消了农业税的征收，而且从2001年起，开始由国家财政发放涉农补贴，换句话说，就是农民种田不仅不要纳粮，还可领取由国家发放的种田补贴。

2005年4月，为加快农村综合改革步伐，长沙市委、市政府召开深化农村税费配套改革工作会议，探索建立取消农业税后农村公益事业投入新机制，这标志全市农村税费改革进入新阶段。一是农村土地制度改革。在稳定完善土地承包制度的基础上，逐步探索土地承包权流转。2003年，按照长沙市政府《关于认真做好农村土地承包权流转使用工作的意见》（长政发〔2003〕49号），浏阳市农村土地流转工作进一步规范。永安镇于2003年7月成立长沙第一个土地流转服务中心，引进农业项目90个，促成15300亩土地向种田大户集中流转，5000多农民从土地中解放出来。2004年浏阳市镇头镇金田村率先实行“股田制”，全村178户村民共300亩土地委托村委会与浏阳天泉草业开发有限公司签订土地承包经营合同。[1]至2008年，全市土地流转总面积达95.7万亩，其中耕地31万亩，促成了一批农业公司、合作组织和经营大户的产生。2010年10月，浏阳等16个林改典型县在全国集体林权制度改革百县经验交流会上发言，浏阳介绍了自2007年

①谭仲池主编、长沙市人民政府研究室编著：《长沙通史（当代卷）》，湖南人民出版社，2015年版，第730页。

5月在全省率先启动改革以来，已积极探索出林权证抵押贷款、森林保险、林业产权交易等后续配套措施，有效破解了制约山区林业发展的瓶颈，带来了显著的生态效益和经济效益。二是粮食流通体制改革。2004年长沙市率先在全省全面放开粮食收购和销售市场，实行购销多元化、多渠道经营，激活长沙粮食行业，调动农民种粮积极性。同年，中共中央、国务院《关于促进农民增加收入若干政策的意见》正式公布，国家开始对粮食直接补贴和良种补贴，此后又增加了农机具购置补贴。浏阳市近几年由国家财政发放的涉农补贴的种类有：从2001年始发放的森林生态效益补贴5元每亩，每年补助约495万元；2002年始发放的退耕还林补贴210元每亩，每年补助约530万元；2004年始发放的水稻粮种补贴：早稻10元每亩、中稻15元每亩、晚稻7元每亩，当年补助约1120万元，2008年起晚稻提高到15元每亩；同年始发放的粮食直补11元每亩，每年补助约794万元；2006年始发放的综合直补14.1元每亩，每年补助约1072万元。2009年粮食直补、良种补贴、农资综合补贴三项可达120元每亩，较2008年109元每亩增长12%。至2008年底，全市共发放粮食直补、良种补贴、农资综合补贴等31项涉农补贴，当年发放金额达1.46亿元，为农民增收奠定了坚实的基础[1]。

市委、市政府将农业结构调整放在发展农村经济的首位，以科技含量高、市场潜力大、经济效益好的农产品为重点，把优势农业产业调优、调特、调强、调大，实现了种植业粮食一元经济结构向烟、花、菜、药多元经济结构，养殖业生猪一元经济结构向羊、禽、牛、兔多元经济结构，林业原竹木一元经济结构向森林旅游、竹木加工、水资源开发多元经济结构的“三大转变”。2003年农业产业化和农业结构调整的指导思想是：以农业现代化建设为总揽，以创造特色、打造品牌、提质增效、农民增收为目的，以提高优质农产品率为手段，推动全市农业经济由数量型向质量型、分散型向集约型、农业型向企业型、生产型向经营性、内向型向外向型的跨越，努力提升农业产业化水平，提高全市农业整体发展水平和综合竞争能力。目标是优质农产品率达60%以上，农产品加工企业产值增加5000万元以上，粮经比例达到4.5：5.5。为此，全市立足调优结构，做大做强十大特色产业，即粮食、蔬菜、药材、瓜果、茶叶、苎麻、花卉苗木、油茶楠竹、烤烟、养殖；重点建设三条特色产业带，即柏加—枨冲的浏西花木彩色产业带、北区以烤烟为主的金色产业带、东区以蔬菜食用菌为主的绿色产业带；建设十二大特色产业示范基地，即烤烟基地、蔬菜金橘基地、中药材黄姜基地、苎麻

① 徐斌森：《从种田纳粮到国家补农》，政协浏阳市第八届委员会编：《浏阳文史》，2012年，第159页。

基地、楠竹基地、油茶基地、花木基地、黑山羊基地、肉鸡基地、奶牛基地、黑羽家禽基地、优质鱼基地。

市委、市政府在农业产业化经营中，尝试运用公司化模式集中土地经营权，探索土地有序流转。2004 年 4 月 21 日，由浏阳市烟草公司、淳口镇鸭头村村民委员会、湖南省烟草公司和湖南中烟工业公司四方合股经营的“浏阳市金叶农业开发有限责任公司”在鸭头村成立，422 户农民从此成了公司旗下的股东，在烟叶产业化运作中成为了按月领薪的产业工人。鸭头村以全村 1135 亩宜烟田 5 年土地使用权评估作价入股投入公司运营。2009 年，全市种植烤烟 8 万亩，收购烟叶 22.34 万担，上中等烟叶比例达 92%，居全省 25 个种植烤烟县市前列。

2005 年 4 月 7 日，市委、市政府在上海举办湖南浏阳河花木产业带推介会暨签约仪式，市委副书记、市长赵建强向与会嘉宾推介浏阳花木。浏阳河沿岸花木生产蓬勃发展，种植面积已达 11.8 万亩，占长沙市的 70%，花木产值达 6.8 亿元；同时涌现了一批经营面积达数百亩、年产值数百万甚至上千万的花木专业大户。浏阳已成为红檵木的中心产区，樟树、杜英、广玉兰、铁树等主要品种，畅销国内 27 个省市自治区，部分产品打入日本、韩国乃至欧美等国际市场。浏阳组织 27 家花卉企业参加了此次在上海举办的第七届中国国际花卉园艺展览，浏阳市林业局及浏阳市绿化工程有限公司、浏阳河花木集团公司等与上海企事业单位签订销售合同 3.03 亿元，浏阳花木备受青睐。9 月 12 日，市委、市政府在大围山镇召开绿色水果产业发展现场办公会，决定成立市绿色水果开发领导小组，设立水果产业发展专项资金，提升和完善产业规划，做好品种布局、技术培训、市场开拓等工作，结合旅游产业开发，做大做强绿色水果产业。

2005 年，浏阳被列为全国“三电合一”农业信息服务首批试点县（市），利用电脑、电视、电话的有机结合，着手实施“信息入户”工程，全市实现农业总产值 45.11 亿元。2006 年以来，用“示范引路、全面推进”的思路发展无公害农业，建立 29 个示范村。2007 年，浏阳有农机合作社 10 家，农机总动力达 93.96 万千瓦，农机服务总产值达 10.26 亿元。2008 年，启动浏阳河百里新农村示范走廊建设，加快农业科技产业园和柏加、大瑶、永安 3 个新农村示范片以及 35 个新农村示范村的建设，有序推进集体林权制度改革和土地流转，继续扶持烤烟、花木、蔬菜、水果等优势产业带。拥有浏阳市穗泉农牧实业公司、浏阳市高坪养殖科技专业合作社两家企业的宣桔仁获得“全国十大农民女状元”称号。2009年，抓住新农村建设主线，架起银信部门与农户、农产品加工龙头企业与新型农民专业合作社组织桥梁，突出抓好土地流转、农民专业合作组织、农民培训工作。2010年，大力发展粮食生产，全面遏制耕地抛荒，全市农作物播种面积16.02万公顷，其中水稻7.43万公顷，实现农业总产值80.06亿元，大旱之年实现农业增效农民增收。4月，浏阳首批49个农民专业合作社成立联合社，涉及蔬菜、水果、粮油、竹木、茶叶、养殖等多个专业，有社员1.78万户，固定资产3.98亿元，年产值达10亿元。到2012年，全市农业总产值108.44亿元，其中农业、林业、牧业、渔业分别为58.89亿元、11.96亿元、31.75亿元、3.18亿元，农林牧渔服务业2.66亿元；全市粮食总产量55.14万吨，蔬菜总产量111.03万吨；年内采伐木材15.36万立方米，产油茶籽5.6万吨；年内生猪出栏197.55万头，山羊出栏68.12万只；水产品总产量2.27万吨，其中鲜鱼2.11万吨。至2012年，浏阳先后获评“全国生态农业建设先进市”“国家烟叶标准化生产示范县市”“国家农业标准化示范区”“全国粮食生产先进县（市）”“全国农产品检验检测体系建设示范县（市）”“全国平安农机示范县（市）”“全国高标准基本农田建设示范县（市）”“全国机械化育插秧示范县（市）”。

2006年全市完成国内生产总值206.94亿元，财政总收入18.11亿元，三次产业结构比为14.45∶59.86∶25.69；当年，浏阳首次进入全国百强县，位列第92位。至2012年，全市实现国内生产总值811.13亿元、工农业总产值1565.28亿元、人均国内生产总值63121元，三次产业结构比为8.8∶70.9∶20.3，完成财政总收入55.31亿元，居全国百强县第60位。

富贵花开

新农村建设前景广阔

1991年的冰冻，将村里600多亩橘树冻死了，村民们把橘树砍了，都来种花木。为了推销花卉苗木，他们组建了300多人的花木经纪人队伍，足迹遍布上海、广东、江苏、浙江、湖北等地，在全国各地设立窗口和示范基地50多个。2004年，柏加镇渡头村以信息化带动产业化，全村100多户人家安装了宽带网，村民们足不出户就可进行花木交易。2005年，全村花卉苗木销售额达6000多万元，村民人均纯收入9600元，村民家产100万元以上的300多户，50万元左右的在村里只能算中等水平。[①]

2006年3月15日，湖南省委常委、长沙市委书记梅克保到浏阳调研新农村建设等工作，实地察看了新农村建设示范村镇头镇金田村和柏加镇渡头村，指出新农村建设的核心和本质是加速发展农村经济，不断提高农民收入水平；要结合本地实际，创造有特色的路子，一是产业要有特色，二是发展要有特色，三是村容村貌整治要有特色，四是自主创新要有特色。[②]8月19日，梅克保再次来到渡头村调研，指出渡头村要率先在全市高标准建设社会主义新农村。各示范村要突出发展新产业、建设新村镇、培养新农民、倡导新风尚、建立新机制，通过几年的努力使村容村貌有实实在在的变化，农民素质有实实在在的提高，农民收入有实实在在的增加。[③]

沿溪镇沙龙村早在2001年就高起点制定村庄规划，科学合理地设置住宅区、工业区、种植区和养殖区，全村90%的耕地实现了田成方、渠成网、路相通。5年来，沙龙村共拓宽道路26公里，修建标准水渠41公里，电话用户达1069户，宽带网接入921户，规划有旺龙、蝴蝶、南海三个农民别墅区共计18万平方米360栋，现已完善水、电、通讯等配套设施，30户农家入住蝴蝶花园。在村支书谭应梅的带领下，当年“无资源优势、无区位优势、无人缘优势”的“三无村”，如今已成为湖南省全面小康建设示范村，村民人均年收入从10年前的1000余元提高到2005年的5480元。2006年1月，他从北京领回“全国农村基层干部十大新闻人物”的奖牌。[④]

2001年，大瑶镇南山村这个只有1800多人口的小山村实现工农业总产值7000万元，创税收310万元，发放社会工资560万元，村民平均可支配收入达到5000元，2002年有望突破7000元，成为令人羡慕的富裕村。仅

① 柳德新：《渡头：富贵花开的奥秘》，《湖南日报》2006年2月27日。

② 程放军、苏毅：《突出特色，发展产业》，《长沙晚报》2006年3月16日。

③ 程放军：《高标准建设渡头新农村》，《长沙晚报》2006年8月21日。

④ 龙钢跃、彭红丹、苏毅：《实话实说谭应梅》，《长沙晚报》2006年3月23日。

沿溪镇沙龙村新貌

仅在5年前，这里还是有名的贫困村，村民人均纯收入不到2000元。1998年4月，大瑶镇出口花炮厂厂长王在成被推上村党支部书记的岗位。支村两委一班人召集全村40多名党员干部开会，紧紧围绕“使党员受到教育、让群众得到实惠”这一主题，响亮提出了“兴村富民”的口号。共产党员带头集资，使村上瘫痪了6年的厂子起死回生。新建银粉厂，当年就实现产值320万元。如今全村建起23家企业，本村1200人成了“上班一族”，还吸引外来务工者500余人。近年来，全村投入300多万元进行道路、水渠等基础设施建设，并正在筹建高标准的农民公园。如今走进南山村，现代化新农村雏形初现，村里公共设施健全，居住环境优美，村民生活质量显著提高，再也看不到打牌赌博的现象了。[1]

2004年，沙市镇东门村村级负债约30万元，村集体经济收入基本为零。2007年，支村两委大胆决策，确定以发展乡村旅游和休闲农业为抓手壮大集体经济的发展思路，先后启动了月亮湖、休闲广场、蒿山生态休闲农庄等项目建设，并完善了道路等基础设施。2009年，该村党员“众筹”建设蒿山农庄、餐饮中心，次年村集体经济收入实现零的突破。后来又投资1200余万元建设环山游道、博物馆、工匠坊、四合院、乡村大餐厅等一

① 郑文新:《潮涌南山》,《长沙晚报》2002年10月6日。

批设施。现在村级集体经济收入达到120万元，拥有集体总资产2700余万元。

市委、市政府扎实推进新农村建设，2004年5月，全省农村全面小康示范村现场启动会在浏阳召开，按照“一年初见成效，三年初具雏形，五年基本小康”的要求，柏加镇渡头村、淳口镇鸭头村、大瑶镇南山村和汇丰社区、沿溪镇沙龙村、洞阳镇龙洞村、官桥镇八角亭村、镇头镇金田村等10个村（社区）被确定为全省农村全面小康示范村，数量居全省之首。

2007年，市委、市政府将新农村建设工作作为全市经济工作的主要议题，多次召开专题会议进行研究部署。明确24位市级领导联系示范村，全年投入财政资金达1.47亿元。29个示范村硬化道路106.2千米，修建标准水渠150多千米，整修山塘216口，农电整改1.8万户。2800户整修旧房9240间、28万平方米，1200多户新建住房7500间、20多万平方米。设立垃圾收集点（站）1500多处，有垃圾清运员348人。有各类工业企业300多家，实现产值18亿元，上交税收8000多万元。柏加镇、大瑶镇、永安镇三大示范片（区），均已完成初步规划，柏加镇已被列入省级示范区。整合浏阳河资源，3月26日启动浏阳河百里新农村示范走廊建设。

2008年至2012年全市共开发整理土地12.9万亩，新建、改建输变电站350千伏2座、110千伏3座，完成345个行政村农网升级改造工程，获评全国新农村电气化县（市）。大力实施“全民绿化三年行动”，创国家级生态镇2个，国家级生态村7个。持续开展城乡环境综合整治行动，三口、葛家垃圾处置模式得到国家部委肯定，大瑶城乡一体化建设经验得到中央媒介推介，浏阳先后获评全国绿色小康县（市）、全国可再生能源建筑应用示范县（市）、湖南省2007年度和2008年度经济强县市。

2012年，7个省挂牌示范村基础设施建设共投入1799万元，5个长沙市城乡一体化重点镇共投入2.69亿元，城乡面貌继续得到有效改善。全市农民人均纯收入15719元，农民人均可支配收入15301元，农民人均生活消费支出10784元，农村人民生活条件日益得到改善，生活质量不断提高。

“扶优扶强”

兴工强市战略的实施

刘学文是土生土长的柏加镇双源村人，1979 年高中毕业后，就做起了木工。1989 年，刘学文进了当时的柏加乡基建队，成为一名普通的建筑工。后来基建队改制，和当地几个朋友成立了湖南柏加建筑园林公司。十年间，公司从举债起步发展壮大为近 4 亿元产值的规模化公司，刘学文也通过不断学习实践，成为企业技术人才。2008 年，刘学文荣获“全国优秀农民工”称号，受到国家领导人接见，同年还获得“全国建筑企业优秀项目经理”荣誉。2009 年 10 月 1 日，刘学文作为湖南省唯一一位农民工代表，参加了国庆 60 周年天安门观礼和联欢晚会。游行的彩车一一经过，刘学文心里感慨万千。他暗暗对自己说，回到工作岗位后，要将爱国之情转化为工作热情，继续为城市园林绿化添锦绣，用公司业绩证明农民工是推动改革开放不断前进的主力军。回家后刘学文一直把当时留下的珍贵摄影和两张党中央、国务院的请柬、3 枚纪念章细心地保存了下来，因为它记录了他人生中最美好的一天，见证着党和国家对全国十亿农民的关怀与尊重。到 2010 年，刘学文又被上级评定为“湖南省劳动模范”。组织上给了刘学文太多的荣誉，他知道肩上的责任更重了，唯有努力拼搏和奉献，才能不断创造人生的美丽。[1]

湖南省进京参加国庆 60 周年观礼活动的代表合影，其中有浏阳市的“全国优秀农民工”刘学文（左 1）

① 刘学文：《难忘的观礼》，政协浏阳市第八届委员会编：《浏阳文史》，2012 年，第 232 页。

早在2000年底，浏阳就由市经委制订了《浏阳市工业经济中长期发展战略研究报告》。该报告共分为浏阳工业经济发展的基础和环境、浏阳工业经济发展的目标和方向、浏阳工业经济发展的战略思想和措施三个部分。报告认为浏阳有地域优势、文化优势、资源优势、产业优势、交通优势、劳力优势、开放优势，但也存在改制问题、规模问题、就业问题、人才问题、技术问题、信息问题、规划问题。报告规划全市一、二、三产业比2010年为12∶48∶40，2020年为10∶45∶45；工业产值发展速度按年均增长12%，2010年达282亿元、预测可达577.65亿元，2020年达876亿元、预测可达4059.71亿元；发展的主要产业有鞭炮烟花、生物医药、电力供应、电子信息、建筑建材、纺织服装、食品加工、复合肥料、造纸印刷、化工原料、交通运输等，近中期投资100万元以上的主要项目有109项、总投资40.88亿元。浏阳工业主要向三个方向发展：传统工业、地方工业、高新工业。全市工业经济发展的思路是：完善市场经济，抓好机制创新；抓紧科技进步，加快技术创新；吸收科技人才，建立浏阳网站；加强基础建设，发展高新产业；优化投资环境，积极招商引资；培植上市公司，经济管理创新；立足持续发展，传统产业创新；转变行政职能，实行服务创新。报告提出如下措施：弘扬传统工业，提升花炮产业；建好工业园区，加快医药发展；扶持农副产业，发展食品加工；抓住世贸机遇，重振纺织服装；调整产业结构，发展建筑建材；科学开发矿产，充分利用资源。

继成功举办“百名人才兴企业”活动、第八届“相约浏阳河”人才供需见面会以后，2003年5月25日，浏阳又举行一场专门为机关干部准备的“走出机关兴企业”人才招聘会，70多家规模企业张榜纳贤，共有135名机关干部基本敲定弃官从商，成为当年爆炸性新闻。为全面实施“兴工强市”战略，2004年4月27日，市委、市政府发出《关于实施兴工强市加快工业发展的决定》，就进一步理顺兴工强市的发展思路、加快工业结构调整步伐、拓宽工业融资渠道、加快工业基地建设、提高工业整体素质、提高行政服务水平等方面，作出23条规定，对加快工业化进程、促进全市经济快速健康发展、增强综合实力、实现强市富民目标，起到了很大的推动作用。

2005年，全市投资在3000万元以上、列入长沙市重大建设项目的企业达38家，年产值上亿元的重点规模企业由2004年的8家增至18家，有浏阳市建辉纺织有限公司、湖南神力实业有限公司、浏阳市有机化工有限公司、长沙丰日电气集团有限公司、湖南浏阳金生花炮有限公司5家企业列入

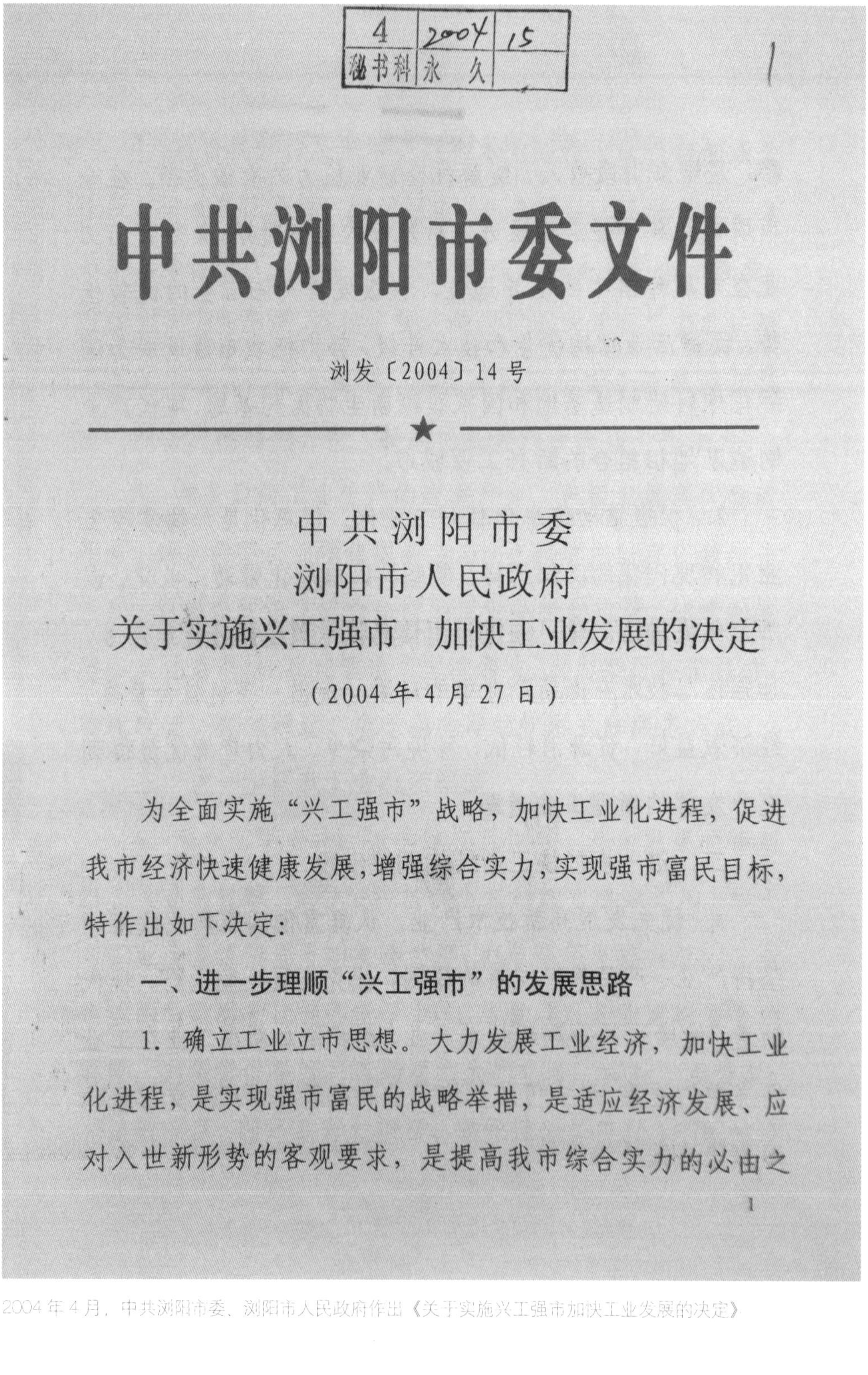

4	2004	15
秘书科	永 久	

1

中共浏阳市委文件

浏发〔2004〕14号

★

中共浏阳市委
浏阳市人民政府
关于实施兴工强市　加快工业发展的决定

（2004年4月27日）

为全面实施“兴工强市”战略，加快工业化进程，促进我市经济快速健康发展，增强综合实力，实现强市富民目标，特作出如下决定：

一、进一步理顺“兴工强市”的发展思路

1. 确立工业立市思想。大力发展工业经济，加快工业化进程，是实现强市富民的战略举措，是适应经济发展、应对入世新形势的客观要求，是提高我市综合实力的必由之

1

2004年4月，中共浏阳市委、浏阳市人民政府作出《关于实施兴工强市加快工业发展的决定》

2005年长沙市“小巨人”企业。4月起，市委、市政府对全市370多家规模企业分为生物医药、花炮、化工、机械、包装印刷、煤矿、竹木及食品加工等行业，划分责任予以重点帮扶，对企业的生产经营情况及困难和问题进行调查分析，确定帮扶措施。5月23日，召开浏阳市重点建设项目及亿元企业调度会，协调解决企业生产、技改中的困难和问题。对投资13.6亿元的浙江兆山新星集团浏阳水泥等重大建设项目，市委主要领导亲自主持召开现场办公会，对后期需要解决的问题进行研究，并督促落实。6月份，对投资在3000万元以上的38家企业实行由市级领导挂点制度，组织“小巨人”企业参加长沙市纪委召开的银企洽谈会和研讨会，与工商银行等多家金融单位签订意向融资协议，向长沙市经委争取扶持资金200万元。2007年1月，长沙市人民政府办公厅公布的长沙市2007年度50户小巨人企业名单中，浏阳企业增至10多家，是一批具有较好发展前景、较快成长速度、较强竞争优势的企业，通过重点引导、扶持和服务，在全市中小企业中起到了示范带动作用。

2000年前后，随着三大毛巾纺织厂的陆续建成，镇头镇开始进入纺织工业发展的辉煌时期。2007年，镇头镇决心建设纺织园区，锻造一条完整的纺织产业链。次年，全球金融风暴来袭，老式纺织企业在这场风暴中逐渐没落，建设纺织城的计划也由此搁浅。痛定思痛后，该镇决心在原址建设一个环保型综合园区。2008年毛塘岭上的荒山被开垦成平地，随后浏阳市环保科技示范园经浏阳市政府批准成立，5家民营企业作为第一批招商成功的项目一起奠基开工。该园逐渐成长为全市乡镇园区发展的典范之一，现有38家机械制造企业、49家食品加工企业，全镇完成财政税收7583万元，实现三年翻番。2005年7月15日，市政府领导前往湖南浏阳三力实业有限公司召开现场办公会，肯定该公司在科技创新、品牌培育、市场开拓等方面取得的成绩以及对地方经济发展作出的贡献，对公司发展中的规划用地、政策支持、政府服务等问题进行讨论，国土、建设、规划、招商、科技、城建集团公司、集里街道办事处等部门单位形成支持合力意见。这家位于集里工业小区以生产三力牌自动静脉采血器为主要产品的医药设备企业，获得了更大的发展空间，占领了全国大部分市场份额。此外，市委、市政府对建材、服装、电子信息等特色产业的发展，也提出了强管理、提质量、扩规模、创品牌、增效益的要求，促进全市工业多轮驱动、多头并进。

2004年，浏阳花炮被认定为国家原产地域产品保护的产品，使用地理标志的企业达10家。2005年11月，市政府发出《关于进一步明确鼓励花炮自营出口改流通出口优惠政策的通知》，对鼓励全市花炮企业积极开拓国际市场，促进花炮产销渠道畅通起了一定作用。12月，浏阳市政府与南京理工大学就烟花工艺与燃放技术、无烟焰火技术、花炮新材料技术和环保花炮进行科研合作。2006年1月，浏阳花炮制作技艺入选首批国家级非物质文化遗产推荐名录。2007年被认定为中国驰名商标，2月7日颁布《关于鼓励花炮百亿产业发展的若干奖励规定》，浏阳花炮开始二次创业，启动“百亿工程”，努力推进工厂化改造、机械化生产、信息化监管和集群化发展，切实加强花炮新材料、新产品、新工艺的开发，依靠现代科技手段提升产品质量和安全系数，有力地推动花炮产业的转型提质。烟花爆竹出口在“三水港事件”发生后，浏阳按照“无水港”（即将海关、商检等机构移到烟花生产地，烟花在生产地查验后直接运到港口上岸）标准加快建设速福、华洋两个仓储基地，在提高烟花通关效率的同时保障烟花出口安全，通过努力，长沙霞凝港、上海港先后开始或恢复烟花运输业务。2008年被马德里国际商标组织认定为“世界知名品牌”，在全球79个国家和地区受到保护。浏阳烟花通过生产企业直接进入终端市场的模式开拓内销市场，在北京奥运会开幕式上焰火燃放获得巨大成功，获得燃放量大、覆盖范围广、焰火瀑布长三项世界纪录。2009年获“最具竞争力地理标志商标”称号，6月股票代码为FWK的“浏阳花炮”登陆加拿大多伦多股票交易所创业板，实现首次海外上市。2010年浏阳花炮先后在上海世博会、广州亚运会绽放，并在长沙橘子洲头举办为期一年的周末焰火暨音乐焰火大赛，全年承办各类焰火燃放920多场次，浏阳花炮被列为省重点扶持的50个优势产业集群之一。2011年品牌价值1028.17亿元，位居中国第七，是湖南唯一进入中国前10位的文化品牌。到2012年，市委、市政府已相继举办十届国际花炮节，浏阳花炮节被评为“全国十大物品类节庆”“中国节庆产业十大魅力节庆”，浏阳花炮在世界焰火、音乐烟花比赛中五次获得金奖。花炮产业经过发展、整合、提升，2012年全市花炮企业1024家，占全国产能的70%，产品畅销世界五大洲120多个国家和地区；全年实现花炮产值276.11亿元，创税10.66亿元，分别比1996年增长21.73倍和6.11倍。

浏阳花炮绽放于 2008 年奥运会

蓝思入驻

浏阳工业新城的崛起

蓝思科技落户浏阳，坊间有多种传闻。曾任浏阳经开区（原浏阳生物医药产业园）招商局局长的王大辉是事件亲历者。他介绍，2004年10月，周群飞和其先生郑俊龙来湖南考察建厂地点。在长沙、湘潭等地跑了多个工业园后，下午5时许，他们赶到了浏阳生物医药产业园，“周群飞穿着红色外套、牛仔裤，背个双肩包”，王大辉还清晰地记得这对夫妻风尘仆仆来到园区的模样。

浏阳市委、市政府抓住沿海发达地区的劳动密集型、资源型企业逐步向中西部地区转移的机遇，按照长沙市“东制西高”的未来工业布局，利用紧靠长沙东部的永安镇承接产业梯度转移得天独厚的条件，于2003年3月28日正式挂牌成立现代制造园。至8月15日，园区已与22家企业签订协议，总投资达3.2亿元。在已签和待签的项目中，机械制造占75%，生活消费品制造占25%，入园企业主要由港台、城市外迁、沿海内迁三大板块组成。2010年6月，《湖南浏阳制造产业基地再制造产业发展规划》通过国内权威专家院士评审。基地发展再制造的“园区＋中心＋企业”模式初见雏形，已有5家从事再制造的企业，规划未来10年再制造产业聚集区达10平方公里，建设仓储物流、鉴定检测、产学研合作、新材料研发等10大中心，大力发展以工程机械、轨道交通设备、重大设备及汽车零部件为主的再制造产业，总产值达150亿元至200亿元，浏阳有望成为全国首个再制造产业园，形成再制造产业集群优势。至2012年，园区再制造企业已达16家。

2003年10月，全市工业总产值已达116亿元，创税收5.6亿元，分别是1993年的46倍与31倍。但相对沿海地区，浏阳的落后仍在工业，希望也在工业。为此，市委、市政府作出决策，以生物医药园和现代制造园为核心，规划出一个60平方公里的工业新区，面积覆盖永安、洞阳、北盛、蕉溪4个乡镇，营造成一个工业新城，与现有的行政、消费城相呼应，浏阳将成为“一市两城”。园区成为浏阳多层次全方位开放总格局中的排头兵，对传统产业的改造提升起到试验、示范、引导作用，烟花鞭炮、健康食品、汽车配件、生物医药等产业获得较大发展，质量提升，出口扩大。2005年，全市以工业投入、园区建设为重点，实现工业总产值209.95亿元，过亿元企业17家，工业对经济的贡献率53.2%，拉动经济增长7.9个百分点。2009年3月，浏阳向社会发布工业新城规划方案国际征集公告，12月市工业新城总体规划评审会原则通过设计方案。2010年，通过狠抓烟花鞭炮、生物技术、机械制造、食品饮料、农林产品、材料能源六大产业，全市实现工业总产值902.9亿元，万元GDP能耗下降5.65个百分点，工业对全市经济贡献率上升到76.84%，拉动经济增长12.1个百分点。

2003年7月，浏阳生物医药园被国家科技部批准为国家火炬计划生物医药基地。2004年5月，园区被团中央授予“全国青年创业实践基地”称号。2005年8月，园区被国家商务部批准为国家医药出口基地。2006年10月，国家发改委下文批复认定浏阳生物医药园为长沙国家生物产业基地，2007年6月12日，在园区举行了授牌仪式。2007年至2011年，是长沙国家生物产业基地转型和壮大的关键时期，从主攻生物医药的“一条腿走路”，转变为生物医药和电子信息产业双核心发展战略。工业总产值从2007年的61.5亿元跃升到2011年的248亿元，财政收入从2007年的2.62亿元跃升到2011年的8亿元。

浏阳制造产业基地鸟瞰

2006年12月12日，蓝思科技与园区签订首期占地118亩、首期投资11亿元的正式入园协议。蓝思科技（湖南）有限公司定位为全球最大的液晶触控面板研发、生产企业，是全球第一家通过自主研发将玻璃面板用于消费电子产品的生产企业，被长沙市确定为“十大百亿企业”之一，仅一、二期项目用工量就达1.8万人，至2011年8月用工已达3万人。2011年，蓝思科技实现产值80亿元，进口设备、进口材料抵扣税收后仍实现税收3亿元，其进出口额占长沙市的56%，占湖南省的20%，超过三一重工跃居全省第一。2010年9月，园区又引进全球三大触控面板企业之一的台湾介面光电股份有限公司，并于2011年9月首期车间投产。至此，电子信息产业已成为园区主导产业，同时生物医药产业和其他产业企业规模不断扩大，发展效率与发展质量同步提升。湖南永清环保有限公司、湖南尔康制药有限公司分别于2011年3月8日、9月27日在深圳证券交易所上市，“丰日”“绿之韵”“盐津铺子”被国家工商总局批准为“中国驰名商标”。2010年10月，园区又被国家科技部批准为国家创新药物孵化基地，与此同时，新建了湖南省实验动物中心、湖南省药品安全评价中心、湖南医药科技文化馆、药王庙等设施。至2011年10月底，长沙国家生物产业基地累计开发面积12平方公里，累计修建园区道路52公里，累计建设投入236亿元，已运营的配套设施有：自来水厂日供水8万吨、污水厂日处理6万吨、供热公司每小时供热82吨、11万伏变电站3座。共引进企业366家，其中，工业企业171家。在工业企业中，生物医药企业83家、生物农业企业18家、食品企业43家、电子企业12家、环保和新材料企业5家，其他企业10家。2000年至2011年，长沙国家生物产业基地累计创税34亿元。[①]

2011年7月召开的浏阳市第十一次党代会提出了“一线三城”的工业布局，沿319国道精心打造工业走廊和经济动脉，把浏阳最具发展潜力的工业新城、浏阳城区及大瑶镇紧紧连在一起。2012年3月，国务院批准长沙国家生物产业基地（浏阳工业园）升格为国家级浏阳经济技术开发区。工业化为浏阳经济的发展插上了腾飞的翅膀。当年，全市实现工业总产值1456.83亿元，其中，浏阳经济技术开发区实现工业总产值377亿元，完成财税收入12.5亿元；制造产业基地实现工业总产值141.38亿元，完成财税收入5.07亿元；现代农业园更名为两型产业园，实现工业总产值40.1亿元，完成财税收入4060万元。三个园区工业总产值、财税收入，分别占全市总数的38.34%、32.51%。

① 胡晓江：《长沙国家生物产业基地发展回顾》，政协浏阳市第八届委员会编：《浏阳文史》，2012年，第149页、15页。

设立海关

县市外贸多年雄踞全省第一

“在家门口就能报关真方便，每次节约3个小时时间成本，何乐不为呢？”6月18日，星沙海关驻浏阳办事处正式开关对外办理业务，湖南华洋仓储运输有限公司负责人袁伟明闻风而动，“报了10票报关单，以后将更多地选择在浏阳报关。”袁伟明告诉《潇湘晨报》记者，他的公司主要承担浏阳本地烟花爆竹出口企业的报关和运输业务，以前办通关手续，都要派专人专车将单证送到长沙，用在路上的时间有3个小时左右，颇费周折。“现在家门口就有海关办事处，可想而知，我们一年上万单的报关，将可以大大减少报关时间。”他说。[1]

浏阳的外贸工作起步较早，自1987年首次实现出口收购过亿元以来，已连续15年居全省县（市）外贸第一。1993年，浏阳成为全省最早获得自营进出口权的三个县市之一。自1990年以来，对外贸易平均增长速度高出GDP年平均增长速度13个百分点，“八五”与“九五”期间，外贸依存度分别达到12.1%和21.3%。2001年，浏阳市完成社会出口总额21.1亿元，出口商品种类繁多，以鞭炮烟花、皮革服装为主要出口产品，其它出口商品有菊花石雕工艺品、竹编工艺品、湘绣、金橘花等传统产品以及机电、化工、纺织产品。各级有关部门已先后在浏阳设立国家商检局浏阳办事处、浏阳外汇管理局、湖南鞭炮烟花质检监测中心等有关机构。市委、市政府实行外贸、外经、外资“三外联动”的“大外经”战略，为了进一步促进经济发展和对外贸易工作，加强监管，服务企业，构建大外经贸格局和招商引资平台，2002年2月，市政府即请求在浏阳设立中国长沙海关浏阳办事处。2003年，进一步采取五项措施加强对外开放，扩大外贸出口：一是建立企业综合档案库收集情况，提供分类指导和协调服务；二是帮助外贸企业与省市相关职能部门协调处理各种关系；三是鼓励和引导企业参展参会，开展境外商贸洽谈；四是鼓励企业进行网上贸易洽谈，开展电子商务；五是充分利用国家对外贸出口的相关鼓励政策，支持外贸企业发展。2004年，全市出口产品包括鞭炮烟花、纺织服装、化工等及农副产品、手工艺品、食品、机电等传统产品，出口总额达3.8亿美元。特别是鞭炮烟花已在60多个国家和地区建立销售渠道，并已成为全球最大的花炮生产中

①梁美兰、黄勇华、谭梦丹：《星沙海关驻浏阳办事处开关运行》，《潇湘晨报》2015年6月18日。

心和集散中心，全市涉外企业达2000多家，从业人员40余万人。2005年，以浏阳生物医药园区为核心申报的“长沙国家医药出口基地”通过商务部认定，成为全国首批15个国家医药出口基地之一。10月28日，长沙海关负责人在浏阳考察后，表示将进一步加大对浏阳外贸经济的扶持力度，为浏阳外贸企业提供更加方便、快捷的服务，把浏阳外向型经济做大做强。2006年12月，市政府在收到长沙海关《关于在浏阳市设立出口监管仓库及海关监管机构的复函》后，就成立相关机构、建立仓储物流中心和海关办公大楼以及实施“属地申报、口岸验放”的通关模式，再次作出情况汇报，加大工作力度，加快建关步伐。2008年8月，长沙海关在浏阳设立监管点，现场办理报关手续，11月省政府请求国务院将烟花爆竹出口退税率恢复到13%。2013年3月，获得海关总署同意设立办事处的批复。2015年6月18日，中华人民共和国星沙海关驻浏阳办事处正式开关并对外办理海关业务，成为湖南省县（市）中设立的首家副处级海关机构。

星沙海关浏阳办事处窗口

2003年6月，浏阳市共有民营工商企业1436家，个体户18374家，注册资金达20多亿元，其中，民营企业年产值过亿元的有5家，过5000万元的有6家，有直接出口权的5家。2002年共创税4.5亿元。民营经济已占浏阳全市GDP的91.2%。浏阳市连续5年保持了全省“综合实力十强县（市）”称号。2003年11月20日，《浏阳市商贸网点布局规划》通过专家评审，开全国县级市商贸网点规划先河。

2005年，浏阳被国家商务部列入“万村千乡”市场工程试点县（市），纳入全国百县农村市场监测系统，当年全市有进出口企业121家。2009年，全市完成自营进出口总额2.8亿美元，外贸总额超过省内9个地级市，实现逆势上扬。5月21日，总投资近1.5亿元、经营面积近5万平方米的浏阳通程商业广场开业，百货、万惠超市、电器三大业态组合亮相，成为全省县级城市首个大型购物中心。2010年5月，有大小家具厂500多家、从业人员6000多人、产值规模5个亿的永安镇，启动总规划用地6000多亩的湖南首个现代林业家具产业园，预计5年内实现产值50亿元，创利税1亿元，建设全国一流的家具市场。3月，湖南省委书记、省人大常委会主任张春贤到浏阳杏花村酒家、湘通天下浏阳蒸菜配送中心、沿溪沙龙长发蔬菜生产专业合作社和东园香食品有限公司实地考察蒸菜产业发展情况，并就进一步推进整个湘菜产业发展召开座谈会，强调发展湘菜产业是调结构、促消费的重要内容，要把湘菜产业作为重要的富民产业来抓，大力推动湘菜产业发展上水平；年内浏阳蒸菜评出“十二大碗”成为推广新名片。至2012年6月，浏阳蒸菜有示范店8家、店铺1200家，年餐饮消费近20亿元，提供5万多个长期就业岗位，全国各地开办浏阳蒸菜馆、连锁店超过2万家。浏阳先后投资1800余万元新改建高标准“农家店”248家，各龙头商贸企业在农村延伸连锁网点350多个，70%以上商品由政府指定的大型零售企业统一配送，确保了商品质量。2012年，浏阳共举办“幸福浏阳”购物消费节、第五届城市商务节、第八届房交会、第六届车展、浏阳经开区首届房车展、第三届花炮机械展、第四届浏阳河乡村休闲观光节、家博会八大节会，有效拉动和激活了城乡消费市场。全年实现自营进出口总额11.74亿美元；全市有个体工商户29137户、私营企业6695家；实现社会消费品零售总额158.1亿元；招商引资引进项目172个，其中过亿元项目36个，到位资金108.36亿元，其中外商直接投资13269万美元，实现长沙市外境内固定资产投资57.82亿元，其中省外境内固定资产投资35.21亿元。

2003年6月，金融安全区第二期目标基本实现，长沙市政府、长沙市金融安全区创建工作领导小组正式授予浏阳市为全省首家金融安全区。2005年起，开始把握社会信用体系建设主线，优化区域金融生态环境，开展金融生态指标体系评估，在省创安办多次“回头看”考核验收中，浏阳名列全省县（市）前列。2012年，金融机构年末各项存款余额313.03亿元，各项贷款余额232.98亿元，分别比1996年的22.41亿元和16.64亿元增长12.97倍和13倍。

多彩浏阳

中国优秀旅游城市的创建

在2006年1月10日全国旅游工作大会上，浏阳被授予“中国优秀旅游城市”光荣称号，成为湖南省第八个获此殊荣的城市。浏阳市既是“花炮之乡”，同时又拥有丰富的自然、人文、产业资源。自1995年大力发展旅游业以来，先后推出了大围山国家森林公园、百里花卉苗木走廊、文家市秋收起义会师旧址、胡耀邦故居等生态旅游、产业旅游、红色旅游精品，旅游资源得到充分发展。截至2005年12月，全市旅游景区（点）发展到18家，旅行社14家，旅游饭店40家，农家乐200余家。为了打造旅游品牌，加大旅游产业的发展速度，浏阳市抓好公路网建设，形成“一小时旅游快速通道”；抓好城市建设，全面提升城市现代旅游功能；抓好旅游公厕建设和标识标牌规范工作，完善旅游配套设施；抓好景（区）点升级和旅游饭店星评工作，重点整治旅游市场，旅游服务水平大幅提高。2004年，浏阳市还成功举办中国湖南旅游节开幕式，并先后前往株洲、长沙、江西萍乡等地举行旅游推介会，使旅游迅速在周边地区打开市场。通过旅游资源的开发与整合，浏阳市产业得到持续有效发展，旅游人数由2003年的102万人次上升到2005年的200万人次，旅游产业收入由2003年的3.6亿元上升到2005年的8亿元。[①]

2004年4月，市委办、市政府办印发《浏阳市创建中国优秀旅游城市总体方案》。该方案的指导思想是整合旅游资源，加大市场营销和精品景区建设力度，促进旅游业持续、快速、健康发展，把全市建设成为中国优秀旅游城市。成立以市长任组长的创建中国优秀旅游城市领导小组，下设创优办及5个组，将创建活动的主要项目分解到责任组室，分为总体发展水平及政策支持、旅游基础环境、旅游服务及设施、旅游市场经营管理、城市旅游服务功能、健全旅游安全保障机制、旅游教育培训和市场促销、旅游行政管理等内容。2004年4月至5月为发动和准备阶段，9月至2005年2月为创建和试评阶段，3月起为迎检验收阶段。经过1年多的努力终于创建成功。

2004年9月12日，经过精心准备的2004年中国湖南旅游节在风光旖旎的浏阳河畔开幕。国家旅游局、湖南省、长沙市、浏阳市的领导及世界

① 邓义波、刘建新：《湖南浏阳被授予“中国优秀旅游城市”》，人民网长沙2006年1月16日电。

"中国优秀旅游城市"浏阳"马踏飞燕"雕塑矗立在长浏高速进入浏阳市入口处

旅游组织技术合作部、韩国观光公社中国部官员出席开幕式，来自美国、日本、德国、法国、马来西亚、印度尼西亚、泰国、香港、台湾等国家和地区以及北京、上海、广西、江西等14个省市自治区、本省各市州旅游业界的嘉宾，应邀出席开幕式暨"十万人同唱《浏阳河》"主题活动。当晚，一台有史以来规模最大、具有国内顶尖水平的大型文艺焰火晚会在浏阳河畔激情上演，分为"秀美大围山""多彩浏阳""沸腾浏阳城""尾声"4个篇章，共燃放焰火价值1180万元、130多个品种，其中30个属首次亮相的新产品，国内多位明星参与晚会演出。

2005年，秋收起义文家市会师旧址被公布为全国首批红色旅游经典景

大围山杜鹃花海

区，2007 年当选“公众喜爱的十大红色景点”。2008 年 9 月，市委、市政府作出《关于进一步加快旅游产业发展的意见》，要求深化对加快发展旅游产业的认识，明确旅游产业发展的指导思想和目标；整合资源突出特色，塑造旅游品牌；加快旅游配套设施建设，完善旅游产业体系；加强旅游行业管理，推进旅游市场良性运行；落实旅游产业发展政策，做大做强旅游产业；完善旅游产业发展的保障机制，促进旅游业持续快速健康发展。意见确定要着力打造省内著名、国内知名的旅游目的地，到 2015 年把全市建设成为湖南省重点旅游城市。

2010 年，全市接待游客 570 万人，实现旅游总收入 35 亿元。2012 年，

古港松山屋场

境内有国家级重点文物保护单位 2 处、省级文物保护单位 21 处、市级文物保护单位 7 处、县级文物保护单位 76 处，国家级旅游景区 6 个。永安镇芦塘村旧石器出土点，是已发现的长沙地区最早的人类活动遗迹；浏阳城西樟树潭古住房遗址出土的细沙灰陶鬶，为新石器时代大汶口文化和龙山文化的代表器形之一。石霜、兴华、大光、宝盖四寺为境内著名的佛教四大祖庭。高坪镇与永和镇交界处的天崖寨、龙伏镇与社港镇交界处的石牛寨为有名的古军事遗址。浏阳文庙是江南地区保存最完整的古建筑，还有全国第一个科学技术团体算学馆旧址奎文阁，谭嗣同故居大夫第、谭嗣同专祠等。省苏维埃政府旧址大围山镇锦绶堂、中和镇胡耀邦故居等皆在浏阳境内。2009 年 4 月 29 日、6 月 26 日，长沙市首届杜鹃花旅游文化节、首届漂流节分别在浏阳大围山、皇龙峡开幕，首次以花为媒推介旅游，打造“湖南漂流之乡”。随后浏阳以市委市政府主办、各乡镇承办的各种节会因地制宜办出特色，如古港镇的屋场永和镇的菊花石、沿溪镇的金橘、高坪镇的油菜花、社港镇的野生桂花等赏心悦目，“春赏花、夏漂流、秋品果、冬滑雪”，春夏秋冬四季之旅已成为中南地区独具特色的旅游品牌。2012 年，全市接待旅游人数 898.28 万人次，旅游总收入 82.23 亿元。

六大片区

城乡统筹发展的初步探索

在 2010 年 10 月举行的市长论坛上，湖南长沙市三口镇介绍了中部地区的村镇，如何低成本破解村镇环卫难题的经验。长沙市首批“十佳乡镇”之一的浏阳市（县级市）三口镇，通过集中整治，全民参与，清除村镇历史垃圾，并将每年的 4 月份确定为“三口镇美化乡村劳动月”，以此巩固群众的卫生观念。据三口镇党委书记王桃文介绍，在试点的基础上，此镇探索出农村垃圾分类处理的“三口模式”，核心环节是通过“桶装分类，上户收集”实现垃圾分类减量。村民自治并组建三口镇为民保洁服务有限公司，引导全镇垃圾处理走向公司管理、市场运作的良性轨道。三口镇每年仅用 15 万左右的财政投入，投入少，见效快，确保了其长效运行。[1]

2006 年 6 月 24 日至 27 日，中国共产党浏阳市第十次代表大会在城区召开，出席代表 396 名，代表全市 5 万余名党员。大会提出了未来五年的指导思想：高举邓小平理论和“三个代表”重要思想的伟大旗帜，以科学发展观统领经济社会发展全局，始终坚持以经济建设为中心，以“富裕浏阳人民、富裕浏阳财政”为目标，大力实施“工业主导、科教优先、外向拉动、统筹发展”的战略，拉通长浏高速，推进融城发展，打造工业新城，构筑经济走廊，加快新农村建设，壮大第三产业，为建设经济繁荣、人民富裕、文化昌盛、山川秀美、社会和谐的新浏阳而努力奋斗。在市委第一次全会上选举产生了常委会，易佳良当选为书记，梁仲、郑耀频当选为副书记。在浏阳市第十五届人民代表大会第一次会议和政协浏阳市第八届委员会第一次会议上，张若林当选为市人大常委会主任，梁仲当选为市人民政府市长，鲁建文当选为市政协主席。

中国共产党第十七次全国代表大会于 2007 年 10 月 15 日至 21 日在北京召开。大会的主题是：高举中国特色社会主义伟大旗帜，以邓小平理论和“三个代表”重要思想为指导，深入贯彻落实科学发展观，继续解放思想，坚持改革开放，推动科学发展，促进社会和谐，为夺取全面建设小康社会新胜利而奋斗。10 月 28 日，湖南省委书记、省人大常委会主任张春贤即来到浏阳调研考察花炮产业。他强调，要认真贯彻落实党的十七大精神，以十七大精神促进花炮产业又好又快发展，进一步做大做强，真正成为知名

①《十二五我国城镇人口超 7 亿，市长论坛热议垃圾突围》，红网 2010 年 10 月 24 日。

品牌。他还强调按照十七大要求，把花炮产业发展纳入湖南特色新型工业发展的范畴。[1]通过宣传贯彻，十七大精神深入人心，柏加镇渡头村农民党员谢厚强说："看了十七大的新闻，现在中央政策利国利民，如果政策不好，我们经济发展不可能这么快。"他还说："我看了十七大报告，中央强调建设和谐社会，在我们农村，我觉得处理好邻里关系十分重要，经济发达了，可邻居之间的关系不能淡，远亲不如近邻，在咱农村，邻里和睦相处，相互帮助很重要。"[2]

2008年10月15日，浏阳召开动员大会，全面部署为期一年半的学习实践科学发展观活动。作为全省第一批学习实践科学发展观活动中唯一的县（市）级试点单位，浏阳市突出"践行科学发展、对接'两型社会'、实现两个富裕、建设和谐浏阳"的主题，以"争当科学发展先行者，争创学习实践示范点"活动为载体，在活动中重点解决思想认识、能力水平、发展方式、民生民利、体制机制、工作作风等方面急需解决的问题，为在全省开展这项活动积极探索经验。10月中旬，在全市范围内开展大规模的专题研讨、讨论活动，寻求破解难题的新思路、新机制、新办法。省委书记张春贤在浏阳调研时强调：要更好地把"党员干部受教育，科学发展上水平，人民群众得实惠，富民强省新跨越"的要求落到实处。到2009年3月，学习实践活动取得初步成效，群众测评的总体满意率达到99.54%。3月至9月，启动第二批学习和实践科学发展观活动，并分别在省委和中央召开的大会上作经验介绍。

2010年，在开展争先创优活动中，浏阳立足市情，以加快推动科学发展时不我待的紧迫感和责任感谋划工作全局，创新活动载体，确保取得实效，围绕"高速时代"，打造了一支"高效队伍"，获得了群众"高度满意"。3月25日，全市党政正职科学发展能力提升班开班，分成7个考察团分别前往浙江、天津、四川、山东、上海、江苏等地考察学习，目的是掀起浏阳新一轮思想大解放的热潮，为推动全市"创造新优势、实现新跨越"提供强大的精神动力。4月29日，举行"新起点、新视野、新跨越"学习考察汇报会，市委书记易佳良在会上强调：要在解放思想中强化发展意识、寻求重大突破、深化改革创新、运用考察成果。会议提出要查找差距、挖掘经验、学以致用、促进发展。4月15日，市委、市政府还召开了第一季度经济形势分析会，市长梁仲强调要以强市支撑全局发展、以强镇推动城乡统筹、以强村富裕农民生活、以强人激发不竭动力。会议要求抓信心提振、

①蒙志军：《以十七大精神促进花炮产业又好又快发展》，《湖南日报》2007年10月29日。

②《老百姓话十七大》，《半月谈》2007年11月9日。

抓项目建设、抓收支管理、抓考核导向。6月3日，市委召开十届九次全体（扩大）会议，表决通过《关于加快城乡一体化发展的若干意见》，决定将全市分为6大片区，以工业化和城镇化带动城乡一体化发展。7月5日，市委、市政府发出《关于加快城乡统筹发展的若干意见》，将全市经济版图分为城区、新区、东区、南区、西区、北区六大城乡统筹发展片区，力争通过5至10年的努力，在东南西北四区建立起具有省内中等县级城市规模的片区核心区，从而与城区、新区构架起一个“辐射湘鄂赣、鼎立中西部”的区域性中心城市。市和各片区分别成立城乡统筹发展委员会及工作核心团队，要求各片区大胆先行先试，搭建运营平台以有效运作，并将城乡统筹工作纳入全市目标管理考核范畴。据市委办《浏阳市主体功能区细划与产业布局优化课题研究》，城镇建设上“两核四心”，“两核”分别指城区和工业新城，“四心”分别指东区片核心沿溪镇和农业科技产业园、南区片核心大瑶镇、西区片核心镇头镇、北区片核心沙市镇；产业布局上的“两轴五板块”，“两轴”是指北起永安、南至大瑶沿长浏高速工业走廊和沿浏阳河示范走廊，“五板块”即新型工业板块、花炮产业板块、城市商贸板块、生态农业板块、休闲旅游板块。

浏阳城市建设

市委农村工作部作出《2010年乡村生态环境治理实施方案》，确定总体目标是49个新农村示范村环境卫生状况得到明显改善，保洁范围全面覆盖，设施装备全面到位，日常管理全面加强，乡村面貌全面提升。要求按照“生产发展、生活宽裕、乡风文明、村容整洁、管理民主”的目标，全面实施“净化、美化、亮化、绿化、硬化、规化”六大工程。其中净化工程重点抓好清理乱排污水、清理房前屋后杂物、清理沟渠污泥工作，实现村庄卫生专人清扫，生活垃圾全面采取“户分类、村收集、乡转运、市处理”，建立一套完整的垃圾处理体系；美化工程开展农房建筑风貌特色美化，并进行房屋配套的“改水、改厨、改厕、改圈”工作，重点小区的房屋墙壁要通体美化，拆除有碍观瞻的残墙断壁。2011年7月，启动全市城乡统筹环境同治，着力实施设施提质、乡村整洁、全民绿化、淳化民风四项工程，推进城乡一体化。

永安镇华山屋场鸟瞰

交通运输方面：2001 年至 2005 年，新增公路总里程 2300 千米，成功构建市域一小时经济快速通道。2004 年完成百里花木走廊公路带建设。2009 年，浏阳境内长浏、浏醴、大浏 3 条高速公路以及开元东路等重大交通项目全面启动，掀起第三轮交通建设高潮。继 5 月 1 日撤销境内的金钩、黄江、毛坪、李家湾 4 个收费站后，12 月 22 日再撤销浏永公路蕉溪岭隧道收费站、浏大公路杨家收费站和东风界收费站，大大提高了车辆通行能力。2010 年 5 月，浏阳市与湖南省机场集团签订战略合作框架协议，共同建设临空经济区。2012 年 6 月，开通“一线三城”公交车，线路全长 61 公里，设站 71 个，覆盖人口近 50 万人；12 月 23 日，大浏高速、浏醴高速相继实现通车，在浏阳境内共设 10 个互通口，经互通连接线与地方交通路网相接，浏阳自此拥有更快捷的通道，全市农村公路路面优良率 74.2%。2012 年，全

大瑶镇李畋广场举办的车展

市公路客运量4582万人次，公路客运周转量208990万人千米；公路货运量3014万吨，公路货运周转量189910万吨千米。电力、通讯方面：2005年全市完成售电量7.37亿千瓦小时；2010年16.54亿千瓦小时；2012年26.03亿千瓦小时。2005年，电信浏阳分公司进入全省“县级分公司二十优”，列全省业务收入6000万元以上等级县级分公司第三，完成12856万元。2010年，完成业务收入16129.41万元。至2012年，全市已构建浏阳综合信息网络系统，逐步实现政务电子化和经济信息化。2012年末，全市拥有移动电话用户114.03万户，市内固定电话用户15.16万户，农村固定电话用户13.97万户，国际互联网宽带用户7.83万户；全市实现邮电业务总量8.84亿元。

生态环保方面：2005年，全市102家造纸企业，已有80余家完成废水治理任务。2006年5月1日，《长沙市株树桥水库饮用水源保护条例》颁布实施，株树桥水库管理局专门配备60多人对水源保护区进行不定期巡查。2010年8月29日，历经5年建设，总投资47.45亿元的长沙引水工程正式通水。符合国家生活饮用水源水质一级标准的株树桥水库的水，经过98公里长的管线，流进长沙城，一期每天输水65万吨，上百万市民受益。它既可提高长沙市的饮水安全度，又可缓解湘江第一水源的取水压力。2010年底，33个乡镇垃圾收集处置体系项目建设全面完成，葛家、洞阳、大瑶、永安等11个污水处理厂建成投入运行。市城区的环境空气质量达到国家二级标准，浏阳河市区断面水质达到国家标准，捞刀河、南川河断面水质符合国家地面水环境质量三类标准。多年罕见的野生动物种群如野兔、野山羊、白鹭和一些珍稀鱼种重新出现，森林植被基本恢复，生态环境逐步得到改善。全市境内拥有大、中、小型水库181座、中小型水电站125座，有在册的库区移民2.5万人，依托山林资源，开拓特色生态产业，走上致富之路。2012年2月，计划投入49.4亿元的浏阳河流域系统化生态保护建设开始启动，项目将直接造福浏阳河沿岸70万城乡居民和60万亩农田；全年工业二氧化硫排放量4032吨，比上年下降20.1%；工业废水排放达标率90.8%，工业烟尘排放达标率93.86%，城镇生活污水处理率75%。

2005年，白沙乡与大围山镇、山田乡与淳口镇、赤马镇与淳口镇分别合并。至2012年末，全市辖4个街道、27个镇、6个乡、401个村（社区）。总人口1436249人，其中苗、土家、壮、侗、瑶族等少数民族3040人。

共建和谐家园

人民满意城市的建设

2001年浏阳市获省级文明城市以后，浏阳市委、市政府决定加大文明创建工作力度，力争在全省县级市中率先创建全国文明城市，重点把文明社区创建作为文明城市建设的基础工程。2002年按照创建全国文明城市分解的工作任务，在淮川街道朝阳居委会开展社区建设的试点，成为全市社区建设的一个样板工程。2003年，浏阳市被确定为全省四个社区建设试点县，决定在城区4个街道全面推进社区建设，并拨出专门经费，抽调人员指导全市社区建设工作的开展，将社区建设列为全市2003年十件大事之一，使文明社区创建具备了良好的基础。为了夯实社区基础，把社区硬件建设和组织建设作为文明社区创建的前提条件。全面改革社区体制。组织专门队伍对4个街道、2个试点镇情况进行全面调查摸底和登记造册，对城区区划进行调整，解决了多年来城区界址不明、交叉管理难度大的问题……在社区雏形基本具备的前提下，要求各街道、社区充分发挥社区功能作用，积极开展创建文明社区活动。一是加强市民教育。各社区利用市民学校、家长学校等阵地，组织居民学习居民公约、开展公德教育。开展市民论坛，使广大市民群众既为社区建设和城市管理献计献策，又在相互提醒下相约文明。二是繁荣社区文化。全市17个社区都成立了老年体协，在社区老年体协的组织下，健身队、戏曲会等群众组织相继成立，社区居民参与热情高涨。三是美化社区环境。社区居委会积极参与城市管理，社区环境面貌进一步改善，既解决了社区居民就业问题，又使社区环境更加整洁，做到居民满意，社区与环卫双赢。四是拓宽社区服务。全市各社区全面开展计生卫生服务，计生网络健全，社区居民小病不出社区。社区便民服务网点达20家以上，服务项目涉及家政、职业介绍、托幼托老等。五是强化社区治安。全市所有社区配合公安部门"重心下移"的工作要求，设立警务室，并在社区民警的指导下，成立社区治安巡逻队，实行夜间巡逻制度。2003年城区刑事治安案件发案率大为减少，比2002年度下降30%以上。[1]

2003年1月，市委、市政府发出《关于进一步优化城市建设环境的若干意见》，要求相关单位部门通力协作，提高城建办事效率；规范部门收费行为，优化服务环境；从城建实际需要出发，强化纪检监察；狠抓基础

①《浏阳市开展城市文明创建的情况》，中共浏阳市委办公室：《浏阳信息》第89期，2004年5月7日，浏阳市档案馆藏。

城管队伍上街执法巡逻

性工作，确保城建提速；实行优化城建环境责任追究制度。2003年城区建设实现投资10亿元，完成体育会展中心、浏阳河花炮文化城、花炮观礼台、景观轴及106接线、隧道口至花炮广场美化亮化等工程，启动行政中心建设，加快污水处理厂建设，改造嗣同路、南市街等旧城棚户区；完成城区25万平方米住宅建设。与此同时，全市对小城镇建设投资实现5亿元。2004年12月，行政中心实现整体搬迁，带动了城市东扩。2005年，共成交商品房3100多套39.7万平方米，成交金额4.03亿元，城镇人均居住面积35平方米；为3000多户居民提供廉租房，解决1万余城市低收入人群的住房问题。2005年城区建成面积由2000年的14平方千米拓展到20平方千米，城镇人口从32万人增加到47万人，城镇化水平从24.6%提高到35.4%。2006年，浏阳获评“中国人居环境范例奖”。2007年7月31日开建全省县级市第一座立交桥将军广场立交桥，总投资7800万元。2008年6月28日竣工通车，总长675米，采取双向、双层式，其中花炮大道直行交通位于最顶层，双向四车道，长440米，桥宽16米，车站路至浏阳大道直行交通位于第二层，双向四车道，长235米，桥宽14米，桥下净空4.5米。

2009年7月，市委办、市政府办印发《2009年浏阳市建设人民满意城市实施方案》，成立相应的机构，坚持创建的过程靠群众参与、创建的实效请群众检验、创建的成果由群众共享，不断增强市民的认同感、安全感、归属感和自豪感。主要任务是突出抓好“四大活动”，即开展“我们的节日”系列文化活动、建国60周年庆祝活动、市民文明素质教育活动、未成年人思想道德教育系列活动；落实“四大行动”，即市容环境治“脏”、公共秩序治“乱”、窗口服务治“差”、环境保护治“污”；实施“三大创建项目”，即以“共建和谐家园、共创幸福生活”为主题创建文明社区，以“服务人民、奉献社会”为主题创建文明行业和文明单位，以“提高农民文明素质、培育农村文明新风”为主题创建文明村镇和开展“文明创建进农家”活动；建立健全两项机制，即工作测评机制、群众参与机制。通过下半年的全面实施，城区共改造背街小巷20条，依法拆违6万平方米，为2010年的创建工作积累了经验、夯实了基础。

2010年城镇化率45.96%，全市商品房销售64.83万平方米，销售额17.96亿元；建设廉租住房2.16万平方米，年内累计发放廉租住房补贴846户、96万元，4151户城区最低收入住房困难家庭实现应保尽保。“十一五”期间，浏阳保障性安居工程建设达2482套、12.74万平方米。

2012年城镇化率提升至50.01%，全社会固定资产投资435.99亿元，城区建成面积扩展到30平方千米，建制镇发展到27个。全市共建设廉租、公租等各类保障性住房5292套，改建农村危房5357栋；建筑业实现产值48.49亿元，完成房地产开发投资35.76亿元；实现商品房销售面积94.45万平方米，商品房销售额42.06亿元。按照总体规划，浏阳河上游先后建成中塅、板贝两座防洪水库，扩建、整修、加固一批水利设施，新增引、蓄水量2.49亿立方米，并在城区和部分低矮河段筑堤挡洪，全市抵御水患、预防灾害和生态保护的能力得到了加强。至2012年，浏阳先后被授予“中国花木之乡”“中国红檵木之乡”“全国造林绿化百佳县（市）”“中国油茶之乡”“全国经济林建设先进县（市）”“全国绿化先进集体”“全国中小城市综合实力100强”“全国最具投资潜力中小城市50强”称号，被列为第三批“全国发展改革试点城市”。

崭新的校舍

科技教育事业的持续繁荣

经过较长时间的调查座谈，集思广益，反复论证，在浏阳市教育局的大力支持下，淮川教育办拿出了“淮川学校布局调整”的完整建议方案：即新建一所淮川中学（2002年12月17日改名浏阳河中学），将淮一、淮二合并；撤销东街口小学和圭斋路小学，设四所小学，即黄泥湾小学（在原址）、人民路小学（在原址）、嗣同路小学（搬至淮川一中）、浏阳河小学（搬至淮川二中），南市街小学随行政区划变更，划归荷花街道办事处管理。由6所小学、2所中学调整为4所小学、1所中学，学校调整后，规模更加适中，布局更加合理。布局上，东有浏阳河小学，西有嗣同路小学，北有黄泥湾小学，中心城区有人民路小学；规模上，各校规模分别在18—24个教学班；原东街口、圭斋路、嗣同路三所学校旧址，全部置换资金用于新校建设。市政府把建好浏阳河中学列为2003年十件大事之一，并提出新中学“秋季开学”的时间表。2003年9月20日，原淮一、淮二两所中学2000余学生搬进宽敞、明亮、现代化气息浓郁的新教室。随着浏阳河中学的建成开学，撤并后的四所小学都相继搬至新布局校址开学。调整后的每所小学规模均分别达到18—24个教学班，生均面积由不足4平方米提高到10平方米，中学达到60个教学班规模，可容纳3000名学生，生均面积由不足12平方米提高到33平方米。由此淮川的教育事业在布局调整中，找到持续发展的空间和潜力，向市政府和淮川市民交出了一份圆满的答卷。[①]

2011年7月6日至9日，中国共产党浏阳市第十一次代表大会在城区召开，出席代表415名，代表全市58000多名党员。大会提出了未来五年的指导思想和奋斗目标：以邓小平理论和“三个代表”重要思想为指导，深入贯彻落实科学发展观，按照“四化两型”的要求，紧紧围绕“建设美丽浏阳、打造幸福家园”的目标，全力实施双向融城、工业主导、统筹发展、创新驱动的总体战略，主攻交通区位提升、产业素质提升、片区功能提升、城市品位提升、生活品质提升、执政能力提升，奋力挺进三十强，率先建成全面小康社会。在市委第一次全会上选举产生了常委会，钟刚当选为书记，曹立军、吴震、付旭明当选为副书记。

2012年12月，中共长沙市委任命曹立军为浏阳市委书记。在浏阳市第

① 江秀桂：《淮川学校布局大调整始末》，政协浏阳市第八届委员会编：《浏阳文史》，2012年，第385页、389页。

环境宽敞优美的浏阳河中学校园

十六届人民代表大会第一次会议和政协浏阳市第九届委员会第一次会议上，鲁建文当选为市人大常委会主任，余勋伟当选为市人民政府市长，李家喜当选为市政协主席。

2002年，全市拥有专业技术人员30507人，其中高级325人、中级5402人；各级科技示范户7530户，其中长沙市级以上136户、浏阳市级510户。2005年，编制《浏阳市国家科技进步示范市建设与发展规划（2005—2010）》，全市科技开发项目近400项，其中高新技术产业完成产值21.44亿元；全年专利申请249件，完成技术合同成交额650万元。2006年8月1

日，浏阳出台《科学技术奖励办法》，40万元重奖科技功臣。2010年，全市申请长沙市级以上科技项目180个，争取项目经费2800万元；申请专利457件，专利授权303件。2012年，全市组织申报科技项目120余个，申请专利706件，完成国家、省、长沙市项目结题验收120个，取得科研成果240余项，开发新产品472个、新技术80余项，全市80家高新技术企业实现产值348.5亿元。2012年末，全市拥有独立科研与技术开发机构440余家、省级工程技术研究中心5家、国家级科技服务平台1家，拥有各类科技人员22.9万人，其中两院院士2人、国家"千人计划"4人。至2012年，浏阳已10多次获评"全国科技进步先进县（市）""全国科技进步示范县（市）""全国科普示范县（市）""首批国家知识产权强县（市）工程县（市）"等称号。永安镇农技站站长王汉清和同事们自1982年至2007年的25年里，共推广新技术80余项，新品种50余个，新肥料、新农药50余种，培训农民近10万人次，有效地推进了农业科技的利用率和普及率。

2002 年全市小学入学率、巩固率均达 100%，初中巩固率城区达到 99.5%、农村达到 98.5%。在农村税费改革后，浏阳确保 60% 的转移支付资金用于教育，其中 10% 用于危房改造，35% 用于消化"普九"债务，15% 用于解决教师误餐费。2003 年，全市有小学 442 所、初中 66 所、普通高中 9 所、职业中专 1 所。2004 年以来，淳口镇山田中学创造的"山田模式"，作为留守儿童教育的样板在全市、全省推广并逐步闻名全国。2005 年，累计投入改造学校危房 、改善基本办学条件资金 4900 万元，新建、改建、维修校舍 8.1 万平方米，消除危房 3.48 万平方米；浏阳教育经费"三个增长"（各级人民政府教育财政拨款的增长应当高于财政经常性收入的增长，并使得按在校学生人数平均的教育费用达到了逐步增长，保证教师工资和学生人均公用经费逐步增长）、贫困学生"两免一补"（免杂费、免书本费、补助寄宿生生活费）以及义务教育巩固提高等通过国家专项督查。2007 年 3 月，市委、市政府作出《关于建设教育强市的决定》。2009 年统计，从沙市镇秧田村、龙伏镇焦桥村、龙伏镇尚埠村、淳口镇杨柳村考出去的大学生中分别有博士 12 名、12 名、7 名、5 名，成为有名的博士村群。2010 年，全市已有 15 个乡镇（街道）实现教育强乡镇（街道）目标，227 所学校达到合格学校建设标准。通过整合优化，使教育资源配置不断合理，教学手段不断更新，教学质量不断提高，浏阳一中、浏阳三中、浏阳河小学等一批中小学已达到省颁"示范性"学校标准和"规范化"学校标准。2012 年，

沙市镇秧田村“博士村”

全市有各类学校 289 所，教职员工 8722 人，在校学生 153658 人，招收学生 37848 人，毕业学生 33949 人。另有幼儿园 290 所，幼师 1694 人，在园幼儿 43925 人。全市初中毕业生升学率 97.71%，职业学校毕业生就业率 98% 以上，高考录取 4691 人，总录取率 84.7%。

红心依旧

文体卫生社会治理的创新发展

2005年，浏阳先后举办纪念谭嗣同诞辰140周年、胡耀邦诞辰90周年及抗日战争胜利60周年等系列活动；启动广场“月月乐”活动，全年在浏阳河广场演出20多场。2010年，投资1.2亿元总建筑面积2.6万平方米的室内多功能体育馆竣工，举办了CBA季前赛（浏阳赛区）。10月19日至11月2日举行的浏阳市首届全民健身运动会，是中华人民共和国成立以来全市第一次综合性运动会，共设奖牌1101块，有112个单位报名参赛，参赛人数近6000人，赛会规模和参与人数均创浏阳市历史之最，同时围绕“我运动·我健康·我快乐”的主题，开展了全运宝贝评选、全运会会徽会歌征集、主题征文和摄影比赛等系列活动。2012年，相继策划组织大型文艺活动10余场，开展“欢乐浏阳河”等各类公益性群众文化活动及组织各类文艺演出50余场次，皮影戏演出、龙舟赛等传统文娱体育活动长盛不衰，受到群众欢迎；承办“体彩杯”第八届市直机关运动会、环城自行车骑行等大型赛事活动10多次，仅篮球活动即举办16次共740场，观众7.48万人次。文学艺术时有佳作问世，五律《壬申观北海九龙壁有感》、花鼓戏《石榴湾风情》《蓓蕾的呼唤》、油画《曙光初照》、根雕《九龙汇中华》、菊花石雕《傲霜图》等多件文艺作品在全国获奖。《中共浏阳党史大事记》《新浏阳50年党史资料汇编》《中共浏阳地方史（1949—2002年）》《浏阳人民革命斗争史》等党史读物相继出版。2003年至2012年共编辑印出《浏阳年鉴》10部。2007年12月出版《浏阳市志（1988—2002）》，第二轮修志规划的1部市志、40部乡镇街道志、60部行业部门志绝大部分均已出版或印行。2012年底，新建成的综合档案馆，有馆藏档案26.16万卷；市图书馆藏书17.91万册。2012年，《浏阳日报》每期发行量3.83万份。全市广播综合人口覆盖率100%，电视综合人口覆盖率98%，闭路电视用户23.5万户。浏阳网、浏阳新闻网等媒体，关注社会焦点、热点，贴近群众、生活。至2012年，浏阳先后进入“全国文化先进县（市）”“全国体育先进县（市）”行列，被评为“全国武术之乡”“中华诗词之乡”“全国楹联文化城市”。

2005年，浏阳被确定为全国新型农村合作医疗试点县（市），至年底已有96.62万位农民参加合作医疗，占全市农民的81.5%。2010年，全面启

气势恢宏的浏阳市体育运动中心

留在记忆深处的浏阳皮影戏演出

动公共卫生均等化服务项目，共免费为居民建立健康档案 35 万册，完成 65 岁以上老年人健康体检 8.97 万人，麻疹疫苗强化免疫 7.08 万人，乙肝疫苗补种 11.36 万人次，叶酸补服 1.59 万人。2011 年 6 月 20 日起，浏阳启动实施国家基本药物制度，所有药品实行零差率销售，基层医疗卫生机构共计减轻人民群众医药费用负担 4000 余万元。2012 年，浏阳被确定为全国县级公立医院改革试点县（市），破除“以药养医”机制，改革管理体制和运行机制，解决老百姓“看病难、看病贵”问题；至年底，全市有卫生机构50个，其中医院42所；卫生机构床位数6225张，其中医院床位数5845张；卫生技术人员6337人，其中医生2658人；年内诊疗301万人次，入院人数274115人；治愈率49.5%，病死率0.04%；白喉、脊髓灰质炎已连续10余年无病例报告。位于社港镇拥有“江氏正骨术”的浏阳市骨伤科医院、位于集里街道的拥有静脉溶栓等技术的浏阳市集里医院等一批医疗单位，坚持走专科特色发展之路，在湘鄂赣等省的患者心目中获得良好声誉。计划生育实行行政管理与村民自治相结合，并逐步朝着村民自治为主的方向转变，居于全省先进行列。2012年内出生人口18637人，人口出生率13‰；年内死亡人口8277人，人口死亡率5.8‰；自然增长人口10360人，人口自然增长率7.2‰。2012年实施城乡居民医疗保险制度，城乡居民医保参保率达95.5%，具有浏阳户籍未参加城镇职工医保的城乡居民，享受同等医保待遇，医保从城镇扩展到农村，率先进入“全民医保时代”。至2012年，浏阳先后被授予“全国农村初级卫生保健先进县（市）”“全国农村中医工作先进县（市）”、全国生殖健康/计划生育项目“先进项目县（市）”

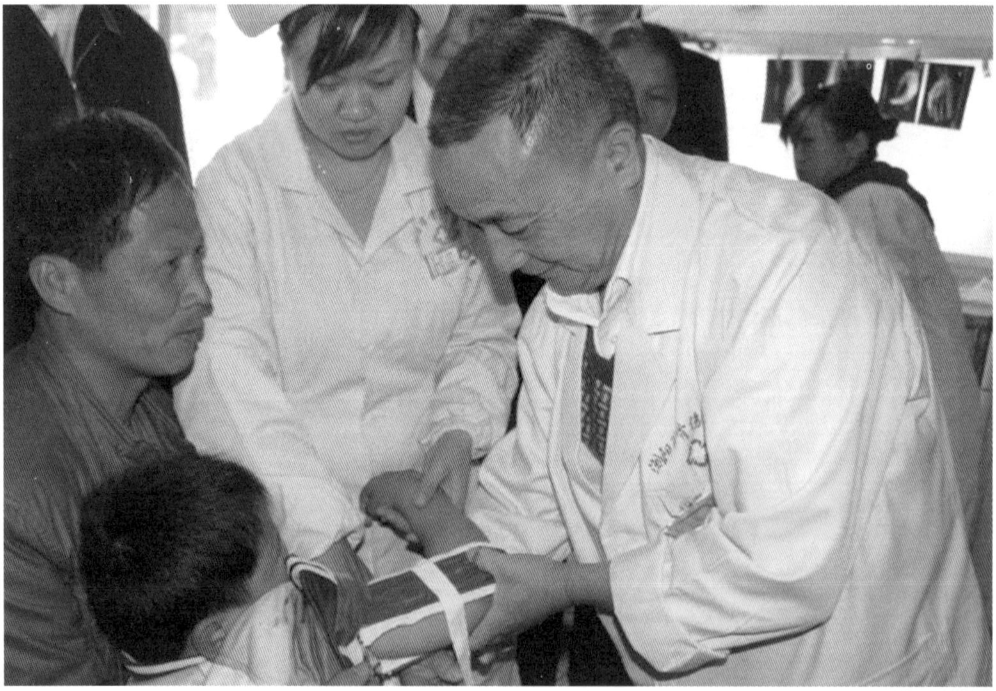

“江氏正骨术”在患者心中有口皆碑

等称号。

2003年，浏阳被授予“全国村民自治模范县（市）”称号；4月11日，浏阳市政务服务中心开业，营业厅总面积1200余平方米，成为湖南县级第一家“政务超市”，首批进驻37家单位、172个审批项目，向市民提供“柜台式”“零距离”服务；7月11日，在全省县（市）一级率先全面启动全市电子政务系统，标志着全市政务处理进入无纸化办公新里程。市委、市政府坚持把改善民生民利作为实施社会管理的基础，把整合社会力量作为加强社会管理的关键，把加强基层基础作为创新社会管理的重点，致力于以服务促管理、以管理强服务，培育发展了“五老”协会、义工联合会、志愿者团体等充满活力的新型组织，探索创造了流动人口管理、文明屋场建设、平安街店建设、民情走访调查、社会网格化管理、村组调解员制度等行之有效的经验，保持了社会大局和谐稳定。

2009年9月，浏阳成立民意调查中心，积极开展绩效考核社会公认度测评、城乡客运市场、优化效能监督、重要岗位监督、农村基层党组织带头人、党建工作、窗口行业文明指数测评、人民满意学校社会评价等项目民意调查，收集意见建议5000余条，提交调查报告10余篇，为市委、市政府和相关部门科学决策提供重要的民意参考，主动架设党政与群众沟通的连心桥。2010年，浏阳市法院的法官助理制度改革经验在全国推广；浏阳在25个省文明城市文明指数测评中排名第一。2011年4月21日，市委召开全市加强和创新社会管理工作会议，要求继续强化社会管理理念，完善社会管理格局，创新社会管理体系，健全社会管理机制，夯实社会管理基础，通过组织发动、项目推动、典型带动、考核促动，力争在全国率先形成浏阳特色的新型社会管理体系，为实现新跨越提供坚实保障。12月19日，从80个市直单位、37个乡镇选派工作人员组成401个村级群众工作站，推进帮扶解困、信访化解、环境整治、污染治理、经济环境优化、基层组织建设等工作。2012年3月5日，800多名志愿者集体宣誓，拉开全市“当文明浏阳志愿者，做学习雷锋排头兵”暨“推广雷锋故乡流行语——这是我应该做的”主题活动序幕，文明志愿活动在浏阳大地如火如荼；浏阳在40个城市（城区、县城）文明程度测评中位列第一；全市34个乡镇应急救援站全部建成；浏阳获评“法治城市创建工作全国先进县（市）”。

至2012年，株树桥水库管理局、浏阳市房产局乡镇房管办先后获评“全国青年文明号”，浏阳市爱心车队获评“第七届中国百个优秀志愿者服务集体”，集里医院获评“全国巾帼文明示范岗”，浏阳市人民法院获评“全国模范法院”，浏阳市人民检察院获评“全国文明接待示范窗口”，淳口镇南冲村获评“全国文明村”。践行社会主义核心价值观，见义勇为、舍己救人、诚实守信的传统道德在市场经济的大潮中依然闪闪发光。涌现出肖庆友、刘尚义、李行庆、屈细茶、陈顺英、唐勇等舍己救人和李科林、魏发祥、李承平等为抢救国家和人民财产而献身的烈士或英模。带病坚守

浏阳河上赛龙舟

农田倒在丰收路上的全国农技推广标兵王汉清，身患癌症仍带领村民脱贫致富的现代版“愚公”黄增科，心系群众一心为民的“草帽乡长”李孝全，拾荒助学数十年如一日的张坊镇老干部朱自明，带着患先天性心脏病的弟弟一起读大学的“向日葵女孩”何平，为新时期思想道德建设树立了光辉的榜样。

第七章

扬帆远航

进入中国特色社会主义
新时代时期的浏阳

（2012年11月—2019年12月）

“加速度”

新一轮交通建设高潮

2014年9月20日，连接浏阳市张坊镇和小河乡的张小公路改建工程全线竣工通车，一大早，沿线群众自发赶到公路两旁燃放烟花鞭炮庆祝。这是连接浏阳境内最东部的一条南北干线公路，也是小河乡去往张坊镇，以及连接大浏高速的唯一通道。从此，大山深处的人们，与外界的联系变得更加快捷与紧密。小河乡地处湘赣边境，距长沙市区约150公里，是浏阳乃至长沙最偏远、交通最闭塞、经济最贫困的革命老区。作为湖南省“十二五”规划交通基础设施国省干线建设项目之一，张小公路改建工程全长16.815公里，全线采用二级公路修建，设计速度为40公里每小时。从小河乡到大浏高速张坊茶林互通口，车程从1个小时提速至20分钟左右。至此，浏阳实现所有乡镇均能在20多分钟内驶上高速公路。[1]

① 王文隆：《浏阳所有乡镇20分钟上高速》，《湖南日报》2014年9月20日。

改造后的张小公路

中国共产党第十八次全国代表大会于2012年11月8日至14日在北京举行。大会的主题是：高举中国特色社会主义伟大旗帜，以邓小平理论、“三个代表”重要思想、科学发展观为指导，解放思想，改革开放，凝聚力量，攻坚克难，坚定不移沿着中国特色社会主义道路前进，为全面建成小康社会而奋斗。2013年1月28日，市委召开经济工作会议，贯彻落实党的十八大和中央、省、市经济工作会议精神。会议要求围绕“建设美丽浏阳、打造幸福家园”目标，突出交通融城、产业繁荣、园镇建设、人才选用、机制创新、作风转变六个重点，奋力实现率先建成全面小康的良好开局，为未来五年“挺进三十强、再创新辉煌”打下坚实基础。发挥市宣讲团、乡镇街道宣讲小分队、村社区宣讲员的作用，推进十八大精神和“中国梦”主题宣讲；开展十八大精神学习征文、文艺宣传和知识竞赛等活动，利用宣传栏、公益广告营造浓厚的学习氛围。十八届三中全会召开以后，浏阳市委中心组成员对全会通过的《中共中央关于全面深化改革若干重大问题的决定》等精神进行专题学习，促进十八大和十八届三中全会精神在浏阳的全面贯彻落实。

2014年1月6日，浏阳市委召开十一届九次全体（扩大）暨经济工作会议。会议确定2014年经济工作总体要求：围绕“挺进三十强、再创新辉煌”目标，把握“项目攻坚年”主题，实施“交通融城、产业兴城、人才活城、生态美城”发展战略，继续突出交通建设、产业繁荣、城镇提质、人才选用、改革创新、作风转变六个重点，打造湘赣边区域性中心城市。对浏阳县域经济优化，划出“七大板块园区”（国家级浏阳经济技术开发区、制造产业基地、两型产业示范园、浏阳河文化产业园、花炮产业集中区、浏阳河生态经济示范区和大围山国家级生态旅游示范区），支撑“一轴三带”（以浏永公路—浏大公路—大文公路为城镇发展主轴，以浏东公路为轴线的浏东城镇经济带，以浏跃公路为轴线的浏西城镇经济带，以永社公路为轴线的浏北城镇经济带）的发展，从而实现浏阳城乡全区域共同发展。

20世纪90年代以来，浏阳以“突破交通瓶颈”“交通先行”“交通融城”战略为引领，持续不断地修路架桥，发展交通，放大区位优势，交通基础设施建设取得了飞速发展，交通条件有了很大的改变，市内纵横交织、畅通内外、辐射周边的大交通格局初步形成，极大地促进了县域经济的发展和民生的改善，奠定形成了浏阳的城市格局。全市先后掀起三轮交通建设高潮：1992年至2001年为第一轮交通建设高潮。1992年，浏阳举全市之力，率先在全省改造建设第一条里程达33.086公里的高等级公路——319国道浏永公路，1996年10月1日竣工通车。1995年10月动工改道新建319国道浏大公路，全长32.385公里，2000年12月31日竣工通车。1992年至2001年，对106国道逐年进行改造，如新建水泥路、路面砂改油、油路大中修等；同时对境内4条省道均进行改造，使技术等级和路面级别显著提升。2002年至2008年为第二轮交通建设高潮。2002年，将必须联接的经济线路沟通，消灭断头路；并以乡镇为中心，向不通公路的死角开拓，从整体上构建市域“四路一环一带”的快速通道。浏东、永社、大文、浏跃四条国省道全面升级改造，总长169.4公里，总投资9.47亿元；东南、西南、东北、西北干线103.79公里和百里花木走廊61.243公里建设项目相继建成通车。2009年至2013年为第三轮交通建设高潮。在已建成“1小时经济圈”的基础上，2009年，浏阳以大规模、大投资启动长浏、浏醴、大浏3条高速公路及永盛大道等重点交通建设项目。2013年10月16日，长浏、浏醴、大浏3条高速实现全面对接融合，加上过境的沪昆、长株，浏阳境内共有5条高速公路，总里程227.31公里，高速公路里程从零跃居湖南全省县（市）第一，在浏阳境内共设17个互通口，全市所有乡镇均能在半小时内上高速，拉近了与长株潭城市群之间的时空距离。浏阳按照2011年9月闭幕的长沙市第十二次党代会确定的“对接长三角、融入长株潭、辐射湘赣边的次中心城市”的城市定位，敞开东大门的理想逐渐成为现实。

浏阳高速枫浆桥立交呈现苜蓿状美景

2016 年建成通车的金阳大道一期

2014 年以来，浏阳全面加快交通融城步伐，启动以干线公路为主的交通建设新高潮。“十二五”期内，共建设项目 22 个，总里程 359.2 公里，占长沙市项目总里程的46%，总投资58.22亿元，已完成开元大道一期和二期、国道 106 龙伏至浏阳段公路、南横线柏加段、省道 309 浏阳至官渡公路、国道 319 浏阳至大瑶公路、张小公路等干线公路的新（改）建工程。途经浏阳的 17 个乡镇、对接长株潭的长沙市南横线与北横线已公布规划线路等情况，正分段开工建设。2011 年至 2015 年，浏阳新、改建公路总里程 2425.66 公里，其中高速公路 227.31 公里，改建国省道 118.2 公里、县乡道 159.4 公里，硬化村道 1928.3 公里，浏阳公路通车总里程达 6396.5 公里。2016 年以来，融城大提速，对接长沙的无费快速通道金阳大道一期、梁高公路等多条公路建成通车，永社公路、花木走廊全面提质，道吾山路、西湖山路等7条城市道路全面拉通；全面启动实施“农村公路建设三年行动”，改造建设农村公路1500公里。截至2016年底，全市公路通车总里程达12716.55公里，其中高速公路5条227.31公里，国道3条220公里，省道11条219公里，县道47条857.48公里，乡道94条749.84公里，村道684条1984.07公里，一般村组道8458.85公里，322个行政村通畅率达到100%。2017年以来，全面实施农村公路“路长制”，荷文公路获评湖南省“最美公路”，永安镇永丰公路（Y076）被评为省级最美农村公路；金阳大道二期、大围山旅游干线等公路相继建成通车。浏阳已经形成以高速公路为大动脉、国省干线公路为主骨架、县乡村公路为支脉，辐射全市各个村落的公路交通路网格局，实现“对外大开发、对内大循环”的交通建设目标，有力推动了浏阳经济社会又好又快发展。[①]

随着交通的发展，湘赣边区域开放合作进一步密切，2014年12月18日至19日，首届湘赣边区域开放合作会议在浏阳举行，来自湘赣两省10个县市的政府领导出席会议。两省有关部门各负责人签署并发布《湘赣边区域开放合作浏阳共识》以及涉及交通运输、环境保护、安全监督、生态旅游、综治维稳等7项战略合作框架协议。2015年9月25日，全长9.26公里、总投资9.4亿元、18个月建成的浏阳西北环线通车，该路拉开了浏阳城市骨架，由当时的25平方公里扩容到50平方公里，城区面积扩大近一倍，进一步促进了交通路网整合。2016年9月28日，黄花国际机场浏阳湘赣边城市候机厅试运行，方便湘赣边12县市的近800万人口乘飞机出行。湘赣边区域合作上升到国家战略，长沙市委、市政府明确提出：支持浏阳打造湘赣边区域性中心城市和省会副中心。

2015年4月28日，在古港镇、淳口镇同时发出爆破声，长达10.7公里的浩吉铁路连云山隧道开钻，标志着该路浏阳段正式开建。2016年以来，先后建成贯通官渡特大桥、连云山隧道、大围山隧道等控制性工程，完成架梁、铺轨等工序任务。2019年9月28日，首发专列71001次列车驶入浏阳，标志着浏阳正式跨入“轨道时代”。浩吉铁路是我国一次性建成的北煤南运大通道，起于内蒙古鄂尔多斯市境内的浩勒报吉南站，终至京九铁路江西省吉安站，全长1813.5公里。浏阳段全长约96.8公里，投资约70亿元，自西向东共经社港、龙伏、淳口、关口、古港、沿溪、官渡、达浒、张坊9个乡镇，分别设置社港、洋春、浏阳东、三口、官渡镇、跨马、张坊、上

① 李中琪、李声义、唐学雷：《大交通建设助推浏阳经济驶入“快车道”》，《回忆录（第23辑）——新时期湖南城市建设（1978-2017）》，湖南人民出版社，2017年，第85页。

洪8个车站。除为浏阳的持续发展提供能源保障外，进一步畅通浏阳农、林、牧及矿山等产业产品的销售渠道，并为日后浏阳花炮实现铁路外运提供了便利。[1] 2019年新拉通城市道路8条，新改建农村公路492公里，获评“四好农村路”省级示范县。

①罗方平：《浏阳“驶入”轨道时代》，《浏阳日报》2019年9月30日。

浩吉铁路首发列车通过浏阳东站

满园春色

产业集群的壮大与产业繁荣

湖南省政府办公厅发布的《2013年度全省加速推进新型工业化考核结果通报》，浏阳市、浏阳经开区、蓝思科技分获县市（区）、产业园、企业类的“全省加速推进新型工业化一等奖”。长沙市通报的2013年工业经济指标也显示，浏阳市以规模工业增加值20.2%的增速位居各县市（区）榜首，浏阳经开区以规模工业增加值27.8%的增速位居各园区榜首。桂冠的获得，源于近年加速推进新型工业化的“浏阳经验”。一是搭建平台引企业。浏阳市相关负责人介绍，浏阳建设了经开区、制造产业园、两型产业园等工业经济“三园六区”作为产业承载平台，主攻生物医药、电子信息等七大产业，引进了蓝思科技、介面光电等大批优势企业。至2013年底，该市过亿元企业258家。二是强化服务促发展。为帮助企业发展、及时解决其困难和问题，浏阳坚持推行“一线工作法”和“现场观摩法”，现已形成完善的服务体系，成为民营资本的投资热土。三是科技创新激活力。浏阳与100多家重点高校和科研机构合作，加大科技创新力度，推出系列措施激发企业创新热情，为企业发展注入强大动力。[①]

园区是推进新型工业化和城镇化的主要载体，是全市建设两型城市和实现全面小康的重要支撑。浏阳市委、市政府始终坚持工业向园区集中、产业向园区集聚、政策向园区倾斜，使园区成为富民强市的核心动力。2013年，全市上下紧紧围绕“挺进三十强、再创新辉煌”目标，县域经济综合实力排名全省第2位，县域经济与县域基本竞争力跃居全国百强第47位。大力实施产业兴城战略，加快产业转型升级，并不断优化产业格局，形成国家级浏阳经开区、制造产业基地、两型产业示范园、浏阳河文化产业园、花炮产业集中区、浏阳河生态经济示范区、大围山国家级生态旅游示范区七大板块园区，电子信息、生物医药、机械制造、鞭炮烟花、健康食品、生态旅游、现代服务、文化创意八大产业。工业经济量效齐增。实现规模工业总产值1340亿元，增长35%，成功创建国家再制造产业示范基地。园区经济增长强劲，经开区、制造产业基地、两型产业园实现规模工业总产值510亿元、177亿元、30亿元，分别增长39%、33.1%、41.4%，完成财政收入17.5亿元、6.1亿元、1.3亿元，分别增长40%、20.5%、56.6%。全市

① 王文隆、李治：《浏阳加速推进新型工业化》，《湖南日报》，2014年3月6日。

规模工业企业达790家，年产值过亿元企业262家，过10亿元企业12家。乡镇特色工业集中区快速发展，实现工业总产值183亿元，增长26%。电子信息、生物医药、机械制造、健康食品等支柱产业主导作用进一步增强，蓝思科技排名跃居全国民营企业500强第309位，尔康制药引进全国首个药用辅料工程技术研究中心，宇环数控税收增幅达170%。花炮产业集群实现生产总值190.9亿元，增长10.5%。新组建大型烟花集团3家，淘汰散小乱差花炮企业100家，研发应用无硫发射药，实现烟花燃放安全环保新突破。成功举办第十一届中国（浏阳）国际花炮文化节系列活动，浏阳花炮上榜中国“五星级地理标志”。[①] 2016年，创新举办了首届中国（浏阳）国际烟花爆竹交易会，促进了产业发展齐头并进。

① 余勋伟：《政府工作报告》，浏阳市市志档案局编《浏阳年鉴（2014）》，方志出版社，2014年版，第10页。

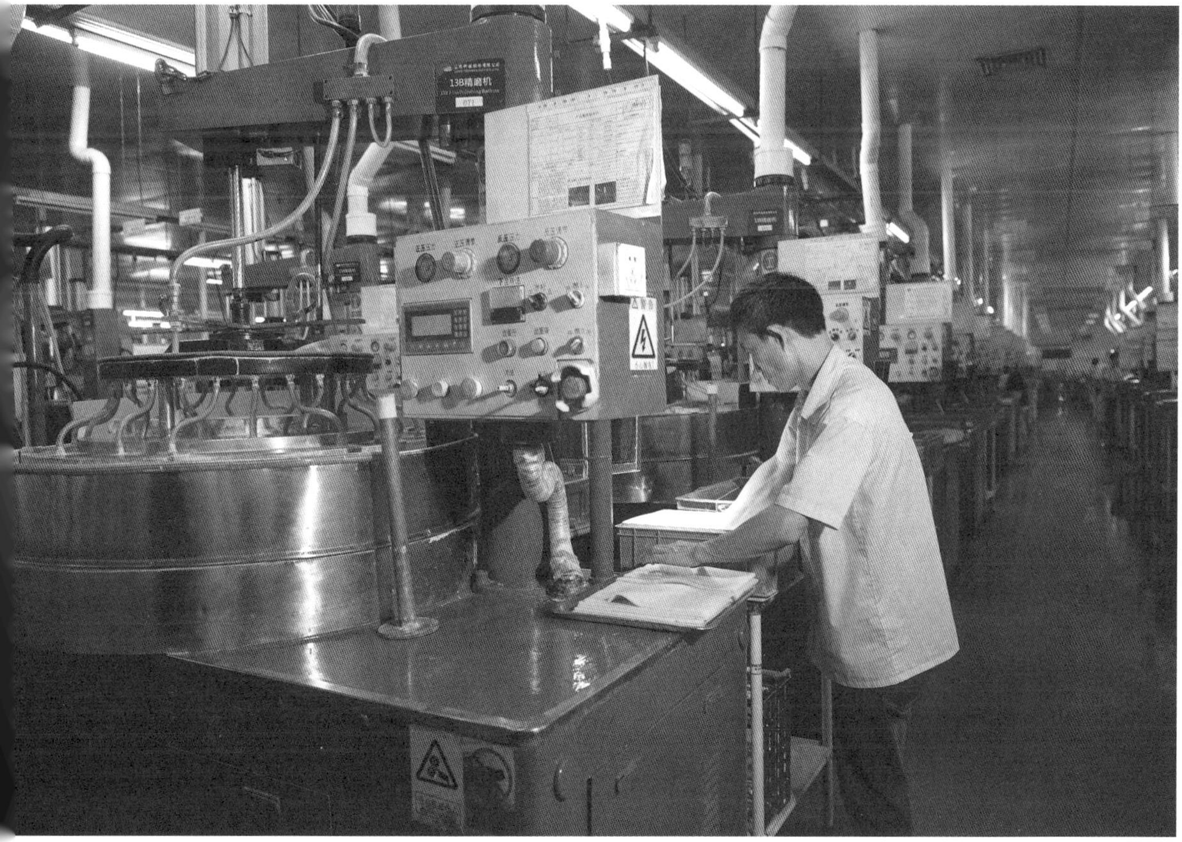

蓝思科技股份有限公司的生产车间

湖南尔康制药股份有限公司外景

长沙国家生物产业基地的前身是浏阳工业园，2012 年 3 月升格为国家级经济技术开发区。2013 年，浏阳经开区被授予为湖南省循环经济示范园区、湖南省中小企业信用体系建设示范园区。2015 年，园区以尔康制药为龙头的生物医药、以蓝思科技为龙头的电子信息和以盐津铺子为龙头的健康食品三大主导产业均实现快速增长，蓝思科技、永清投资、尔康制药上榜“湖南百强民企”，全园首次跃上技工贸总收入 1000 亿元、财政总收入 30 亿元台阶，成为湖南省第五个“千亿园区”，高新技术产业比重达到 84.7%；12 月，成功获批国家新型工业化产业示范基地（电子信息）。2016 年，入选长江经济带国家级转型升级示范开发区。2017 年，紧扣国家大兴实体经济主题，抓产业链发展和品牌园区建设，打造“产业发展引导区、营商环境示范区、体制创新先行区”，获评湖南省 134 个省级以上产业园区中综合评价第一名、长沙市国家级园区重大项目建设流动观摩评比第一名、长沙市国家级园区绩效考核第二名；园区依托医药科技创业中心建设的“生物医药众创空间”获科技部国家众创空间核准。2018

年，获评中国生物医药最具特色、最具潜力园区，入选“‘一带一路’经济开发与自贸园区联盟”。2019 年 9 月 27 日，总投资 320 亿元的惠科国内首条大尺寸 OLED 生产线项目破土动工，为浏阳制造业高质量发展注入更加强劲的动能。

湖南浏阳产业制造基地坚持“产业融城、园镇合一”的方针，形成装备制造、汽车零配件和再制造三大主导产业体系，以及精密加工、烟辅材料、生活用品等新兴产业，以中铁五新重工业为代表的一批高新技术企业成长良好，拥有自主知识产权，产品质量得到用户好评。2013 年成功获批湖南省新型工业化产业示范基地、省级知识产权示范基地、长沙市创新型园区和长沙市首家精益生产试点园区。2015 年，获批湖南省“博士后创新创业实践基地”，高新技术企业 26 家，全年实现高新技术产值 106 亿元，申请专利 127 件，发明专利 39 件，成功获批博士后科研工作站和院士专家工作站。2016 年 7 月 29 日，经湖南省人民政府批准设立，省级“浏阳高新技术产业开发区”授牌，并获得“中国循环经济十佳绿色发展园区”称号。2017 年，园区以法泽尔动力为龙头的再制造企业增至 35 家，产值 45 亿元，成功获评国家首批“绿色园区”、中国产学研合作创新示范基地。2018 年 11 月 13 日，总投资 30 亿元的天玥碳化硅材料项目开工建设，标志着国内最大的第三代半导体碳化硅材料项目及成套工艺生产线正式开建。12 月 8 日，总投

湖南中铁五新重工有限公司生产车间

资50亿元的深圳市豪恩声学股份有限公司声学产品智能制造项目开工建设，填补浏阳声学高科技产品领域空白。2019年，获批国家中小企业高新技术产业化示范基地。

浏阳市农业科技产业园自2012年更名为两型产业园以来，按照“两型引领、工业兴园”的发展方针，坚持科技创新、两型发展，在制度、技术、人才和环境等方面的创新上取得突破，2013年被授予“长沙市创新型园区”；10月25日，市委、市政府组织召开两型产业园产业发展规划评审会，同意园区逐步形成以食品产业主导、多种产业和谐共生的发展格局，力争到2030年将园区建成为两型社会的示范区、食品产业的集聚区、新兴产业的样板区、生态宜居的新城区、支撑发展的增长极。2015年，园区已被列为全国农产品加工基地、湖南特色食品产业园，有入园企业45家；10月16日，园区总体规划修编通过市政府组织召开的专家评审会，定位为全国知名、省内领先的健康安全食品产业园区、湘东经济产业带上的产城融合样板区、浏阳河生态走廊上的两型生态新城。2016年，园区年产值过亿元企业19家，新增省规模企业5家、省级龙头企业1家、长沙市级龙头企业2家，获批长沙市小巨人企业7家，创湖南名牌产品1个，申请专利42件；8月按照市委“园镇合一”体制改革方向，园区与古港镇开启融合发展模式；11月被授予“长沙市两型产业双创基地”称号。2017年，湖南坤源生物科

浏阳市两型产业园办公大楼

技、湖南飘香食品、湖南湘鹰食品科技3家公司被认定为省级高新技术企业，填补了园区高科技企业的空白。2019年，获批国家农村创新创业园区。

浏阳河文化产业园以浏阳河城区“一河两岸”八公里为核心区域，以“浏阳河”“浏阳烟花”为重点品牌，构建“欢乐浏阳河”“智慧浏阳河”“浪漫浏阳河”为内容的“浏阳河”文化价值新体系，通过建设“智慧浏阳河”文化创意孵化基地、欧阳予倩文化产业示范基地、长兴湖文化商贸综合区和西湖山文化创意拓展区，推进全市烟花创意、文化旅游、工艺美术、中医养生和新兴创意五大主导产业发展。2013年，获评长沙市首批文化产业示范园区、长沙市“一地一品”创业示范商圈；举办了“智慧浏阳河”首届文化产业高峰论坛和浏阳河首届音乐节。2014年7月，大瑶强盛龙狮艺术团代表湖南省参加在江苏苏州举行的全国舞龙展演，以《烟花龙舞》节目获唯一金奖，2015年12月在第十二届中国民间文艺山花奖评选中获得最高奖山花奖。2015年，浏阳河文化产业园作为首个特色文化园区品牌入选《中国文化品牌报告（2015）》，并凭借“在文化产业化和产业文化化的双向对接实践中推进文化品牌体系建设”的发展理念上榜“中国产业园区成长力百强”。2016年，园区引进文化企业23家、产业项目5个，实现文化产业增加值217.1亿元，占GDP的17.87%；入选湖南省首批特色文化产业示范园区、长沙市同心园区；“智慧浏阳河”文化创意孵化基地被评为长沙市创新创业带动就业示范基地。2017年，该基地提质升级获评“湖南省创业孵化基地”；“一起来唱浏阳河”文化品牌巡演项目被人力资源和社会保障部评为优秀项目奖；挂牌为“浏阳市文化科技创业孵化基地”的国际烟花创意梦工场被评为“全国特色文化产业重点项目”和“长沙市优秀文创楼宇”。2018年10月2日晚，“浏阳焰火大会”暨第八届“创意杯”国际音乐焰火大赛在浏阳河畔精彩上演，浏阳花炮更显国际范。12月3日，浏阳全域旅游形象主题宣传口号面向全球征集活动落下帷幕，“一河诗画，满城烟花——中国浏阳”最终被确定为浏阳市全域旅游形象主题宣传口号。全市红色旅游、绿色旅游串珠成链、交相辉映，为打造“国家全域旅游示范区”迈出坚实步伐。县域旅游经济增长质量位居全省第二。2019年，浏阳花炮获评“2019年金芒果好地标TOP榜年度十大推荐品牌”，智慧浏阳河文化创意孵化基地获评“国家级创业孵化示范基地”，全市蝉联“中国县域旅游竞争力百强县”。

与此同时，浏阳的乡镇工业因地制宜依托传统优势，大胆创新发展，

浏阳河文化产业园创意格子铺

走出了一条独具特色的发展之路。张坊镇的油纸伞、永和镇的菊花石雕、大瑶镇的花炮、镇头镇的纺织品都很有特色。位于北区的北盛镇是“中国建筑物资租赁之乡”，建筑器材租赁行业足迹踏遍全国 18 个省、100 多个城市，年租赁经营收入达 20 亿元。沙市、淳口、龙伏等乡镇成为实木楼梯生产区，共有生产企业 50 余家，年产值 40 亿元。该区已开发生产产品类型 100 余种，畅销全国 30 余省市区，在全国有 6000 余家销售网点，占有国内实木楼梯份额的近 10%。2018 年 12 月，在苏州举行的第十一届中国楼梯行业年会上，浏阳市被全国工商联家具装饰业商会授予“中国楼梯之乡”荣誉称号。

2018 年，全市 15 条工业新兴及优势产业链集中发力，以强劲动能推动浏阳经济高质量发展，全年规模工业总产值同比增长 10%，其中 15 条产业链的规模工业总产值同比增长 22%。2019 年，新引进项目 209 个，其中投资过 100 亿元以上项目 1 个、50 亿元以上项目 4 个，韵达湖南电商总部、蓝思新材料等项目进展顺利，华域视觉、蓝思智能、盐津铺子烘焙等项目实现投产，重大产业项目扎实推进，发展动能更加强劲。浏阳先后出台“浏花十条”“浏十二条”，[1] 设立产业投资基金，成功入选财政支持深化民营和小微企业金融服务综合改革试点城市，排名中国工业百强县第 11 位，获评“全国消费品工业‘三品’示范城市”。[2]

① “浏花十条”：《浏阳市推动花炮产业高质量发展十条》；“浏十二条”：《浏阳市优化企业服务十二条措施》。

② 三品：增品种、提品质、创品牌。

绿水青山

城乡统筹与生态文明建设

绿水青山间散布着一栋栋农家小院，洁净的沥青路延伸到每户人家，乡邻爽朗的笑声四溢，“道德模范榜”等文化景观随处可见在湘赣边界、浏阳河畔的湖南浏阳市，这5000平方公里上的每一个乡村都有美丽的注解。出长沙城区东行几十公里，一进亚洲湖村，就看到月牙湖波光闪动，湖水清澈见底。孩子们在湖畔戏水，两岸绿树掩映，各色花儿争奇斗艳，一层层的稻浪翻滚荡漾。“过去的亚洲湖，可没这么漂亮，湖水不干净，村容村貌不雅观。”村支书罗新德说，前些年大家都忙着挣钱，对村里建设和管理不太上心。2016年的亚洲湖村，院落干净，道路整洁，宁静清雅的农家书屋，宽敞明亮的室内篮球场，现代化的自行车驿站，沿着村道绕村一圈，竟然不见一片垃圾纸屑。在60公里外的达浒镇象形村，近年来通过美化环境、整理河道、完善配套，也从一个不起眼的小山村变成了远近闻名的“湘东小桂林”。每逢踏春、秋游旺季，周末每天接待游客上万。亚洲湖村、象形村的变化，是浏阳市创建全域美丽乡村的一个缩影。2011年以来，当地以政府资金为引导，以闲置宅基地、土地有偿退出、有偿使用等改革为动力，千方百计调动群众投工投劳、园区企业和富裕村民捐资积极性，推进城乡统筹、环境同治，创建“幸福屋场”。[①]

2013年，浏阳市委、市政府大力实施“54321”工程，即建设永安、大瑶、镇头、沿溪、大围山5个新农村示范镇，发展40个新农村示范村，打造3大特色产业示范线，培育20家农产品精深加工龙头企业，治理1条母亲河。5个示范镇建设，共安排项目185个，完成投入90.7亿元。40个新农村示范村总投入2.92亿元，新修村级公路82.55千米，整修水渠15.08千米。开展“百亿信贷支三农，助推城乡一体化”专项活动，发放涉农贷款102亿元。浏阳市被评为湖南省社会主义新农村建设先进县（市、区），大瑶镇获长沙市小城市建设第一名，永安镇永新村、达浒镇书香村获评全省挂牌示范村。12月11日，全省城乡发展一体化现场研讨会在浏阳市召开，来自省、各县市的负责人和专家学者80余人齐聚浏阳，并现场参观大瑶镇的小城市建设、永安镇的城乡一体化建设和沿溪镇的现代农业建设。会上，浏阳等4县市分别就各自城乡一体化发展进行了经验介绍发言。

① 苏晓洲、周楠、阳建：《这里的每个乡村都有美丽的注解》，《新华每日电讯》2016年11月15日。

2015年，启动“城乡统筹、环境同治”新三年行动，打造21个“美丽乡村”、45个“幸福屋场”和284个“整洁屋场”，大瑶镇获评全省首批美丽乡镇示范镇。强力推进拆违控违，拆除违法建设50万平万米。实施“最严城管令”，完善“门前三包”责任制，建成城东夜宵市场和10处摊担疏导区，城市管理工作在长沙市城市管理综合考评中排名第一。继续开展“三年造绿大行动”，筹措资金3.1亿元，打造绿色通道190.6公里，完成绿化造林5万亩。严格落实新环保法，强力推进“清霾、碧水、静音、净土”行动，环境质量不断改善，三大河流出境断面水质考核合格率100%，获“全国十佳生态文明城市”和“中国生态魅力市”“全国休闲农业与乡村旅游示范县”等称号。3月13日，“长寿之乡·养生福地——首届浏阳河乡村休闲养生文化节”在高坪镇举行，该镇3.8万人中，100岁以上老人有5人，90岁以上老人有93人。12月31日，位于浏阳城区的白沙洲大桥（六桥）建成通车，进一步完善路网结构，有效带动浏阳河两岸周边的综合开发建设。

2016年，完成新一轮城市总体规划修改，科学优化城乡发展格局，新屋岭、长兴湖、西北环线等片区加速崛起，主城区面积扩大到50平方公里。大瑶镇入选首批中国特色小镇，大瑶、永安、镇头入选国家重点镇。“一轴三带”新型城镇化格局基本形成，城镇化率达58.2%。湖南省农委、省旅游局、省文明办联合下发《关于支持浏阳市开展全域美丽乡村试点县（市）建设的意见》后，3月19日浏阳在全省率先启动全域美丽乡村示范县（市）创建，推介10条休闲农业与乡村旅游精品线路。随后又评选中和镇苍坊社区荷花博览园、古港镇松山屋场、官渡镇中洲屋场、金刚镇桃树湾古民居群、永安镇华山屋场、社港镇淮洲村、高坪镇南车湾、中和镇长寿屋场、普迹镇河家湾景区、达浒镇象形村为全域旅游十佳美丽乡村示范点。全市100多个美丽乡村和500多个幸福屋场，将浏阳5007平方公里大地绘成一幅美丽画卷，实现乡风民风、人居环境、文化生活“三个美起来”。5月6日，浏阳召开美丽乡村建设推进大会，启动“全域美丽乡村建设三年行动计划”。6月24日至28日，全省美丽乡村示范创建村党支部书记培训班在浏阳举行，123名村书记（主任）集中学习“浏阳经验”，全市乡村旅游收入半年多时间突破100亿元，拥有休闲农业经营主体340家、全国生态旅游示范区1个、全国休闲农业与乡村旅游示范点1个、星级农庄19个。在8月举行的全国农村精神文明建设工作经验交流会上，市委书记曹立军以《推进全域美丽乡村建设，提升农村精神文明水平》为题介绍了“浏阳经验”。

11 月 6 日，在北京举行的第二届全国生态文明建设高峰论坛暨城市与景区成果发布会上，浏阳市获“美丽中国典范城市”称号，是全国唯一获此殊荣的城市。2016 年，椒花水利枢纽工程成功纳入国家“十三五”大型水库新建规划，投资 59.18 亿元，于 2019 年正式开建；农村公路建设“三年行动”启动，浏阳河沿岸 500 米范围内畜禽规模养殖退出全面完成，拆除养殖场面积 42.36 万平方米，浏阳继 2014 年首次入选后再次上榜获得“中国全面小康十大示范县市”荣誉，大围山获批国家地质公园，沿溪镇沙龙村被评为全国美丽宜居示范村。

2017 年 4 月浏阳全面启动河长制工作，建立“目标明确、多方协同、运转高效、监督有力”的工作模式，初步形成共治共享、共建共管的水资源保护治理格局，全市共明确 1773 名河长，其中市级（联系）河长 37 名，乡级河（段）长 245 名、村级河长 322 名、片区河长 1169 名，所有河流、水库及沟渠塘坝全部纳入河长制管理，实现全覆盖。通过灾后评估，2017 年修订《浏阳市城市防洪规划报告》，出台《关于深入推进全市水利建设构建水安全保障体系的若干意见》《浏阳市水利建设攻坚行动方案（2018—2020）》，每年水利投资连续保持在 4 亿元以上。连续扎实推进生态环境

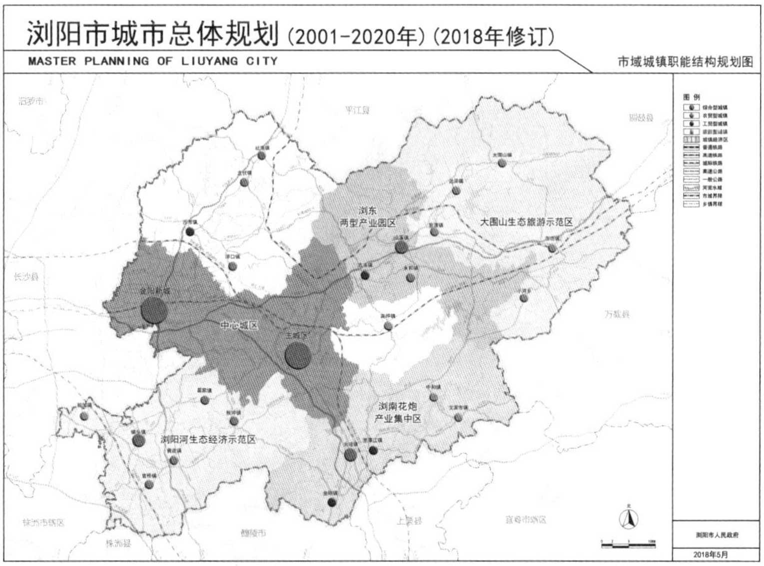

2018 年修订的《浏阳市城市总体规划（2001—2020）》

保卫战，争取国家开发银行贷款，永和地区磷矿独立工矿区基础设施改造项目进入实施阶段；庙冲尾矿库闭库及锰污染综合治理工程完成主体工程建设；七宝山地区历史遗留废渣治理工程已通过竣工环保验收；编制《柏加镇绿心区控制性详规》等区域发展规划，实现50平方千米绿心区日常监测的区块化、实时化、全覆盖，查处违法用地行为64起，投入200余万元推进柏铃绿心村庄建设，柏铃社区成功获得湖南省两型社区认证。全市119件中央环保督察交办件全面销号，全年空气质量优良率排名长沙第一，《长沙市大围山区域生态和人文资源保护条例》颁布实施。2017年10月举办第十一届房地产交易展示会，首次引入"互联网+"模式，让市民通过网上选房购房；同时与城市形象巡展推介相结合，让湘赣边县市进一步了解认知浏阳。

2018年对《浏阳市城市总体规划（2001—2020年）》进行修订，市域城镇职能结构更加优化。市行政中心所在地关口以及城区的集里、荷花、淮川四个街道建设步伐进一步加快，城市功能更加凸显，市容市貌更加漂亮。道吾、长兴湖等片区开发有序推进，拉通道吾山路、白沙路等13条城市道路；完成7个社区提质提档，改造老旧小区25个，新增停车位1100个，实现管道天然气入浏阳，建成浏阳河截污干管改造工程，启动浏阳河城区段"一河两岸"文化旅游产业带建设。高标准启动金阳新城规划编制工作，全力打造特色小镇和小城镇，大瑶镇获评中国最美乡镇，沙市镇获批全国运动休闲特色小镇，永安镇和官渡镇获批国家级田园综合体项目试点。永安和大瑶都是主轴上重点小城镇。2015年永安镇获得全国文明村镇，在打响蓝天保卫战之后，12个村免费投放垃圾桶4360个，每个村聘用保洁员对垃圾进行集中回收处理，现在空气更清新、道路更整洁，放眼望去都是葱郁的植被和别致的房屋，宜居更宜业。2017年，永安镇实现园镇规模工业总产值392亿元、财政总收入13.5亿元、固定资产投资130亿元。近十年来，大瑶镇先后成为全国小城镇建设示范镇、全国经济发达镇行政管理体制改革试点镇、全国农村宅基地制度改革试点镇，改革红利不断释放。2017年，大瑶镇烟花产业实现产值105亿元，生态良好的城镇建设已发展到一定规模，从"烟花小镇"蝶变为"田园城市"。

浏阳市是湖南省唯一一个国家级农村土地改革试点区，农村宅基地制度改革、集体经营性建设用地入市改革、农村土地征收制度改革"三项试点"工作稳步推进。自2015年3月开展浏阳市农村土地制度改革"三项试

浏阳市花炮大道集里段

荷花街道街景

点”工作起，截至2017年年底，浏阳市出台了17项土地制度改革方面的政策，完成258个村庄的规划修编工作，办理宅基地确权28.75万宗，确权率达84.22%，收取宅基地有偿使用费584万元，拆除“一户多宅”1.46万宗（含杂屋）、面积1310亩，新批准宅基地占用耕地比例同期下降32%。完成集体经营性建设用地入市10宗、527.58亩，成交总价款5893.32万元。浏阳市承办鄂湘黔农村土地制度改革试点工作推进现场会，浏阳经验成了交流样本。[1] 2016

① 庄超、王文珍主编，罗付金编著：《中国改革开放全景录·湖南卷》，湖南人民出版社，2018年版，第75页。

年1月5日，北盛镇亚洲湖村作为整村推进不动产确权登记试点村，与浏阳城区同步颁发了湖南省第一批宅基地“房地一体”不动产权证书，至年底全村895家农户，有866家农户完成确权登记，确权登记率达96.8%。2017年，浏阳“建设权证”试水，永安镇西湖潭村354.38亩集体经营性建设用地的使用权挂牌出让，浏阳星辰商业发展有限公司依法依规摘牌，村级合作社代表村民以摘牌价入股，占公司股权10%。双方签订合同，计划在这块闲置土地上建设一个一流水平的现代家具产业集中区，进一步激发了农村土地的潜力和活力，土地改革的红利也持续释放。

2018年，浏阳继续统筹推进农村土地制度改革，创新实施“五大行动”，

在全市范围内开展“一户多宅”大清理，拆除“空心房”1.3万宗。与此同时，积极开展农村宅基地“三权分置”和“城乡合作建房”改革，实现集体经营性建设用地入市104宗、面积1696.93亩、总价款2.27亿元。获国务院建设用地计划指标奖励1000亩。浏阳土地改革激活农村发展，村居村貌焕然一新。

2019年，浏阳空气质量优良率达95.3%，三大流域水质稳定达标，浏阳河入选全国示范河湖建设名单、出境断面水质均值稳定达到Ⅱ类标准，兑现了“涵养一河碧水到湘江”的庄严承诺。大瑶、柏加、社港、文家市获评湖南省特色产业小镇，沿溪入选国家农业产业强镇，全市获评“国家农业绿色发展先行区”“全国农村电商十强县”。

淮川樟树潭湾

第一生产力

人才选用与政务服务

2016年7月9日，浏阳第十一届“揽万名英才·助浏阳腾飞”工业企业人才招聘会在长沙贺龙体育场举行。据统计，当天有827人与浏阳企业达成就业意向，浏阳电子信息、机械制造、鞭炮烟花、健康食品等60余家企业带来2800余个岗位吸引新人才。其中，浏阳经开区、制造产业基地等园区的用工需求非常旺盛。浏阳经开区有20家企业进行现场招聘，仅蓝思科技一家企业未来的用工需求就达到28000人。制造产业基地的19家企业也带来500余个岗位。2016年下半年，制造产业基地的安靠电源、汉科德科技等企业即将投产，需求以普工、技工等专业技术型人才为主。[①]

事业因人才而兴。改革开放以来，浏阳市委、市政府一直大力推进人事制度改革，使一大批人才在全市经济社会快速发展中找到用武之地，大展身手，不断推动县域经济发展走在前列。1995年初，浏阳面向全省招聘科局级青年干部，开长沙地区四县（市、区）之先河。1996年，把“选贤任能”作为全市“四大主攻”战略之一。1998年8月，市委八届二次全会讨论通过并作出《关于实施跨世纪人才工程的决定》。1999年1月，市委办印发《浏阳市跨世纪人才工程实施办法》，给予每位到浏阳工作的外地硕士研究生10000元的安家费，本科毕业生5000元的安家费。2000年4月，市委、市政府再次发出《关于全面促进人才兴业的若干规定》。这一系列政策的实施，为全市人才工作指明方向，更新观念，浓厚氛围，建立人才机制，搞活人才市场。

2012年以来，实施引才、育才、用才、荐才“四项计划”，制订《人才引进“5358”工程实施意见》（用5年时间引进3000名教育、卫生和机关事业单位人才、5000名企业中高层管理人才、80000名企业专业技能人才），建立健全编制管理、住房补贴、创业扶持等政策措施，出台《进一步加强人才工作的实施意见》，完善人才政策体系，建设好人才公寓，解决人才后顾之忧，聚合人才服务发展大局。全市先后启动的“相约浏阳河”“5358”人才引进工程，产生了区域人才高地效应，至2016年，“5358”人才工程5年引进各类人才共10万人。2017年，浏阳坚持精准引才、用心留才、科学育才，推出“专业英才千人计划”，出台《关于进一步优化人才发展服

①《浏阳60余家企业长沙揽才》，新华社2016年7月13日电。

浏阳市 2016 年公开招聘教师笔试考场圭文实验小学考点

务的若干措施》，面向全国高层次人才发布招贤令，未来三年将精准引进专业英才 1000 名。2018 年，吸引 31 名博士生来浏阳竞岗面谈，11 名博士生签约浏阳，在全省县（市）中率先成立科技创新专家咨询委员会，全年认定专业英才 370 名。2019 年 11 月 7 日，浏阳隆重举行发布活动，对外发布了 10 名“爱国奋斗优秀人才”和 6 家“重视人才工作企业”名单。全市引进的各类人才中，海外专家、留学归国人员等来自浏阳以外的人才占到 60% 以上；机关事业单位中的“新浏阳人”达 1 万余人，主要产业中的“新浏阳人”超过 10 万人。浏阳“引、育、留、用”的人才工作链进一步完善。

在 2013 年召开的市委经济工作会议上，市委提出突出作风转变，着力强化经济发展的环境保障，要求“广大干部特别是领导干部要认真践行‘一线工作法’，摆正位子、放下架子、扑下身子，深入实际、深入基层、深入群众，认真解决企业发展面临的突出问题和人民群众遇到的实际困难。”[1]“一线工作法”（干部在一线锻炼、领导在一线指挥、问题在一线解决、能力在一线提升、绩效在一线考核、奖惩在一线兑现）在全市干部

① 曹立军：《开拓创新，赶超奋进，努力实现率先建成全面小康的良好开局》，中共浏阳市委办公室编：《浏阳通讯》，2013 年第 1 期。

白沙人才公寓

中大力倡导。同时，为了杜绝“门难进、人难找、脸难看、事难办”的情况发生，还提出“三个一律”，即所有市直部门和乡镇街道一律实行开门办公，工作时间内随时接待企业和群众，市级领导实行公开接访，领导姓名、职务和接访时间要公开告知；各职能部门的行政审批事项一律实行限时办结，认真落实“首问责任制”，全面公开办事流程，努力提高行政效能；各级各部门财政切块资金和项目专项资金使用情况一律实行公开公示，定期在浏阳日报、浏阳电视台、浏阳网等新闻媒体上发布，做到资金安排公开透明、用到实处。2013 年起，全市 4300 余名群众工作队员进村入户已成常态，将群众工作做新、做实、做深、做细，从群众最关心、最直接、最迫切的事情做起，认真解决了一批群众生产生活中的实际困难。2014 年，全市结合开展第二批党的群众路线教育实践活动，浏阳在全省率先建立市级领导公开接访处访制度，并将该机制延伸到各乡镇（街道）和市直单位，创新推行“双线交办”（市领导批示交办、群工任务交办）机制，一大批矛盾纠纷和信访问题得到及时有效化解；同时下放行政审批权力，再造流程，简化程序，让群众办事更便捷；全面运用信息化工作手段提升服务质量便利民生，开通12345热线服务平台，开办政府门户网站“市长信箱”、“浏阳发布”官方微博微信平台、浏阳论坛“百姓呼声”及浏阳网“民声通道”栏目，方便群众反映问题，均予以及时回复处理，群众满意度不断提升。4月，开始实施行政审批“四进式服务”（人员、公章、分管领导、所有手续进中心），率先在工商局、国土局等单位窗口试点审批服务“一站式”办结，高效畅通了服务企业和群众的“最后一公里”。

2016年2月14日，湖南省第一家集国税、地税、财政三方合署办公的“一站式”服务大厅在大瑶镇正式挂牌，方便企业办税，满足纳税人“进一家门，办三家事”的需求，实现了三方征管信息资源共享。9月13日，在岳阳召开的全省信访基层基础工作现场会上，浏阳市委副书记、代市长吴新伟介绍了浏阳通过创新“群众工作站＋网格化”模式，夯实信访工作根基，打通基层信访工作“最后一公里”的举措和成效。全市划分为2482个网格，形成了覆盖县、乡、村、网格四级群众工作网格，年内化解各类矛盾纠纷6000余起，调解成功率达95%，基本实现“小事不出村、大事不出乡、困难和问题解决在浏阳”的目标。同时，浏阳行政审批制度改革向纵深突破，在全省首创全面综合管理“路长制”，率先推行县域建设投资项目审批改革。2016年9月1日，全省首个县级“市民之家”建成启用，通过实施“三集中三到位”，推动36个部门入驻，设置窗口180个，可办644个事项，其中607项实现“最多跑一次”。在全省率先开发建设“互联网＋政务服务”平台，306个事项网上预审、208个事项网上申办、84个事项全流程网上办结。

2017年4月以来，浏阳围绕建设全省体制机制最活、办事效率最高、发展环境最优的县（市）目标，积极探索“放管服”改革的“浏阳路径”，在全省率先推进“最多跑一次”改革，要求全市各级各部门坚决打破利益藩篱，把“最多跑一次”改革作为一场效率革命、一项群众工作、一个廉政工程、一场作风竞赛。截至目前，全市共梳理群众和企业到政府依申请办理事项1064项，分三批次公布1012项“最多跑一次”事项，占总事项的95%，并公布事项办理流程和受理标准，基本实现了企业和群众到政府办事

2016年9月1日，浏阳市市民之家投入运营

“只进一扇门、只上一张网、只拨一个号、最多跑一次”的目标。在今年召开的省政府第一次全会上，浏阳获评全省2017年度“深化‘放管服’改革真抓实干、成效明显县（市）”。[①]

2018年，中共中央办公厅、国务院办公厅印发《关于深入推进审批服务便民化的指导意见》，要求以更快更好方便企业和群众办事创业为目标，以直接面向企业和群众的行政审批和公共服务事项为重点，推动审批服务理念、制度、作风全方位深层次变革。2月，浏阳发布《关于进一步深化“最多跑一次”改革，着力推进“马上办、就近办、网上办、帮代办”实施方案》，“最多跑一次”改革全面升级。5月2日，《浏阳市促进社会投资十条》正式下发，浏阳从支持工业发展壮大、补齐服务业发展短板、推动农

① 黎春秋：《将“最多跑一次”改革进行到底》，《湖南日报》2018年5月29日，第8版。

业产业化、放宽民间资本准入、推动金融机构支持实体经济等方面推出10大类政策措施，进一步激发民间投资活力，引导民间资本加大投入。6月，浏阳出台《关于进一步压缩企业开办时间的工作方案》，明确将企业开办时间压缩至3个工作日，成为当时湖南省企业开办时间最短审批时限的地区。与此同时，创新实行“并联审批＋集中审批”等方式，政府投资和社会投资核准类项目审批时限压缩至30个工作日，社会投资备案类项目审批时限压缩至25个工作日。浏阳所有乡镇都在村（社区）设立了“帮代办”工作人员，村民找政府办事基本不用出村了，服务群众的“最后一步路”得以打通。10月，浏阳发放全省首批“企业家绿卡”，进一步加强对企业的服务。2018年，全市有1158项政务服务事项实现“最多跑一次”，占总事项96.7%，全年民间投资增长25.5%。12月，福布斯中国发布“2018中国大陆最佳商业城市榜”，浏阳与北上广深一同入榜，排名第91位，是湖南省唯一进入百强榜的县（市），也是中西部地区唯一入榜的县级城市。

2019年以来，围绕“营商环境优化年”主题，浏阳大力推进“放管服”改革，下发《浏阳市推进“一件事一次办”改革进一步提高行政审批服务效能实施方案》，要求到2019年底，与企业群众生产生活密切相关的重点领域和办件量较大的高频事项实现“一件事一次办”；到2020年底，实现政务服务事项“一件事一次办”全覆盖。2019年，211项政务服务事项实现“一件事一次办”，企业开办实现“零成本”，新增市场主体14299户，总量突破10万户。排名县域经济与县域综合发展全国百强第10位、营商环境百强县第25位，获评“2019中国投资环境质量十佳县（市、区）”“全国法律援助先进集体”。

风清气正

党的建设和政治文明建设

如何让党员更好地开展活动、服务群众？浏阳按照“有阵地、有经费、有制度、有活动、有指导、有成效”的“六有”标准，在全市建立党小组2133个，使党小组遍布城乡、覆盖到全体党员。党小组每位党员要联系4至10户群众，定期走访群众家庭，重点关爱困难群众，第一时间对人民群众的需求做出回应，提供高效、贴心的服务，构建起10分钟党员群众服务圈。浏阳市七宝山乡将全乡党员划分成34个党小组。该乡笙龙党小组16名党员带头集资投劳修公路，义务植树，牵头开办合作社等，笙龙的产业经济和基础条件一年年变好。“党小组就是一个服务站，办事方便多了！”村民感叹道。2013年3月，浏阳在全市开展党小组服务大局、服务发展大竞赛活动，并全面推行党员干部联户制度。活动开展以来，共修建村组道路110多公里，安装农村路灯1100余盏，累计帮扶困难群众4500多户。[1]

2012年，浏阳市委组织部下发《关于进一步加强党小组建设的实施意见》，各地根据“有利于党员参加活动、有利于党员发挥作用、有利于推动工作”的原则，因地制宜，按照20名党员左右的规模设置党小组。每个党小组配备一名组长，每个党员联系4至6名群众，并安排一名以上机关干部对口指导具体工作。党小组长待遇、党小组学习经费、活动经费等纳入基层党组织运行经费，保证了每个党小组每月费用不少于100元，确保党小组设置有人员、有阵地、有经费、有指导。据统计，全市成立的2133个党小组中，按照地域特点，设立网格党小组480个、片区党小组836个、屋场党小组455个；根据产业、行业特点，在种植养殖专业合作社、非公经济组织、旅游行业协会等成立党小组311个；根据党员的年龄结构、特长兴趣等情况，组建志愿服务型、群众文化型、带动创业型等功能型党小组46个，建立流动党员党小组5个。同时，为了鼓励无职党员主动领岗、积极履责，党小组实行党员百分制考核管理，日常服务表现按次计分，考核优秀的党员有奖励，考核屡次不及格的做劝退处理，改变以往村干部唱“独角戏”、普通党员坐“冷板凳”的状况。2013年起，全市每年开展党小组服务大竞赛活动，分设环境整治、矛盾调处、计划生育、文明新风、文体生活等10个类别的竞赛项目，每年评选110个示范党小组，每个示范

① 王文隆：《浏阳党小组就是一个服务站》，《湖南日报》2014年2月21日。

党小组奖励 2000 元。把分散的党员联系起来，把无职的党员调动起来，浏阳市以党小组为纽带，促进党内学习活动开展。2133 个党小组坚持每个季度开展一次党员政治生活日、义务劳动日、志愿服务日活动，实现了“党员活动小型化、小型活动经常化”。古港镇毛连党小组坚持在每个月的农历十六开展党员学习培训活动，20 年来从未间断。[1]

淮川街道区域文化党建共建合作仪式

小河乡党员志愿服务队授旗仪式

① 夏似飞、孙敏坚、王文隆：《党小组做活大文章》，《湖南日报》2014 年 5 月 9 日。

2015年2月，在全市党的群众路线教育实践活动整改落实情况通报暨基层党建工作述职评议会上，56名乡镇街道和市直单位的党（工）委书记接受市委书记的逐一点评和市委委员的现场测评打分。该项述职评议活动全面覆盖市、乡镇（街道）、村（社区）三级党组织书记。浏阳积极探索创新党建工作，全面推进“在职党员进社区报到”，84个市直单位3678名党员志愿服务社区建设，全面推行党员分类百分制管理，被中组部确定为发展党员与党员管理工作联系点。淮川街道、小河乡、沿溪镇等地党组织因地制宜创建党建活动新模式，进一步密切了党同人民群众的联系，发挥了党员先锋模范作用。

2016年8月15日至18日，中国共产党浏阳市第十二次代表大会在城区召开，出席代表399名，代表全市6万余名党员。大会提出今后五年全市工作的指导思想是：以邓小平理论、“三个代表”重要思想、科学发展观为指导，全面落实党的十八大和十八届三中、四中、五中全会精神，深入学习贯彻习近平总书记系列重要讲话精神，按照“五位一体”总体布局和“四个全面”战略布局，牢固树立创新、协调、绿色、开放、共享发展理念，高度聚焦“湖湘宝地、美丽浏阳”城市定位，紧紧围绕“建设‘两个中心’，进军全国十强”奋斗目标，不断优化“一轴三带”“两城七园”“三河三山”发展格局，深入实施“交通融城、产业兴城、人才活城、生态美城”发展战略，始终坚持“改革推动、创新驱动、区域带动、项目拉动、城乡联动”发展路径，凝心聚力，开拓创新，为打造更加富饶开放美丽幸福的新浏阳而努力奋斗。在市委第一次全会上选举产生了常委会，以曹立军为书记，吴新伟、邱山东为副书记。在浏阳市第十七届人民代表大会第一次会议和政协浏阳市第十届委员会第一次会议上，吴震当选为市人大常委会主任，吴新伟当选为市人民政府市长，李家喜当选为市政协主席。2017年3月，中共长沙市委任命黎春秋为中共浏阳市委书记。

中国共产党第十九次全国代表大会于2017年10月18日至24日在北京举行。大会的主题是：不忘初心，牢记使命，高举中国特色社会主义伟大旗帜，决胜全面建成小康社会，夺取新时代中国特色社会主义伟大胜利，为实现中华民族伟大复兴的中国梦不懈奋斗。10月24日，省委组织部常务副部长胡伯俊到浏阳开展工作调研，要求深入学习贯彻党的十九大精神，努力开创党建工作新局面。全市建立“各级党政干部带头学、结合实际工作深入学、创新表达方式共同学”的学习机制，组织1200余名科级干部封闭式集中轮训，300余支宣讲团队走遍城乡凝聚共识。把话筒交给群众、把责任留给干部、把舞台赋予青年，新华社对浏阳市学习贯彻十九大精神的典型做法进行重点推介，相关报道日点击量超50万元。党的十九大精神读本覆盖全市1800余个基层党组织、2000余个党小组，通过开展讨论发言、交流研讨、心得分享、文艺晚会等多样化活动，使党的十九大精神深入最基层、最前线。组织理论宣讲巡回赛，胡耀邦故居管理局刘依濠代表湖南参加中宣部“砥砺奋进的五年”大型宣讲。2018年4月16日，市委书记黎春秋主持召开以“学习贯彻党的十九大精神和全国‘两会’精神”为主题的市委理论学习中心组集体学习，四大家领导班子围绕新思想进行交流发言，从理论维度进行探究，从现实层面进行思考。6月8日晚，市委、市政府主办“党的十九大光辉照乡村”文艺村村演首场文艺演出，随后通过文化小康艺术团深入全市基层进行巡演，把党的声音传到田间地头。7月18日，举行“推动高质量发展，建设现代化浏阳”理论面对面首场专题研讨会，开展大学习、大研讨、大宣讲、大调研，在全市掀起学习贯彻习近平新时代中国特色社会主义思想和党的十九大精神的澎湃热潮。通过一系列活动，推动习近平新时代中国特色社会主义思想在浏阳落地生根，形成生动实践。浏阳被省委宣传部列入学习宣传贯彻党的十九大精神示范点。

2016年以来，浏阳按照“纪委协调、部门负责、分级清理”原则，各相关职能部门分级开展各类项目资金大清理，共摸排143项涉农资金74亿余元，查处了一批典型案例。至8月底，全市共立案查处“雁过拔毛”式腐败问题88件，给予党纪政纪处分106人，移送司法机关处理6人，通报典型案例14件，挽回经济损失290余万元。[1] 2016年是换届之年，浏阳市市乡人大代表、市政协委员推荐提名工作于10月正式启动。按照中央、省、市统部署，浏阳市严格落实中央“九严禁”和省委“约法三章”换届纪律要求，严肃把关强化换届风气监督，以“零容忍”的政治态度严明换届纪律。对18批次704名市人大代表、2批次422名市政协委员拟推荐人选开展联合审查。派出26个实地考察组，对554名市人大代表推荐人选进行实地考察，对代表建议人选进行为期7天的公示。全市还建立电话、信访、网络和短信“四位一体”的举报受理平台，全面受理违反换届纪律问题举报。[2] 2017年9月28日，成立市委巡察办和4个市委巡察组；同时按照全面派驻、分类设置、职能明确、权责一致的原则，改革完善派驻机构领导体制和工作机制，实行统一名称，实现业务、干部、编制和职数由市纪委直接管理，共设立14

① 颜开云：《浏阳市：严查“雁过拔毛”式问题》，《长沙晚报》，2016年9月6日。

② 李静：《挺纪在前，强化监督》，《长沙晚报》，2016年10月12日。

个派驻纪检组，其中综合派驻12家、单独派驻2家，对全市76个市直单位实现全覆盖监督，其中71家市一级党和国家机关单位、5家市管企业（平台公司）。年内，通过开展巡察检查基层党组织党的领导是否坚强、政治生活是否健康、党的组织是否健全、党员干部是否切实发挥先锋模范作用，完成三批次13个单位的巡察，以及9个单位的整改工作“回访”督查，并于12月21日启动第四批4个单位的巡察工作。2017年9月至2018年1月31日，浏阳全面开展清理国家公职人员本人，领导干部的配偶、子女及其配偶，辞去公职未满三年或退休未满三年的领导干部，辞去公职未满两年或退休未满两年的一般公务员，违规参与涉矿、涉砂、涉渔、涉小水电、涉烟花爆竹、涉危险化学品、涉金融领域和涉服务行业8类经营性活动进行专项清理整治，国家公职人员一律不得利用职务或职权上的影响，在上述经营性活动中非法为他人谋取利益。

2016年，在庆祝建党95周年之际，为深化“两学一做”学习教育，浏阳开展寻找“最美身边共产党员”的活动。此次评选一改过去党员评先评优由党组织“一锤定音”的做法，而是让广大党员干部群众积极寻找和推荐身边的优秀共产党员，被称为“最美党员”海选工程。此次活动评选范围为浏阳市各行各业的党员，不管是积极服务家乡建设的流出党员，或是外地在浏工作生活的流入党员，还是党组织关系不在浏阳的企事业单位党员，只要为浏阳的发展建设作出了贡献的，均可成为“最美党员”推荐对象。“海选”在传统表格推荐方式的基础上，更多通过“浏阳党建”微信公众号和浏阳党建网的推荐端口，按照“我来找”“我来推”“我来选”“我来赞”“我来评”“我来学”等环节，动员广大党员干部发现身边榜样，传递榜样力量。74岁的义务宣讲员刘谷君，爱管“闲事”的流动人口党支书曹昌东，蓝思科技爱创新的80后“满哥”蒋珊汶，刑侦大队“侦破能手”易韬等一大批基层党员获得推荐。这也使得浏阳党建与时俱进地步入“互联网+”时代。数据显示，此次活动共有454名党员获得推荐，从中评定100名优秀党员。活动各环节网友点击量超过190万人次，仅在“我来赞”中参与微信点赞的就超过30万人次。[①]

2019年9月至11月，全市扎实开展“不忘初心、牢记使命”主题教育。围绕“守初心、担使命，找差距、抓落实”的总要求，始终抓住“理论学习有收获、思想政治受洗礼、干事创业敢担当、为民服务解难题、清正廉洁作表率”目标任务，聚焦主题主线，严格对标对表，把“学习教育、调

① 颜开云：《海选“最美党员”，浏阳党建开放接地气》，《长沙晚报》2016年6月28日。

沿溪镇72名党员纷纷主动签名与贫困户结对认亲

查研究、检视问题、整改落实”贯穿始终，真抓深学力改，担当尽责务实，推动学习贯彻习近平新时代中国特色社会主义思想取得新进步，激发了党员干部职工干事创业的责任感和使命感。浏阳大地上涌现的甘厚美、伍国强、蔺传球的先进事迹成为先进典型教育生动教材。文家市镇大成村退伍军人甘厚美，93岁高龄，70年党龄，从军10年，多次立功。70多年来，无论是从军当战士，还是回乡干工作、退休做农民，他始终不忘初心，坚守共产党人的本色，以自己的一言一行体现了一个共产党人的高尚情操，是真正的“人民功臣”。10月17日，中共湖南省委发出《关于授予朱再保、甘厚美同志“湖南省优秀共产党员”称号的决定》；中共浏阳市委作出《关于授予甘厚美同志“浏阳市优秀共产党员”称号的决定》，要求全省、全市各级党组织把开展向甘厚美学习作为一项重要任务，引导广大党员、干部、退役军人以先进人物为榜样，坚定理想信念，践行初心使命，立足本职工作真抓实干、攻坚克难，为建设家乡作出更大贡献。市农业农村局干部伍国强，自2014年以来的6年间，4次援藏，将现代养蜂技术带到山南，用自己的农牧技术帮助藏族同胞开创了一条“甜蜜”的脱贫路，7月22日，被中宣部授予“最美支边人物”称号。市应急管理局主任科员蔺传球，面对全市1200余家烟花爆竹等高危企业，在过去16年里他和同事们不怕得罪人，铁面无私抓监管，干出了不平凡的成绩，16年来浏阳的烟花爆竹产值增加了8倍，事故发生率却下降了90%。8月2日，他作为安监战线的先进典型，在国家应急管理部举办的全系统“不忘初心、牢记使命”主题教育先进事迹报告会上登台作题为《使命，让烟花安全绽放》的报告，并随团到全国部分省（市、区）作巡回宣讲报告。同时，全市各级党组织以支部为单位，开展每月一次的“主题党日”活动形成常态化，促进了党员意识的增强。

全面小康

推进脱贫攻坚与致力民生保障

2015年9月16日，张坊镇田溪村召开第一次众筹大会。会上宣布成立湖南西溪旅游发展有限公司，村民代表大会通过《西溪磐石大峡谷风景区建设方案》，采取资金众筹、收益共享的模式，按照1000元1股、每户2股起的标准，鼓励农民以现金、土地山林流转租金入股，并规定旅游公司经营收益的15%作为自然资源分红，村民共同享有；10%作为村集体经济收入；5%用于解决临界户扶贫济困基金和环境保护、乡风文明奖励；70%按股金分配收益。《建设方案》既保障了土地所有权益，又兼顾了全体村民的投入能力，得到了全体村民的认可和支持。2015年至2019年5月31日止，村民分期众筹资金1100余万元，开发了滑草游乐场、小水果采摘基地、大河田园景观、跑马游乐园、沿河休闲风光带、峡谷溯溪探险、玻璃桥及玻璃滑道等游乐项目，实现了景区品质的快速提升。众筹做旅游让这个昔日的贫困村发生翻天覆地的变化，村容村貌改变了，民宿也从2015年的一家发展到现在的50多家，每逢节假日，这里的民宿一房难求。数据显示，截至2018年年底，田溪村已脱贫202户691人，贫困发生率降至0.42%，全村人均增收6000元。[①]

张坊镇田溪村走"旅游＋扶贫"众筹模式产业发展之路

① 高慧、张新岚：《湖南浏阳田溪村：旅游扶贫的"众筹模式"》，学习强国·湖南学习平台，2019年8月20日。

2013年，浏阳市委、市政府加大扶贫力度，完善贫困村基础设施建设，开展产业扶持和扶贫培训。全年争取省市扶贫资金1018万元，涉及项目213个，引导带动村民自筹投入资金2705万元，覆盖贫困人口5万人，促进贫困农民增收1590万元。2015年，出台《浏阳市2015—2017年精准扶贫实施方案》，完成建档立卡11916户49218人。推出“1+5+10”精准扶贫“组合拳”，落实贫困家庭学生高中教育阶段全部免除学杂费，将建档立卡贫困农户全部优先纳入危房改造援建对象，在全省精准扶贫“回头看”工作督查中，排名长沙四县（市）第一。2016年，投入各类精准扶贫资金5亿元，实现减贫10111人。统筹安排7200余名干部与贫困户结对帮扶，全市33个省定贫困村都派驻有4人以上驻村工作队，做到干部帮扶、驻村帮扶全覆盖。坚持产业发展“四跟四走”（资金跟着穷人走、穷人跟着能人走、穷人能人跟着产业项目走、产业项目跟着市场走），积极探索扶贫开发与旅游发展有机结合，促进贫困户增收脱贫。创新金融扶贫服务站、电商服务站、农业信息服务站“三站合一”，推进便民服务。重点围绕水、电、路、业、房等项目建设，加快改善贫困人口的生产生活条件，全力打造专项扶贫、行业扶贫、社会扶贫“三位一体”的大扶贫格局。对口帮扶邵阳县，开展携手共建。积极推进农房、林权、农村土地承包经营权抵押贷款改革，使大量符合条件的“死资产”通过抵押融资变成“活资本”，助力农业增产、农民增收。2016年11月，根据省扶贫开发办和农信联社通知，浏阳全面推广小额信贷“分贷统还”模式，已有1600户贫困户获得2000多

“三权”抵押贷款领到《林权证》

万元的贷款，财政贴息企业保底分红。2014年至2016年，全市实现8167户脱贫，贫困发生率由3.9%下降至1.8%，浏阳市精准扶贫工作获全省非贫困县（市）类第一名。

市委、市政府始终将脱贫攻坚作为头等大事和第一民生工程来抓，切实担负起主导、主抓、主推的重大责任，通过市委常委会议、政府常务会议、市“四大家”班子月工作碰头会定期研究部署，加强统筹调度，确保扶贫工作“一盘棋”有力有序推进。2017年，把精准扶贫攻坚战作为全市“五大战役”之首强力推进，精心制定《精准扶贫攻坚战实施方案》，明确全覆盖集中整改、靶向式精准对标、大兵团协同推进、全社会攻坚动员、军令状压实责任五个方面的工作措施，并实行督查巡查、追责问责及挂图作战。健全政策支持体系，打造具有浏阳特色的产业扶贫“四动模式”，即财政投入撬动、能人企业带动、一村一业联动、整合资源推动。全市14980名贫困劳动力中，有10739名转移就业，其中7235名本市实现转移就业，就地就近转移就业率达67.4%；2017年新增就业1528名。共有近5124名贫困劳动力实现就业距离不超过15公里。全市贫困人口城乡居民医疗保险参保率达到100%，所有贫困户住院享受实施先诊疗后付费政策，1012名贫困患者实行大病集中救治。在33个省定贫困村已派驻驻村工作队的基础上，向全市有贫困人口的275个非贫困村也派驻了驻村工作队，全市所有建档立卡贫困户均有干部结对帮扶，所有有贫困人口的村均有工作队驻村帮扶。驻村帮扶工作向“一村一业”“一户一策”纵深推进。2017年实现33个省定贫困村摘帽退出，7527个贫困人口脱贫，全市贫困发生率降至1.3%。[1]

2018年，全市统筹安排2840万元专项资金，实施208个“四跟四走”产业扶贫项目，共带动37614个建档立卡贫困人口发展产业，占全市贫困户总数的74.9%。7000多名贫困劳动力实现了在家门口就业，转移就业率99.2%。当年，全市共有3513户11561人实现脱贫，贫困发生率下降至0.4%。[2] 10月15日，浏阳举办“以爱之名•脱贫攻坚”2018“全国扶贫日”脱贫攻坚先进典型表彰活动，对赖春明等190名脱贫攻坚“奋进之星”、黎田增等98名脱贫攻坚“奉献之星”和浏阳市肖佳种植专业合作社等30个脱贫攻坚“帮扶之星”进行表彰，并以电视短片、文艺节目再现了脱贫攻坚的感人故事。2018年以来，张坊镇富溪村党总支和驻村扶贫工作队牢牢把握乡村振兴战略机遇，在长沙市人大及长沙市天心区区委政府等后盾单位的支持下，立足本村特色和生态环境优势，通过“党建+”助推富民产业，大力发展茶叶种植。铁页

①《浏阳市脱贫攻坚工作纪实》，浏阳市市志档案局编：《浏阳年鉴》，方志出版社，2018年，第13页。

②许雅兰《聚焦民生所需，夯实民生之基，浏阳交出温暖幸福答卷》，《浏阳日报》2019年9月30日。

党支部党员带领村民已建设茶叶第一期150亩示范基地，为了实现农民持续增收，与富峰土地合作社采取“三步走”模式：第一步，以富峰土地合作社为载体，在平等、自愿、有偿的基础上，农民将土地流转到富峰合作社，农民获得第一笔回馈即土地流转金；第二步，茶叶基地吸纳本地贫困户和富余劳动力就近就业，打开一条产业发展与贫困户脱贫“相辅相成、互利共赢”的就业渠道，农民获得第二笔回馈即就业收入；第三步，茶叶基地正式开工运行满十年后，将产生的利润30%—40%按农民流转土地的面积获得第三笔回馈即分红。全村形成了组织凝聚党员、党员推动产业、产业助推群众致富的党建引领脱贫致富新格局，更加坚定了105户贫困群众脱贫致富的信心。①

2019年以来，浏阳市小河乡始终坚持产业为基，巩固提升脱贫成效，建立“15820聚力新脱贫”产业扶贫工作机制，建立1个产业扶贫综合服务中心，搭建全方位的销售平台，提高贫困户经济收入，培育农民画室、金丝皇菊、生态大米、绿色蔬果、乡村旅游5个长效产业，打造8个特色产业基地，树立20名产业脱贫典型。皇碑村坚持以产业扶贫为主攻点，依托本地优势资源，充分发挥党员先锋模范作用，全面发动贫困户积极参与，探索建立了村企合作、产销对接、村民众筹等产业扶贫新模式，既助推贫困户脱贫致富，又做强村级集体经济，形成“党建全面引领、村民主动参与、多方联动保障”的扶贫产业发展新格局。以浏阳市皇祥土地专业合作社为经营主体，流转土地500亩，村集体投入25万元入股到该合作社，占股25%。合作社与湖南道吾山食品有限公司合作，积极发展现代农业，与贫困户签订产业发展协议，带领贫困户种植优质稻、黄豆、刀豆、红薯、青菜等经济作物，合作社和食品公司联合起来统一采购、统一管理和统一包装销售，年利润超过30万元，村级每年可以获得不少于5万元分红。新开设全市乡镇首家产销对接“扶贫超市”，帮助贫困户销售土特产品。该“扶贫超市”开办一个月便从贫困户手中收购了近5万元土特产品，与50余户贫困户达成销售意向。②全市“个十百千”③产业扶贫工程深入推进，脱贫3615人，贫困发生率下降至0.12%。

2013年，浏阳启动教学点改造三年计划，按照缺什么补什么的要求，逐步改善各教学点办学条件。2014年，浏阳启动为期5年的全面改善义务教育薄弱学校基本办学条件的项目规划，5年共投入3.45亿元，全面改善82所薄弱学校，获湖南省“全面改薄”工作考核第一名。自2018年起，全市又启动新一轮的“两类学校”（寄宿制学校、小规模学校）建设项目。通

① 李康宁：《湖南浏阳张坊镇：“党建＋产业”助推脱贫攻坚》，学习强国·湖南学习平台，2019年12月6日。

② 施宏：《湖南浏阳小河乡：产业赋能 跑好脱贫攻坚和乡村振兴接力赛》，学习强国·湖南学习平台，2019年11月11日。

③ 个十百千：建设1个产业扶贫服务中心，发展10个长效扶贫产业，打造100个以上较大的特色产业和就业基地，树立1000名通过产业和就业脱贫致富典型。

过改造和改善，全市农村学校旧貌变新颜，农村教学点和薄弱学校由“小而弱”向“大而优”转变，同时，为解决城区和中心集镇学位紧缺问题，全市通过扩容提质城镇学校和建设标准化学校，夯实已有成果。2016年以来，投入10多亿元，新建长兴湖小学、李贞小学、浏阳一中高新区实验中学、道吾学校、百宜小学、长郡实验中学附属小学、金刚昭明小学、澄潭江大圣完小等14所学校，有效缓解了群众反映强烈的城镇“上学难、大班额”的问题。同时，开始大力推进标准化学校建设，全市规划建设355所标准化学校，至2018年已完成建设240所，2020年将全面完成。随着新翰高中、唯美高中等民办学校的建成及投入使用，全市高中阶段教育结构进一步完善，职业教育规模进一步扩大。

道吾小学外景

为推进城乡义务教育一体化发展，全市从 2015 年起开始实施“网络联校”工程，精心规划布局，探索通过“名校网络课堂”实现资源共享，让偏远山区孩子同步享受城区优质教学资源。2018 年，全市实现教学点的网络联校全覆盖，城乡实现“零距离”资源共建共享，其先进经验和优秀做法成为全省建设网络联校的范本，获“湖南省农村网络联校群实验县”称号。不断加强教育信息化建设，完成校园安全监控巡查平台、阅卷扫描系统、大数据精准教学系统等平台建设与推广应用，“浏阳教育云平台”建设初具规模，功能日趋完善。电子白板、教学一体机等“班班通”设备覆盖率达 100%，全面实现“宽带网络校校通”和“优质资源班班通”。硬件设施的改善，带来先进的教育理念和教学手段，从而有力地促进了城乡教育均衡发展，且引领着教育现代化发展。

2017 年 5 月，国务院办公厅印发《关于县域创新驱动发展的若干意见》，对创新型县（市）予以政策支持。2018 年 12 月，国家科技部公示首批创新型县（市）建设名单，浏阳市以“科技支撑产业发展”建设主题榜上有名，成为全国 52 个、全省 3 个入围县（市）之一。2016 年以来，浏阳市完成专利申请 4606 件，取得科研成果 700 余项，开发新产品 512 个、新技术 250 余项。全市拥有高新技术企业 101 家、科技创新“小巨人”企业 43 家。仅 2018 年，浏阳共认定登记的技术合同就有 60 余项，合同金额达到 7.78 亿元，同比增长 138%；首批 29 家企业被认定为湖南省高新技术企业。

2018 年 9 月 4 日，浏阳率先在全省率先实现全市公立医院就医就诊“一卡通”，从此进入“一卡就诊”新时代。经过 4 个多月的前期准备，在采集全市所有公立医疗卫生机构医疗健康数据，建设浏阳市医疗健康大数据中心后，建立起一个集信息惠民、信息惠医、信息惠政于一体的医疗健康综合服务平台。全市 6 家市属医院，34 家基层医疗卫生机构在这一平台上实现互联互通和信息共享，2018 年 161935 人关注“健康浏阳”微信公众号，25571 人次通过“健康浏阳”实现就医就诊。

坚持以人为本，民生民利有效保障，谱写了社会和谐新篇章。2013年至2016年，将七成财力投向民生领域，深入实施“八大民生工程”，积极回应了人民群众对美好生活的殷切期盼。兜紧民生保障网。大力扶持创业就业，新增城镇就业6.8万人，引导农村剩余劳动力转移就业6万人。发放各类低保、救助资金6.9亿元。新扩建乡镇敬老院28所，建成公共租赁住房10408套，改造棚户区9985户、农村危房8880户。筑牢平安和谐网。健全社会治安防控体系，开展“除民患、保民安”等系列专项活动，获评全省“平安县市区”。坚持严查严管、严处严罚，盯紧抓牢烟花爆竹、危险化学品、道路交通、矿山、建筑、消防等领域安全监管，被评为全省安全生产先进县（市）。大力开展国家食品安全城市创建，在全省率先成立县级食品药品环境犯罪侦查大队，保障“舌尖上的安全”。严格执行领导公开接访制度，创新推行“群众工作站+网格化”模式，连续五年实现各特护期进京非访“零登记”，连续两年获得全省综治民调长沙九区（县、市）第1名，人民群众的安全感和满意度不断提升。2017年，民生领域投入88亿元，占一般公共预算支出的75.8%；一般债务还本支出12.3亿元，补充预算稳定调节资金8180万元；被评为全省综治工作先进县（市），继续保持全省“平安县市区”称号。2019年民生领域投入110.9亿元，占一般公共预算支出的78%；获评“湖南省农村创新创业示范县（市）”、国务院“公立医院综合改革成效较为明显的地方”、全省食品安全绩效考核（A级）先进县（市区）。

文明的召唤

创建全国文明城市和国家卫生城市

为确保核心价值观落地生根，加快新农村精神文明建设，浏阳市文明委深入开展“淳风美德润浏阳•幸福屋场倡新风”活动。在全市各乡镇街道建立一批“幸福屋场”示范点，每个屋场按照“成立一个自治机构、制定一套管理制度、组建一批志愿队伍、开设一个道德讲堂、制作一批宣传专栏”等“十个一”的创建标准具体实施。2014年底全市共建150余个幸福屋场。同时，浏阳市文明办引领各乡镇、街道、村（社区）以“幸福屋场”建设为平台，组织开展以“比孝道，看家风；比诚信，看品行；比友善，看和谐；比学习，看文明；比守礼，看秩序；比创业，看奉献”为主要内容的“六比六看大竞赛”系列活动，深入落实核心价值观。[①]

浏阳自2012年7月启动“欢乐浏阳河”群众文艺活动以来，始终坚持“群众本位、群众主体”的理念，让群众演、给群众看。至2018年底止，已开演110多场，参演群众达到上万人次，观众达40多万人次，成为长沙乃至全省文化活动的一张靓丽名片。全市有131支文艺队伍，其中民间文艺团体有128个，已成为群众文化的中坚力量。2013年以来，“雅韵三湘•美丽浏阳”经典剧目惠民演出活动不定期在欧阳予倩大剧院举行，市民领票可免费观看。自2014年以来，为振兴地方戏曲，传承和弘扬传统文化，浏阳每年举办欧阳予倩艺术节，邀请全省多个基层院团来浏展演，让市民在家门口就能享受文化盛宴，感受文化的魅力。

2013年，组织“爱的榜样——首届浏阳好人”颁奖典礼、“学雷锋双十佳”评选、“道德讲堂”五进等活动，通过推介，1人获得全国道德模范提名奖，3人入选中国好人榜，2人被评为第二届长沙市道德模范，12人入选“长沙•我身边的雷锋”。组织“文明创建走前列，各行各业展风采”“大宣传、大劝导、大清扫”共创共建、“摒弃陋习•牵手文明”随手拍等系列活动，制作大型公益广告200余块，评选各级文明荣誉80余个。在全市中小学生中开展“做一个有道德的人”“中国梦•我的梦”等主题实践活动；推进全省创新案例——“蒲公英乡村青少年成长计划”的七大主题活动，开展“夜话沙龙”活动60余场次，青少年星级档案全省推广。

2015年，推进文明城市创建工作，浏阳市获得全国文明城市提名、全

① 龙军、禹爱华：《湖南浏阳：淳风美德落地生根》，《光明日报》2014年12月29日。

国十佳生态文明城市等荣誉，浏阳市地税局、浏阳市烟草局被评为“湖南省文明单位”，浏阳市获长沙市文明指数测评年度区县第一。以环境美、人文美、风尚美、秩序美、创业美为目标，深入推进“美丽乡村•幸福屋场”建设。全市已建成幸福屋场400余个，探索一条农村精神文明建设的新路径，中央电视台、《光明日报》头版头条等中央省市10余家媒体进行报道。浏阳市作为全省唯一代表参加全国农村精神文明建设工作经验交流会，成功承办省农村精神文明建设工作经验交流会。以“六比六看大竞赛”活动为抓手，开展“传承发扬宗祠文化”“讲家训•传家风”等活动，在中宣部组织召开的全国创新发展乡贤文化现场交流会上，浏阳市作典型经验介绍。组织编印《漫画图说》文明知识读本、《美丽乡村•幸福屋场》画册、《家风故事》《好人故事》等书籍。推进“爱心涌动浏阳河”学雷锋志愿服务活动，组织浏阳市第四届“道德模范”评选，发掘、培育一批典型人物。何平获第五届全国道德模范提名奖，以何平为原型的道德素质教育电影《向日葵女孩》已经公映。李远护、罗辉分别获“全国百名优秀志愿者”“全国优秀敬老志愿者”称号，朱良成被评为“全省优秀志愿者”。健全学校、家庭、社会“三结合”教育网络，继续推进“蒲公英——乡村青少年成长计划”。推出“德润校园”活动，得到学生们的热捧。以何平为主倡设的心理咨询室——“向日葵姐姐心灵小屋”遍布各个校园，被评为长沙市未成年人教育创新案例。[1] 2015年4月14日，自1948年的祭孔大典后，濒临失传的浏阳文庙祭祀孔子专用古乐再次完整重现，成就了“国乐古礼在浏阳”

2015年4月14日举行的文庙祭孔场景

① 张开伟：《文明创建》，浏阳市市志档案局编：《浏阳年鉴（2016）》，方志出版社，2016年，第46页。

的历史文化回响。9月3日，朱洪斌作为全国范围内受邀请的33位原国民党抗战老兵之一，在北京天安门参加了抗战胜利日大阅兵观礼。

2016年，大力开展全国文明城市创建活动，严格落实创建工作责任，建立健全督查考评机制，实行日督查、周通报、月碰头、季讲评办法，文明指数测评名列全省第二，在长沙市四个季度测评中位居第一。从2015年开始，熊剑、张小军等一批摄影爱好者在每年大年初一、初二，上街为环卫工人煮早餐，“爱心早餐”“爱心救生圈”“爱心图书角”等十大爱心志愿服务品牌形成，“爱心涌动浏阳河•2016浏阳市首届志愿服务文化节”启动，浏阳成为“爱心之城”“志愿之城”。

2017年，浏阳作为全省获得全国文明城市参评资格的三个县级市之一，以“微信交办”“日督查、日交办、周汇总、月通报”等机制持续推进文明城市创建工作，经过不懈努力，城乡面貌显著提升、社会秩序得到优化、市民素质明显提高。启动向“十大不文明行为宣战”专项整治行动，社会文明秩序不断优化。文明创建工作得到中央文明办高度肯定，移风易俗工作被中宣部确定为全国10个重点报道县市之一。市国税局、柏加镇渡头村分别被评为全国文明单位、全国文明村镇。志愿服务在重大灾害面前凸显用武之地和品牌效应。2017年6月23日至7月2日，浏阳连续十日累积降雨量高达474毫米，为近五十年来最大降雨量。全市32个乡镇（街道）不同程度受灾，受灾人口23.11万。发生地质灾害499起，倒塌、损坏房屋958户2297间，农作物成灾32.29万亩，一批道路、桥梁、水利、电力、通讯等设施损毁严重，直接经济损失7.35亿元。6月24日中午，浏阳迅速启动防汛Ⅲ级应急响应，随后又升级为Ⅱ级和Ⅰ级。浏阳市委、市政府全面动员打一场防汛保卫战，市级领导成员分赴各自联系乡镇（街道）参与抗洪救灾。全市各级党员干部在危急时刻冲锋在前，在关口街道水佳社区、淮川街道城东社区、普迹镇夹洲岛、柏加镇浏阳坪、永和镇、沿溪镇、古港镇等重灾区发挥了抢险救灾主力军作用。浏阳市公益救援队、红十字蓝天救援队、市鑫辉水上救援队等公益救援队迅速驰援、昼夜作战、守望相助，凸显了社会大爱。截至7月18日，浏阳共募集款物总额15472.52万元，用于生产自救、重建家园。[①]

2018年浏阳再获全国文明城市提名资格， 4月13日，召开浏阳市创建全国文明城市工作推进会，对第六届全国文明城市创建工作进行再动员、再部署。会议号召全市上下要坚守创建初心，坚持问题导向，将创建全国

①《浏阳抗击2017特大洪水纪实》，浏阳市市志档案局编：《浏阳年鉴2018》，方志出版社2018年，第16页。

文明城市工作推向深入。要认清形势提认识，高度重视日趋严峻的竞争形势，精准把握不断提标的测评体系，科学应对更加严格的考评手段；要直面问题补短板，自以为非找差距，清晰思路明路径，精准聚焦强举措；要统筹调度聚合力，不断强化组织领导，加强协作配合，严格督查考核，大干实干三年，确保2020年实现创建目标。2018年，浏阳大力推进移风易俗、树立文明新风，沙市无烟婚礼、小河生态树葬等一批典型不断涌现。春节前夕，经镇头镇党员干部及时劝导，罗氏家族果断取消原定规模达5000人的集体团年宴，并把已购食材赠送给困难群众与敬老院老人。全市32个乡镇（街道）、322个村（社区）均建立移风易俗、公益互助的志愿者队伍，成立“红白理事会”，文明办酒纳入村规民约。在浏阳，尊良俗、去低俗、废恶俗日益成为市民的行动自觉。浏阳文家市镇结合时代特点，以建标立杆、示范带动的方式，充分发挥新时代文明实践所的阵地作用、聚力作用、辐射作用，为全面乡村振兴增添新活力。12月29日，文家市镇“新时代文明实践所”挂牌成立，系长沙市18个新时代文明实践中心建设试点所之一。2018年浏阳在湖南省、长沙市文明指数年度测评中夺得了“双第一”。

2019年是浏阳创建全国文明城市的攻坚之年，4月24日，浏阳市委、市政府召开创建全国文明城市工作推进会，部署全年浏阳将重点抓好“三个三”工作，重点完善共联共建、建管分离、督查考核三大推进机制；实施设施提升、素质提升、秩序提升三大提升工程；推进新时代文明实践中心建设、移风易俗、特色品牌建设三项重点工作。2019年，集里街道依托“社区里”党群服务中心、街道综合文化站，打造集理论宣讲、教育服务、文体服务、文明实践网络等多种宣教、服务功能于一体的综合平台，建成新时代文明实践所1个、新时代文明实践站14个、“幸福里”文明实践点8个。同时，依托14支专业志愿服务队伍，开展了一系列以“五讲四美”为内容的文明实践活动，居民群众的幸福感、获得感不断提高。沿溪镇在7个村组织开展“树文明新风万人签字”活动，成立红白理事会、修订村规民约、成立新时代文明实践所，除旧立新的举措让村级面貌焕然一新。创建志愿者在人流量较大的活动场所搭建宣传台，向过往村民发放文明创建倡议书以及《长沙市文明行为促进条例》，帮助大家改变思想意识，避免盲目攀比、杜绝铺张浪费，如将限价“文明菜单”写入村规民约，让文明节俭办酒在乡间蔚然成风。全年有47家单位获评省市文明单位，全国文明城市创建工作名列全省第一。

集里街道集里桥社区“小袁课堂”正在开讲中

浏阳市1995年开始接受省级城市卫生检查，获得全省第二名，以后每年均位列全省前茅，1998年被省爱卫会授予省级卫生城市称号，1999年被授予全国卫生先进城市称号。2013年，市委、市政府高度重视创卫工作，出台全市创卫工作实施方案，分成市容环境卫生、病媒生物防制等工作组。举办专干培训班，邀请专家进行授课。组织在大型立柱、大型电子屏、工地围挡发布创卫公益广告20余处，在200余家门店电子屏发布创卫宣传标语，营造氛围。坚持“环境治理为主，化学消杀为辅”的原则，专业队伍与群防群治相结合、突击性活动与常年消杀相结合，严密组织实施除虫除害。开展共创共建文明卫生社区活动12次，实施春、秋两季统一灭鼠和夏季统一“三灭”（蚊、蝇、蟑螂）活动，组织开展“千人灭鼠、万户灭蚊”活动。创卫工作在省爱卫办的暗访中获得甲类县级城市排名第二名。2015年，开展春、秋两季“除四害”，安排专人进社区讲解“除四害”知识，提高创卫意识。成立专门检查小组，按照“谁管理谁负责”原则，每月开展检查2次以上，督促创卫成员单位责任落实，创建病媒生物防制示范街1条、病媒生物防制小区2个。9月，以高分通过省级“灭蝇达标市”验收工作。

2016年，调整市爱国卫生运动委员会组成人员，充实市直单位、乡镇街道及村级爱卫组织机构，健全市、乡、村三级爱卫组织网络，全年成功创建国家卫生镇1个、省级卫生镇2个、省级卫生村5个、省级文明卫生单位3个、长沙市卫生镇2个、长沙市卫生社区2个、长沙市卫生村10个。在21个乡镇街道25个村实施农村改厕项目，完成农村改厕任务2600座。开展公共环境及重点部位病媒生物防制基础设施建设，建设灭鼠毒饵站10000多个，“三防”（防蚊、防蝇、防鼠）设施示范街2条，示范小区1个。10月，成功通过省爱卫办病媒生物密度控制水平三项达标验收；爱卫工作和城乡整洁行动在长沙市督查考核中名列前茅。组建快速保洁分队2个，每个分队配备保洁队员30名，电动保洁车30台，增加每日清扫保洁频率，做到“垃圾落地不超过10分钟”。拆除城区喷绘广告招牌1200多块，实现主次干道喷绘招牌全部“清零”。历时半年值守，成功取缔城东新村和解放路马路市场，城市管理难点问题基本“清零”。

2017年，积极推进农村改厕，全年完成改厕项目任务3300座；完善农村环境卫生设施，健全农村生活垃圾处理和管理体系，加大农村生活垃圾分类减量处置力度，成功创建省、市级卫生镇4个，省、市级卫生村（社区）17个，文明卫生单位8个，创建长沙市垃圾分类镇、村17个；继续巩固病媒生物防治，抓好病媒生物防制专业公司的监管，“四害”（苍蝇、蚊子、老鼠、蟑螂）密度均控制在标准范围内；组织开展“爱卫月”宣传活动，安排部署全市城乡统一灭鼠活动，发放宣传资料1万多份、环保袋2万多个。2018年11月19日，浏阳市城管局、爱卫办发布公告，全年改造、新建农户无害化卫生厕所15546座，在全省率先实现农村旱厕“清零”。

2019年5月30日，浏阳召开创建国家卫生城市工作推进会，吹响“创国卫”攻坚号角。制定《创建国家卫生城市实施方案》，明确1个综合协调组、11个专业管理组和48个责任单位，全力推动爱国卫生组织管理、健康教育和健康促进、市容环境卫生、环境保护、重点场所卫生、食品和生活饮用水安全、公共卫生与医疗服务、病媒生物防控等工作达到国家标准。市创建国家卫生城市工作领导小组下发《创建国家卫生城市，建设健康美好家园——致全体市民的一封信》。市城市管理和综合执法局开展“城管进社区，服务零距离”活动，300多名城管员冒着雨，对北园社区进行卫生清扫；重点清理醴浏铁路小区一、二单元楼梯间堆放多年的杂物，解决了这个居民反映强烈的问题。关口街道长兴社区、占佳社区志愿者对背街小巷、安置小区进行义务清扫，清理卫生死角；走街入户，向市场摊贩、临街商户和小区居民发放创建国家卫生城市宣传手册，倡导大家一起爱护环境卫生。淮川街道环保志愿者通过举办碧水微课堂的方式，向市民传递环保理念和垃圾分类知识。市场监督管理局组织全市400多名食品生产企业负责人，开展食品安全生产培训，进一步提升食品企业的安全意识。在创建国家卫生城市的征程中，浏阳以“为百姓谋幸福”为标尺，打好“加减乘除”组合拳：加绿色，加设施，勤做加法带来城市“颜值”大提升；减污染，减垃圾，善做减法让河水水质更清澈；全民参与，活用乘法不断提升居民幸福指数；革除陋习，做好除法让环保理念蔚然成风。“创国卫”让浏阳人民见证并感受到了更绿、更美、更宜居的新变化。6月6日，浏阳市创建国家卫生城市工作情况暨省级考核鉴定反馈会召开，省考核鉴定组认为，浏阳市创建国家卫生城市的各项工作基本达到了《国家卫生城市标准》要求，建议湖南省爱卫会向全国爱卫会推荐浏阳市申报“国家卫生城市”。6月25日，召开创建国家卫生城市工作推进会，公布省考核组反馈的85个问题（其中书面反馈问题27个、现场指出问题58个）、40条建议，并将其梳理分类为8个方面，向39个单位进行了交办。10月9日，召开创建全国文明城市和国家卫生城市工作推进会，动员全市上下积极行动，坚定信心，保持耐心，特别细心，奋力夺取全国文明城市和国家卫生城市的荣誉。11月4日，召开浏阳市创建国家卫生城市推进会，要求实现城市管理更精细，创卫氛围更浓厚，创卫准备更充分，做到全神贯注、全力以赴、全面动员抓创卫。至年底，共创建国家、省卫生镇（乡）7个，国家卫生城市创建通过国家暗访检查。浏阳将全国文明城市创建和国家卫生城市创建工作有机结合，全市公共秩序明显改善，市容环境持续美化，基础设施不断完善，群众有了更多的获得感和幸福感。

附 录 1

中华人民共和国成立后浏阳行政区划变更情况表

1958—1969 年浏阳公社更替情况表

1958 年公社名称	1961 年公社名称	截至 1966 年变动情况	1969 年公社名称
东方红	罗江、太平、青草、荷花、牛石	罗江析为集里、关口	城 郊
全球一	葛家、枨冲		枨 冲
古 港	古港、溪江、三口、宝盖		古 港
先 锋	高坪、船仓、石湾	增杨潭	高 坪
东 风	官渡、沿溪、永和、达浒、横山、大光		官渡、达浒、永和、沿溪、七宝山
大围山	东门、白沙、大围山	增中岳	东门、白沙
上游（汉高）	张坊、上洪、人溪、小河、升平		张坊、小河
群 力	文市、中和、岩前、山枣		文 市
红 旗	大瑶、金刚、杨花		大 瑶
五 星	澄潭、大圣、山下		澄 潭
火 箭	柏加、镇头、北星、跃龙		镇 头
普 迹	金江、普迹、官桥		普 迹
卫 星	北盛、蕉溪、砰山、乌龙		北盛、蕉溪
永 安	永安、丰裕、洞阳		永 安
跃 进	沙市、赤马、秀山		沙 市
英 雄	淳口、路口、山田		淳 口
红专（万能）	社港、泮春、大洛、龙伏		社 港

截至2018年浏阳市村（社区）合并前后地名及属地情况表

乡镇（街道）名称	村（社区）名称	合并前原所辖村名
淮川街道	北正社区	北正居委会
	西正社区	西正居委会
	朝阳社区	朝阳居委会
	城西社区	城西街居委会、樟树潭居委会
	城东社区	淮东居委会、城东村
	联城社区	正东街居委会、联城村
	新北社区	新北（街）居委会
	北园社区	北园居委会、严家冲居委会
集里街道	百宜社区	百宜村
	禧和社区	禧和村
	神仙坳社区	神仙坳居委会
	集里桥社区	集里桥居委会
	龚家桥社区	筱水村
	北城村	东沙村、杉松村
	道吾村	道吾山村、太和埠村、八仙桥村
	西湖村	平水村、长青村
	太平桥社区	小水村、炉前村、太平村、槐树村
	锦美社区	冯家村、社冲村、金鸡村、韩家村
	合盛村	山枣村、里仁村、新民村、田心村

	宏源村	吉安村、纱帽村、水围村
	星镇村	双凤村、柳溪村、长埠村
	唐家园村	唐家园村、仓湾村、横桥村
	荷花园社区	荷花居委会、胡坪村、长坪村
	南市社区	南市居委会、南市村
	唐洲社区	唐洲居委会
	杨家弄村	杨家村、古家村、掌山村
	西环村	西岸村、和中村、万家村
荷花街道	嗣同村	早禾村、翟水村
	南环村	聂桥村、云桥村、马场村、樟槽村
	牛石岭村	牛石村、净溪村
	建新村	田家村、荷岭村、黄洞村、长新村
	东环村	盘佳村、罗直村、付家村
	浏河村	金滩村、渡头村
	水佳社区	水佳居委会
	占佳社区	占佳居委会
	长兴社区	长禾村、复兴村
	金口村	金钩村、关口村
关口街道	杨溪湖村	杨西村、彭岭村
	升平村	升田村、清坪村
	金桥村	云岭村、丁家村
	和田村	浆田村、福田村（白驹、渣田）
	金湖村	金龙村（斗门、金田）、珠江村

	溪江村	长溪村、溪江村
	炭棚村	炭棚村
	道源湖村	新湖村（湖里、棉花、道源）、仙源村（毛坪、仙洞）
古港镇	桃园社区	桃园居委会
	古港村	古港居委会、桐坑居委会
	仙洲村	仙洲村、石门村、高联村（高台村、联溪村）
	梅田湖村	梅田村、膏浒村、中坪村、三坪村、大西洞村
	宝盖寺村	宝盖寺村（白果村、双冲村、宝盖洞村）、鹤源村（一坝村、小水龙村）
	沔江村	沔江村、虎山村
	新园村	牛岭村、佳塘村、车湾村
	燕港村	燕塘村（赤塘村、燕窝村）、港星村（合益村、小港村）
	古城村	古城居委会、沙洲居委会、高塘居委会
	范市村	范市村、黄埠村
	三口村	郭家亭社区（三口居委会）
	华湘村	光华村、小湘村
	东盈村	严坑村、六碓村、龙崀村
	花城村	石泉村、阳春村
	白路村	白路村
高坪镇	金园村	竹山村、黄光村
	志民村	中溪村、西坑村、双坑村、马栏村
	船仓村	船仓村、冷水塘村、板冲村
	沿甸村	天池村、古风村
	高坪村	高坪村、龙泉村、小港村、河西村（泉山村、连河村）

	马鞍村	沈通村、高陵村、甘浒村
	向阳村	庙前村、高车村、西坪村
	杨潭村	杨潭村、下马冲村、北坪村、兰花园村
	双江村	左家湾村、双江口村、潭花村、桃花村（石浒村、桃花洞村）
	太坪村	神岭村、田坪村、高峰寺村、新建村（大佳村、山坳村、苏家村）
	石湾村	松光村、神合村、石湾村、南枫村（枫树村、南源村）
	三合水村	三合村、溪傍村、罗家村、上升村
	株树桥村	平安村、涧水村
沿溪镇	花园村	河东村、大屋村
	沿溪桥村	中心居委会、西山村、磨盘村
	建设村	联民居委会、新溪村、章盘村
	礼花村	沙塘村、楼湾村、晏家村
	金桔村	栗田村、包湾村、东冲村、潘溪村
	大光圆村	大光社区（大光圆居委会、光辉村）、大光湖村（大光洞村、行宫村、仁和村）
	沙龙村	沙龙村、梓山村、塘田村、新农村
官渡镇	观音塘村	溪头村、石碑村、观音塘村
	田郊村	田郊村、南边村、跨马村
	兵和村	兵和村、兵山村、南溪村
	竹山村	竹山居委会、松江村
	新云山村	新安社区、云山村（云山村、桥港村）
	南岳村	南岳居委会、金塘村
	竹联村	竹联村、荆冲村、松州村、蔗棚村
永和镇	永福村	孚田村、蔬菜村、新联村（新实村、三联村）

	菊香社区	永宝村（石江村、大岭村）、菊溪社区
	石佳村	碾石村、里佳村
	金盆村	澄潭村、石港湖村
	佳成村	泉塘村、金桥村
	井泉村	井泉村、凤凰村、城建村
	七宝山村	蒋埠村、包山村、分水村、宝山村、横山村
	狮子山村	狮子山村、丰盈村、板坑村、桂龙村
	增加台村	同仁村、民强村、莲花村
	升平村	升平村、横坑村、西岭村、桂竹村、荷塘村
	铁山村	铁山村、红庄村、沾潭村
达浒镇	长丰村	丰田村、长益社区（公坪居委会、长益村）
	麻洲社区	杓形村、麻洲居委会、中洲村
	金田村	连云村、金坑村、板贝村、石源村（西源村、石田村）
	书香村	书香村、丁山村、圳培村
	象形村	呼田村、象形村
	金石村	石板村、滩头村
	椒花新村	椒花村、达兴村
大围山镇	大围山村	探花村、泥坞村、陈谷村、枧坑村、永幸村、下泥坞村、花门村
	田心桥村	田心桥村、青兰村、欧家槽村
	楚东村	长鳌江村、越级村、楚东村（楚东山村、浆坑村）
	同幸村	同幸村、石坳村、祥园村
	中岳村	中岳村、灌源村、毛田村、鲁家湾村、杨花坪村
	金钟桥村	金钟桥村、赵湾村

	中塅村	中塅村
	东门村	东兴社区、三元桥村、长田村、都佳村、金民村
	浏河源村	千秋村、阳田村、黄花洞村、安山村、狮口村、泉丰村
	白沙村	万福居委会、凤山村、三溪村、荷坪村、围山村
	北麓园村	上湖村、鄱潭村、廖家塅村、重庆村
	上坪村	上坪村、双坪村、长安村
	人溪村	虎坳村、小溪村、三桥村
	茶林村	茶林村、中塘村
	白石村	板溪村、白石村、冬茅山村
	张家坊村	东溪居委会、禹门村、张坊村
张坊镇	江口村	七溪村、洪沙村、山茶村、杨林村、立坪村
	田溪村	西溪村、田村村、石溪村、东村村、文竹村、安福村
	上洪村	上洪居委会、双坳村、梅岭村、七星岭村（七星村、双溪村、金中村、湖洋村）
	富溪村	富溪村、铁页村、古塘村
	陈桥村	彭坊村、守和村、心田村、方石村
	潭湾村	黄坪村、潭湾村、严坪村、山口村、枫龙村
	新河村	上冲村、标佳村、新河村、金沙村（白沙村、小坑村、火厂村）
小河乡	田心村	易佳村、清溪村、田心村
	皇碑村	册田村、凤凰岗村、横岭村、皇碑村
	乌石村	乌石村、排前村、学冲村、石马村
	集镇社区	澄市居委会、上马村、毛坪村
澄潭江镇	槐树村	槐树村、三贯村、三星村
	和家村	珊田村、红莲村、和家村

	吾田村	吾田村、仰山村、花江村、祝佳村
	虎形村	苑冲村、水竹村、虎形村
	洲田村	洲田村、北斗村、长乐村、桥湾村
	大圣村	大圣村、简家村、金塘村、小源寺村、荣和村、硖石村、上江村
	荆坪村	荆坪村、石牛村、南北村、北坑村、大源村、升西村、大明村
	山下村	山下村、杨泗村、三车村、百福村
	达坪村	达坪村、西源村
	碧溪村	碧溪村、桥头村、龙家村
	渠城村	金梅村、水口村、九龙村、渠城村
	苍坊村	楼西村、苍坊居委会、铜锣村、小江村（邓家湾村、枧头村）
	雅山村	丁字桥村（丁字村、英佳村）、雅山社区（雅山居委会、七级村、云山村）
	清江村	清溪村、坛前村、金树村
中和镇	中和村	敏溪村、三元村、阳谷村、金星村
	江河村	河口村、小江村
	山枣潭村	草坪村、西南村
	长安村	长寿村、涧山村、黄沙村
	文家市村	文家市村、江坪居委会、苍龙村、双田村（上田村、河田村）
	玉泉村	井泉村、泉塘村
	五神村	南家村、五神岭村、黄花冲村
文家市镇	文华村	梅树村、苍前村
	永丰村	坑田村、淡塘村
	湘龙村	楼前村、青山村
	大成村	太坪村、九洲村

	岩前新村	白溪村、中白溪村、和胜村、岩前村（广胜村、岩丰村）
	沙溪村	老山村、下沙溪村
	新发村	成功村、严家村、涧溪村
	强盛村	龙堪村、黄花堤村、坑背村、排山村
	汇丰村	天子坡村、花塘村、袁家湾村、路东村、新建村
	南山村	南山村、南木村
	上升村	锅铺村、梁祠村、藕塘村
	天和村	连心村、棠花村
	李畋村	东风界村、石下村、料源村、同升村、坳下棚村
	枫林村	路西村、枫林村、彭家冲村、万家坳村
大瑶镇	南阳村	雄心村、扁担塘村
	崇文村	阳田村、九华村、茶园村
	南川社区	大瑶村、瑶正街居委会、瑶发街居委会
	杨花村	杨花村
	端里村	端里村
	华园村	华园村、黄岗冲村（毛家店村、黄岗冲村）
	鑫和村	山斗村、大山村
	老桂新村	老桂村、香禾村、大丰村、官山村、三元宫村、迎新村、观阁村
	山虎村	山虎村、易马村、东泉村、明星村
	沙螺村	泉江村、沙螺村、山下村、沙江村
金刚镇	太子湖村	墨庄村、界口村、涟水村、浒潭村
	金声村	金声居委会、中洲村、上黄村
	金市村	金市居委会、金刚村、文昌阁村

葛家镇	李畋社区	余湾村、平桥村、平山村、柏湾村
	星星村	六栋堂村、坑溪口村
	丹桂村	柘溪村、芦花村、丹桂村、清江村
	南岳村	云岩村、大冲村、江泉村、代霜村
	石霜村	金庄村、石庄村
	新建村	侣佃村、白关村、新联村
	葛家园村	乌石龙村（富霞、石龙、家园）、马家湾村（小冲、马家）
	金源村	金塘村（石门、小源、金塘）、大源村（白烟、响堂、油铺）
	玉潭村	集玉村、龙潭村
	新宏村	西宏村（长丰村、西冲村）、新源村（袁家村、青新村）
枨冲镇	枨冲村	橙冲村、杨家垅村、佳园村、江山村、东湾村、八角亭居委会
	青草村	青草居委会、荷叶村、车关村、坡湾村
	佳和村	张家店村、沿河村（德一村、斑竹村）
	新南桥村	新湖村、青山村、新南村、裕塘村
	牙际山村	董家村、土禾村、南山村、牙际村
	才常村	红卫村（龙虎村、七步村、高家州村）、黄板桥村、丁字村
	三元村	黄岗村、大元村、西源村
	和平村	古皮村、凤仪村、肖家坪村、贯头村、增加村、董家塘村
	平息村	平息村、芳芷村、耀霞村
镇头镇	金牌村	马井村、金牌村、车田村
	双桥村	六洞村、高峰村、荣波村、板桥村
	干口村	干口垅村（凤鸣村、小河桥村、洞口村）、连山村、石子村
	跃龙村	跃龙村、驷马村、砍石村

	土桥村	土桥村、金龙村、莲花村
	柏树村	柏树村、高桥村、水口村、南门村、施家村
	江东村	江东村、大基村、石上村、麻田村
	北星社区	北星居委会、金鸡村、井龙村、扬眉村
	金田村	良田村、金胜居委会
	田坪社区	田坪居委会、坪达村、回龙村
	甘棠村	花山村、西满村
	普泰村	山水村、元霞村、义仓村
	普花村	大冲村、社塘村
	金江村	浒溪村、楠梓村、横江村、古寺村（牛场村、马安村、黄龙村）
	书院新村	金江村、塘湾村、双洲村（龙洲村、蒜洲村）
普迹镇	金峰村	（金鸡村、大树村、大同村）
	新府村	上街村、杨桥村、大水市村
	普官村	寸石村、春江村、漆树村、迎龙村
	五丰村	左高村、青龙村、高冲村、许家村、铁炉村
	新街村	牧马村、大王坝村、跑马塘居委会、团结村（西安村、国井村、团山村）
	苏故村	保华村（峡山村、小贝村、长坡村）、苏故村（苏溪村、歧峰村、颂雅村）
	九龙村	兰芬村、官桥村、何家村
	石灰嘴村	梅园村、李家村、船湾村、新元村（排楼村、冬竹村、双河村）
官桥镇	一江村	一江村、达庄村
	集镇村	花园村、官桥村
	涧江河村	林塘村、德慎村
	八角亭村	黄升村、杉山村

柏加镇	柏铃社区	柏加居委会、铃泗村
	楠洲村	双洲村、楠竹村
	双源村	新源村、荷元村
	仙湖村	丰源村、金谷村、连兴村
	渡头村	渡头村
洞阳镇	九溪洞村	九溪村、中川村、龙洞村
	砰山村	中源村、江头村、砰山村
	长东村	汤家垅村、戴家桥村、清水村
	西园村	毛里村、仁横村、大经桥村
	洞阳村	晏子坝村、老屋村、洞阳居委会、观前村、小洞村
	东园村	官贵居委会、克里村、瑞林村
	南园村	元家居委会、丰浆村、生基村
	北园村	矮桥村、杨家滩村
	幸福泉社区	长沙国家生物医药产业基地建成区
永安镇	心源社区	心源居委会、建新村 （民生村、河塅村、龙井村）
	永安社区	永安村、永明村、红旗村、里仁村
	永新社区	石塅村、株陵村、桂花村、福星村
	丰裕社区	丰裕村、岐岭村、上排村
	礼耕村	和丰村、荷华村、礼耕村
	水山村	万家村、水山村、龙转村、珠山村
	坪头村	高中村、梓江村、长亭村
	芦塘村	胜利村、芦塘村、车田村
	西湖潭村	西湖村、狮潭村、扶正村

	督正村	督正村、白竹村、集中村
	大安村	杨阁村、麻场村、天星村
	永和村	石膏村、菊花村、吕田村、永忠村
	北盛仓社区	大桥村、产陂村、羊角畲村、 仓前居委会、兴盛居委会
	乌龙新村	桃花村、菖蒲村、马鞍村、三里村、联芳村 （社湾村、丁茶村）
	马战村	马战村、菊田村、新江村、边山村
	环园村	黄江村、泸渚村、石井村
	百塘村	柏山村、桥上村、大江村
北盛镇	拔茅村	石子湾村、红星村
	亚洲湖村	龙塘村、澎古村、易家冲村
	泉水村	闸口村、三圣村、波扬村 （良陂村、泉水村）、芭蕉村、寺前村
	燕舞洲村	太平村、燕舞村
	窑金村	窑金村、金盆村
	边洲村	边洲村、宜夫村、鳌江村
	卓然村	澎溪村、潘汤村
	沙市村	新河村、中南村、沙市居委会、木山村
	中洲村	中民村、中洲村、寻江村
	秧田村	毛田村、中山村、秧田村
	敦睦村	小林村、大桥村、清河村
沙市镇	秀山村	桂花村、石嘴村、下房村、秀山居委会
	文光村	杨林村、四新村、陆州村、黄花村
	桃源村	大源村、小源村、梧桐村、桃花村、 洽源村、合兴村
	东门村	东门村、江口村

淳口镇	赤马村	赤马村、清映村、龙凤村（龙泉村、凤岭村）
	团农村	罗福村、团农村
	河背村	积谷村、仁寿村、河背居委会
	白水村	白水村、毛江村、雷神庙村、林业村
	长春村	长兴社区（长春居委会、仁兴村、洛杉居委会）、荷芳村（芳坪居委会、荷浒村）
	友助村	友助村、花园村
	莲塘村	莲花村、堡塘村、梅里村
	同辉村	竹山嘴村、塘泉村
	谢家村	肖家村、谢市村、东石村
	南冲村	黎树村、南冲村
	羊古滩社区	彭枧村、应战村、羊古滩居委会、中安村、张家村
	杨柳村	杨柳村、东团村、金黄村
	农大村	化龙村、苗田村、农大居委会
	黄荆坪村	南坑村、牵山村、狮子村、黄荆村
	鸭头村	省埠村、楼古村、城花村、鸭头村
	炉烟村	石壁村、炉烟村、枫树村
	鹤源社区	山上村、罗境村、船头村、宏发村、鹤源居委会
	山田村	山田村、愈佳村、盐泉村
	向坪村	向坪村、中和村、河里村、香谷村
	枫林湖村	枫林村（老阳村、东坪村、佳乾村）、永乐村（永福村、乐生村）、七洞村、佛岭村
	高田村	双田村、富善村、林家村、高田村
	狮岩村	狮岩村、金源村（晓铿村、福界村）、洞庭村

蕉溪镇	高升村	高升村、东山村、窑前村
	金云村	金洲村、云中村
	早田村	早田村、金山村、奖励村
	常丰村	常丰村、梁桥村、沙德村、石洞村
	水源村	水源村、桐江村、樟树村、龙子村
	蕉溪村	蕉溪村、钨江村、上云村、下云村
龙伏镇	龙伏村	龙伏居委会、复新村、石江村 （福源村、上源村、江美村）
	洋春村	洋春居委会、柳冲村、联丰村
	新开村	均佳村、春田村、新开村
	黄桥村	太白村、白荆村、黄桥村、洪山村
	达峰村	达峰村、王源村、画眉村
	焦桥村	焦桥村、塅里村
	坪上村	坪上村、双汀村、培文村
	相市村	相市村、新丰村、新田村
	柘庄村	柘庄村、祝源村
	石柱峰村	上洞村、横洞村、凤凰村、柏岩村、 尚埠村、浅船村

社港镇	周洛村	周洛村、正希村、陈祠村
	淮洲村	集阳村、明源村、竹峰村、高寿村（练成村、苏源村）
	社港村	社港村、镇南居委会
	镇北村	镇北居委会、新兴村、汇源村（大源村、小源村）
	石牛村	桥头村、普乐村、井冲村、万福村
	源田村	谷田村、北源村
	清江村	江垻村、日清村、清源村（杨源村、双江村、清吉村）
	丹霞村	大河村、大洛村、 勘头村
	合盛村	南山村、新安村、芦溪村
	永兴村	保兴村、关山村
	新光村	黄新村、晨光村、龙华村（三星村、三义村、黄浒村）
	浏北村	花桥村、大兴村、福寿村

说 明

此表根据浏阳市民政局地名办提供资料整理，包括2008年、2016年村合并情况以及2017年至2019年社区改村情况。

附 录 2

中华人民共和国成立后浏阳历任主要领导名录

中华人民共和国成立后历任浏阳市（县）委书记

时 间	姓 名	备 注
1949.7—1952.2	徐秉谦	县委书记
1952.2—1952.8	赵超山	县委代理书记
1952.8—1954.11	王者兴	县委书记
1954.11—1955.4	姚 欣	县委书记
1955.4—1958.3	高 峰	县委书记
1958.3—1961.1	齐身旺	县委书记、县委第一书记
1961.1—1962.8	张琴室	县委第一书记
1962.9—1963.12	梁步庭	县委第一书记
1964.1—1966.12	石维刚	主持县委工作、县委书记
1966.12—1969.10		因受“文化大革命”冲击，县委工作被迫停止，由“三支两军”军代表接管
1969.11—1973.7	王连桢	组长（军代表）、县委书记
1973.7—1977.4	贾德润	县委书记
1977.4—1983.12	陈再仁	县委书记
1983.12—1984.10	张绍春	县委书记
1984.11—1987.4	张贤遵	县委书记
1987.4—1989.6	张绍春	县委书记

1989.6—1992.10	邹水生	县委书记
1992.10—1994.10	梅克保	市（县）委书记
1994.10—1996.10	谢树林	市委书记
1996.10—2000.1	欧代明	主持市委工作、市委书记
2000.1—2002.10	袁观清	市委书记
2002.10—2006.5	李亿龙	市委书记
2006.5—2011.6	易佳良	市委书记
2011.6—2012.12	钟　钢	市委书记
2012.12—2017.3	曹立军	市委书记
2017.3—2021.4	黎春秋	市委书记
2021.4—	朱东铁	市委书记

历任浏阳市（县）人大常委会主任

时 间	姓 名	备 注
1980.12 之前		只设立县人民委员会（革命委员会），它既是政府机构，又履行权力机关职能
1980.12—1984.3	周青云	第八届人民代表大会选举
1984.3—1987.3	罗昌明	第九届人民代表大会选举
1987.3—1990.2	罗昌明	第十届人民代表大会选举
1990.2—1992.11	罗昌明	第十一届人民代表大会选举
1992.11—1996.4	罗昌明	第十二届人民代表大会选举
1996.4—1997.12	李定国	第十二届人民代表大会选举
1997.12—2002.12	李定国	第十三届人民代表大会选举
2002.12—2007.7	张贤近	第十四届人民代表大会选举
2007.7—2012.11	张若林	第十五届人民代表大会选举
2012.11—2016.11	鲁建文	第十六届人民代表大会选举
2016.11—2021.10	吴 震	第十七届人民代表大会选举
2021.10—	邱山东	第十八届人民代表大会选举

历任浏阳市（县）人民政府市（县）长

时 间	姓 名	备 注
1949.3—1952.9	赵超山	任命县长
1952.12—1953.4	杨培民	县各界人民代表会议选举县长
1953.7—1954.4	卢文林	任命县长
1954.5—1954.9	侯双来	任命县长（兼）
1955.1—1955.4	任庆先	任命县长
1955.4—1956.12	李映兴	县人民代表大会第一届第二次会议选举县长
1956.12—1958.5	李映兴	县人民代表大会第二届第一次会议选举县长
1958.5—1960.1	李映兴	县人民代表大会第三届第一次会议选举县长
1960.1—1960.12	龚长富	任命县长
1960.12—1964.3	龚长富	县第四届人民代表大会选举县长
1964.3—1964.8	陈再仁	任命县长
1964.8—1966.1	陈再仁	县第五届人民代表大会选举县长
1966.1—1968.9	万晓阳	任命县长
1968.9—1969.10	刘九江	湖南省革命委员会批准县革命委员会主任
1969.10—1973.7	王连桢	任命主任
1973.7—1977.4	贾德润	任命主任

1977.4—1977.12	陈再仁	任命主任
1977.12—1980.12	陈再仁	县第七届人民代表大会选举主任
1980.12—1984.3	张绍春	县第八届人民代表大会第一次会议选举县长
1984.3—1985.3	何维琪	县第九届人民代表大会第一次会议选举县长
1985.3—1986.2	杨武训	县第九届人民代表大会第二次会议选举县长
1986.3—1987.3	邹水生	县第九届人民代表大会第三次会议选举县长
1987.3—1989.7	邹水生	县第十届人民代表大会第一次会议选举县长
1989.7—1990.2	谭仲池	县第十届人大常委会第十七次会议决定代县长
1990.2—1992.3	谭仲池	县第十一人大第一次会议选举县长
1992.3—1992.3	吕兴胜	县第十一届人大常委会第十五次会议决定代县长
1992.3—1992.11	吕兴胜	县第十一届人大第三次会议选举县长
1992.11—1993.2	吕兴胜	县第十二届人大第一次会议选举县长
1993.2—1994.8	吕兴胜	撤县设市，县长更名为市长
1994.8—1995.3	欧代明	市第十二届人大常委会第十一次会议决定代市长
1995.3—1997.8	欧代明	市第十二届人大第四次会议选举市长
1997.8—1997.12	徐湘平	市第十二届人大常委会第三十三次会议决定代市长
1997.12—2000.1	徐湘平	市第十三届人大第一次会议选举市长

2000.1—2000.1	李科明	市第十三届人大常委会第十六次会议决定代市长
2000.1—2002.9	李科明	市第十三届人大第四次会议选举市长
2002.9—2002.12	赵建强	市第十三届人大常委会第三十七次会议决定代市长
2002.12—2006.4	赵建强	市第十四届人大第一次会议选举市长
2006.4—2007.1	梁　仲	市第十四届人大常委会第二十四次会议决定代市长
2007.1—2011.6	梁　仲	市第十五届人大第一次会议选举市长
2011.6—2011.12	曹立军	市第十五届人大常委会第二十四次会议决定代市长
2011.12—2012.11	曹立军	市第十五届人大第六次会议选举市长
2012.11—2016.7	余勋伟	市第十六届人大第一次会议选举市长
2016.7—2016.11	吴新伟	市第十六届人大常委会第三十一次会议决定代市长
2016.11—2021.7	吴新伟	市第十七届人大第一次会议选举市长
2021.7—	王雄文	市第十七届人大常委会第四十五次会议决定代市长

历任浏阳市（县）政协主席

时 间	姓 名	备 注
1980.12—1983.3	彭仲先	第一届第一次会议选举
1983.3—1984.3	彭仲先	第一届第四次会议选举
1984.3—1987.3	彭仲先	第二届第一次会议选举
1987.3—1989.12	欧发维	第三届第一次会议选举
1990.1—1992.11	欧发维	第四届第一次会议选举
1992.11—1997.11	罗克崇	第五届第一次会议选举
1997.12—2002.11	刘建芳	第六届第一次会议选举
2002.12—2007.11	李中琪	第七届第一次会议选举
2007.11—2012.11	鲁建文	第八届第一次会议选举
2012.11—2016.11	李家喜	第九届第一次会议选举
2016.11—2021.2	李家喜	第十届第一次会议选举
2021.2—	秦跃平	第十届第七次会议选举

附 录 3

当代浏阳大事年表

1949.7—2019.12

1949 年

7 月 19 日，解放军第四野战军第四十军一二〇师三五九团三营九连于 13 时进驻浏阳城，浏阳从此解放。

7 月 28 日，南下工作团与县工委举行联席会议，正式成立中共浏阳县委员会，徐秉谦、攀茂生任正副书记，撤销县工委。

8 月 1 日，浏阳县人民政府成立，赵超山、张国元任正副县长。县人民武装部、县人民政府公安局成立。在东、南、西、北四区建立办事处，在城关建立区人民政府。

8 月初，成立支前委员会，借粮支前，供应过境解放军大米 1000 万公斤、马料 35 万公斤、柴 500 万公斤、稻草 60 万公斤。

8 月 15 日，焦达悌率起义队伍集结荆坪待命，17 日奉命开入县城，18 日受编。

10 月 9 日，浏阳县第一届各界临时代表会议在县城召开。

1950 年

是年春夏，减租减息、清匪反霸的群众运动在全县铺开。到次年元月止，县境内土匪基本肃清。

4 月，废除旧乡保，实行民主建政。全县划为 1 个镇、13 个区、下辖 6 个居委会和 201 个乡。

8月1日至9月20日，在九区中安乡（今淳口乡中安村）、九区罗境乡（现淳口乡罗境村）及十三区和平乡（现集里乡筱水村）进行土改试点。

11 月，全县部署展开镇压反革命运动。

1951 年

春节前后，开展第二、三批计 140 个乡的土地改革工作。随后进行第四批土改。全县 202 个乡的土地改革至 4 月 28 日基本结束。

春，全县开始组织农业互助组，其中常年互助组 5 个，共 41 户。

4 月 13 日，成立浏阳抗美援朝分会。6 月 24 日，第六届各界人民代表会议部署扩军和增产捐献运动。8 月，召开代表会议订出捐献两架“浏阳号战斗机”的计划，全县捐献稻谷 208 万多公斤、人民币 11.68 万多元（折合今币）。

7 月，调整行政区划，改为 27 个区、189 个乡、6 个镇、6 个居委会。

8 月 24 日，由傅秋涛、朱学范、王首道、谭余保率领的中央南方老根据地访问团湘鄂赣分团，自平江抵东门镇，召开平、浏、万、修、铜五县烈、军属代表大会。27 日，分两路深入老苏区访问。11 月，在县城举行大型革命文物展览。

冬，土地改革复查开始，分两批进行，1952 年春耕前结束。

1952 年

7 月 17 日至 8 月 9 日，开展“三反”整训学习运动，反贪污、反浪费、反官僚主义和违法乱纪，参加干部 1082 人。11 月，举办第二期整训，参加干部 636 人。同时，在资本主义工商业中开展“五反”运动，反行贿、反偷税、反盗骗国家财产、反偷工减料、反盗窃国家经济情报。

7 月，全县析为 570 个乡、14 个乡级镇、6 个居委会。

10 月，乌龙陂坝动工兴建，是解放后全省兴建的第一座中型河坝。次年 3 月竣工。

11 月，全县组成 11834 人的民工队伍，赴湘阴县整修南洞庭湖蒋家渡至王家河段。1953 年 5 月 5 日回县。

12 月 24 日至 28 日，召开县第八届各界人民代表会议，贯彻新《婚姻法》。

1953 年

4 月，取缔反动会道门，处理一贯道、宗教哲学研究社、归根教、三期普渡、白莲教等道首 134 名。

上半年，县级机关全面铺开“三反”“五反”运动。

7 月 1 日，开展第一次人口普查，本日零时全县总人口为 79.1977 万人。是日，县城至官渡公路竣工通车。

7 月，宝盖洞水库建成，历时 8 个月，是县第一座水库、全省兴建最早的小（一）型水库。

是年，古港桐坑 592 名烈士墓、仁和洞 83 名烈士墓、大光洞 99 名烈士墓和纪念亭建成。

是年，开始对手工业和资本主义工商业进行社会主义改造。

1954 年

7 月 7 日至 10 日，县第一届第一次人民代表大会召开。选举产生县人民委员会。

7 月 10 日至 30 日，降雨量达 627.9 毫米，其中 23 日至 25 日出现连续暴雨、大暴雨过程，降雨量达 289.8 毫米。25 日中午 12 时许，宝盖洞水库大坝垮塌，造成惨重灾害。10 月 24 日，重修宝盖洞水库，直至 1955 年 10 月竣工。

是年，内务部长谢觉哉代表中央南方老根据地访问团来浏慰问，正式确定浏阳为革命老根据地县。

是年，互助组发展到 13143 个，其中常年互助组 6247 个，并试建 5 个初级农业社，入社农民 64 户。

是年，对城关的南货、百货、烟酒、土产、山货、杂货、窑业等 137 户私商进行社会主义改造。

1955 年

3 月 1 日，全县开始使用新人民币，回收旧币。

7 月，县人民政府改称县人民委员会。

8 月，县委通过并下达第一个五年计划。

9 月 6 日，粮食“三定”（定产、定购、定销）到户试点工作在礼耕乡（今永安镇境）结束。

秋后，基本实现初级农业生产合作化，共建社 1642 个，入社农户占 80%。并开始试办高级农业生产合作社，至 1956 年春节共试办了 93 个高级社，入社农民 32151 户。

是年，开始实行义务兵役制，全县首次开征义务兵。

1956 年

1 月，县委成立审干委员会，分三批审查干部的政治历史情况。

4 月 6 日，《浏阳报》创办。

6 月，县委成立“五人小组”，抽调干部分四批在机关、企事业单位开展肃清反革命运动。至 1958 年 3 月全部结束。

6 月 1 日至 3 日，县委召开第一次代表大会，动员全党提前完成第一个五年计划。

8 月 17 日至 22 日，召开县、乡扩干会议，全县进入高级合作化高潮。至 9 月底，全县已实现农业高级合作化，共有高级社 1118 个，入社农户占总农户的 95.24%。

8 月，县制定《1956—1957 年浏阳农业发展规划纲要（40 条）》，对农业、交通运输、文教卫提出更高的发展速度的要求。

是年，撤区并乡，将小乡并为大乡61个、镇3个、下辖高级社。

是年，对手工业、资本主义工商业的社会主义改造基本完成。

1957年

1月起，开始在全县农村进行以生产为中心的民主整社运动，整顿干部作风，缩小社队规模，改善经营管理，巩固集体经济。6月上旬结束。

4月20日，省、县第一个小水电站在大瑶古岭建成发电。

7月13日，浏阳县广播站开始播音。

8月1日，县城烈士公园落成开放。

9月9日至23日，召开县、乡扩干会议，部署在农村开展社会主义思想教育运动，反对资本主义分子。至1958年元月，运动结束。

1958年

1月，中共浏阳县委成立整风领导小组，开始在全县开展整风反右斗争，至1958年2月中旬结束。

3月，洞阳水库竣工，是国内首创且具国际先进水平的空心平板坝水库。8月21日，国务院办公厅来浏召开水利工程现场会，各省有关部门负责人和苏联专家40余人参加，赠水库奖旗一面。

4月，七宝山硫铁矿开始探采。

5月11日至14日，县第三届人民代表大会第一次会议召开。

9月，浏阳县第一届文学艺术界联合会召开，成立县文联。

9月，全县取消乡镇建制，建立“政社合一”、工农兵学商“五位一体”的人民公社17个，下辖211个大队和3060个生产队。

10月至12月，先后动工兴建梅田、清江、仙人皂、红旗（后改横山头）、南康5座中型水库，15座小（一）型水库，69座小（二）型水库。

是年，官渡到白沙、官渡到张坊、永安到龙伏、跃龙到北星等段公路及大瑶至铁山界简易公路修竣通车。

1959年

6月上旬，进行第一次土壤普查试点，11月全面展开。

6月，永和磷矿开始开采。

10月1日，县城举行万人集会游行及烟花晚会，庆祝建国10周年。2日，县解放10

年成就展览开幕。

11 月，县按协议上劳力 4119 人，填筑醴陵官庄水库副坝和大坝砂壳，开挖溢洪道，至次年 3 月完工。历年的保安、加固工程累计用工 168.78 万人（临时用工除外）。

12 月，县花鼓戏剧团被评为全国红旗剧团，派代表出席文化部在北京召开的群英会。《人民日报》《羊城晚报》《湖南日报》报道该团上山下乡演出现代戏的经验。

是年，全县粮食总产量比 1957 年减少 5394.39 万斤，而征购粮反增加 4718 万斤。

1960 年

2 月 6 日至 9 日，中共浏阳县第二次代表大会召开，选举新的县委领导成员。

2 月 26 日，县下放 3465 名干部到作业组参加劳动，其中县委委员 31 人、科局干部 48 人。3 月 4 日，中央、省、地下放一批干部来县参加劳动。

3 月 2 日，农垦部长王震来县视察。5 月，召开农垦工作会议，抽调干部 3000 多人，分赴沙市、大围山、官渡、高坪等地开发山区。

12 月 7 日至 10 日，召开县第四届人民代表大会第一次会议。

是年止，全县工具改革运动共开展 4 年，累计生产各种新式农具 54 万余台（件），有不少遭到失败。

1961 年

春，全县有 1738 个生产队实行包产到户，所包耕地占全县总耕地的 9.2%。至次年春节后，包产到户的生产队占总队数的 51.6%。

4 月至 6 月初，全县贯彻按劳分配政策，解决分配上的平均主义倾向。

夏，调整行政建制和社队规模，恢复 11 个区、1 个县辖镇，调整为 62 个公社、1073 个大队、12904 个生产队，把核算单位下放到生产队，实行土地、劳力、耕牛、农具“四固定”到队，并解散公共食堂。

是年，工农业总产值比 1957 年下降 46.2%，粮食总产量比 1957 年下降 50.1%。劳力外流 15107 人，水肿病患者 25 万多人，总人口减少 4 万多人，货币流通量与物资可供量的比例由 1957 年的 1:4.8 下降到 1:1.4。

是年，开始贯彻执行中共中央“调整、巩固、充实、提高”的八字方针，调整农村生产关系，对“大跃进”时期无偿调用公社、大队、社员的生产、生活资料作了部分赔偿。

1962 年

4 月，全县基层肃反工作基本结束。此项工作自 1960 年 10 月开展，历时一年半。

6月，县委成立甄别定案领导小组，对1957年以来历次政治运动中受处理的干部进行复查，平反了一批错案。

9月，重建普迹“八月会”，广东、安徽、湖北、江西、江苏、浙江等省均有客商参加。

11月下旬起，根据中共八届十中全会和省党代会精神，在农村进行形势教育。精简机关工作人员，下放从农村招收的全民职工9875名。

是年，县按农、轻、重次序安排国民经济计划，粮食种植面积比1961年增加11.86万亩，粮食总产量增长57%，生猪饲养量增长33%。

1963年

元月中旬，进一步开展以两条道路斗争为中心的社会主义教育运动，34个公社以扭单干促生产为中心。3月中旬至5月中旬，组织工作队分期分批深入基层抓“四查四帮”运动，解决大队一级的问题。

5月7日上午，城关镇手工业鞭炮生产合作杜（县出口花炮厂前身）制引车间发生重大爆炸事故。5月17日，胡耀邦、王首道、张启龙等来县察看，提出善后意见。

5月底至7月20日，进行生产队的“四清”工作，同时对县级机关和基层工、交、财、贸企业单位开展“四清”运动。

上半年，秋收起义文家市会师旧址修复，对外开放。

8月5日，全县中小学教师集中进行社会主义教育，会期20余天。

12月，建永和磷肥厂。

1964年

1月中旬，开展系统社会主义教育运动，县组织307人的工作队，先以罗江公社和城关三个农业大队为试点，5月起分四批展开，1965年7月结束。

3月起，在县级机关、城关镇开展“五反”运动，反贪污盗窃、反投机倒把、反铺张浪费、反分散主义、反官僚主义，分四批进行。1965年3月结束。

7月1日，县第二次人口普查，本日零时全县人口82.0295万人。

8月26日至30日，县第五届人民代表大会召开。

10月，开始安置上山下乡知识青年，到1979年共接收安置下乡知识青年14069人。

是年，浏阳至江西铜鼓公路正式通车。

1965年

2月3日至6日，中共浏阳县委传达省委二届九次全会精神，对编写《浏阳革命斗争史》

定性为“反革命事件”，对编写人员分别作出开除、管制、逮捕法办等错误处分。

6月，县酒厂建成投产。

7月13日，湘潭地区社教总团12600名工作队员分8个分团，来浏阳开展社会主义教育运动。

9月，浏阳花炮在香港“中秋节迎月烟花欣赏会”燃放后，打破了日本烟花在港九地区的垄断地位。

是年，结束了三年经济调整，全县工农业生产总值在三年中年均增长11.07%，粮食总产量恢复到1957年的水平。

1966年

2月，调整社队规模，公社由65个改为66个、大队由1083个合并为1018个、生产队由13124个并为8910个。

3月，古港磷肥厂投产。

7月1日，醴浏铁路通车。10月正式运营。该路从醴陵到永和全程105.55公里。自1965年11月25日开工，参与施工人数5万余人。

9月，学校“停课闹革命”“大串连”，全县掀起横扫“四旧”（旧思想、旧文化、旧风俗、旧习惯）浪潮。

10月2日，成立“浏阳县无产阶级文化革命领导小组”。

是年，株洲至永和110千伏输电线路架通，并建县内第一个110千伏变电站。

1967年

2月19日，全县贫、下中农代表大会开幕。

10月20日，浏阳县抓革命、促生产领导小组及下设“文化革命”办公室、生产办公室正式办公。原中共浏阳县委会、县人民委员会公章停用。

11月9日，生产办公室改称生产指挥部，下设农业、工交、财贸、计划、综合5个组。

是年，颁布《公安六条》。

1968年

9月17日，浏阳县革命委员会成立，下设办事、政治工作、生产指挥、人保4个组。各公社革委会相继成立。

10月至11月，由军代表、工人、贫下中农组成“工农兵毛泽东思想宣传队”进驻各机关、学校，领导“斗、批、改”。干部90%下放干校劳动锻炼。各级学校师生“大联合”，成立基层革委会，招生复课。

是年，又撤销11个区，将公社合并为24个，次年4月恢复原建制。

1969年

1月2日至19日，浏阳县革命委员会两次发出通知，精简城镇人口。县级机关干部职工除留单位者外全部下放“一〇·四”干校或到农村安家。

3月起，全县七年制和五年制学校一律下放到大队办，高中下放到公社办，城镇学校下放到工厂、街道办。工农管理学校，教师工资实行民办公助、工分补贴。

6月23日至7月1日，连续暴雨降雨量达440.1毫米，造成惨重灾害。

11月16日，中共浏阳县革命委员会核心小组成立，由5人组成。

1970年

2月27日，开办“河背学习班”，清查“文化大革命”中15个“反革命事件”，抓“坏人”、抓“反革命”、抓“5·16分子”，至1972年4月15日结束。

2月，县开展“一打三反”（打击反革命，反对贪污盗窃、铺张浪费、投机倒把）、深挖“黑三线”运动，摸出重点打击对象384人。

10月1日，成立浏阳县湘东铁路建设指挥部，调劳力3.8万余人到攸县，修建皇图岭—菜花坪50.9公里及湘化支线8.9公里的铁路。1973年6月竣工。

11月，湘潭地区澄潭江煤矿建成投产。

12月18日至26日，召开中共浏阳县第二次代表大会，恢复县委。

是年，第三次开发大围山高寒地区，建牧场未成。

1971年

5月26日至6月6日，连续12天降雨量达293.4毫米，全县57个公社、251个大队遭水灾，淹没稻田106846亩，冲垮河、堤、塘、坝4163处，冲垮房屋659间。

8月17日至24日，在赤马公社召开全县“农业学大寨”经验交流会议，落实中共浏阳县委“奋战三年，浏阳变昔阳”的规划。随后县举办大队党支部书记学习班，区举办生产队干部学习班。

10月17日至26日，举办全县路线教育学习班，大队党支部副书记以上党员干部2860人参加，传达中央文件，批判林彪反革命集团。

10月，动工修建普跃渠道，至1974年3月基本竣工。

1972 年

春，全县三个中共区、镇委员会及基层支部全部恢复。

8 月 16 日至 31 日，中共浏阳县委召开四级扩大会议，进行思想政治路线教育，开展批林（彪）整风。

11 月，马尾皂水库动工兴建，至 1976 年春竣工，总库容 2853 万立方米，为全县中型水库之冠。

12 月 20 日，成立枝柳铁路会战浏阳指挥部，调 4000 个劳力赴怀化修建鸭嘴岩到中方一段 7 公里多铁路。1973 年 4 月竣工。

是年，长沙至南昌公路县境段铺油工程全部竣工。

1973 年

2 月 17 日至 21 日，召开“农业学大寨”经验交流会，传达中共湖南省委批林整风会议精神，表彰先进集体和先进个人代表。

7 月，撤销人保组，恢复公安、审判机构，区、社设专职公安员，城关、永和两镇设派出所。8 月，撤销“毛泽东思想宣传站”，原属各单位恢复原称。

9 月 20 日，县第一届纪念秋收起义火炬接力赛在县城举行。至 1978 年连续举办了六届。

11 月 23 日下午 3 时 40 分，牛石公社出口花炮厂发生爆炸事故，厂房全部炸毁。25 日起，全县召开安全生产紧急会议，所有花炮生产单位停工学习整顿。

1974 年

3 月 16 日至 21 日，公安局召开落实政策汇报会，对“清队”“一打三反”运动中错误定性的案件予以平反。

3 月 29 日至 6 月 15 日，中共浏阳县委召开原“河背学习班”学员“批林批孔”大会，就办学习班问题作了检查，宣布为进“河背学习班”而受迫害的人员彻底平反，恢复名誉。

3 月 31 日，中共浏阳县委决定为社教运动中被处理退职、劝退、“光荣还乡”的干部予以收回安置。

5 月，第二次组织民工 1 万人，赴凤凰县修建枝柳铁路木江坪中心车站和路基，1976 年 7 月竣工。

9 月，浏平公路竣工，广州至北京线（106 国道）通车。

1975 年

秋，农业局组织 80 多人到广西南宁制“南优 2 号”“南优 3 号”稻种 450 亩。1976

年在全县多点示范 8400 多亩。

10 月 28 日至 11 月 4 日，县召开四级干部会议，到会 3500 多人，决定苦战三年把浏阳建成“大寨县”。12 月 15 日至 23 日举办整风学习班，通过建成“大寨县”的 10 条措施，在全县掀起“学大寨、赶昔阳”的群众运动。

是年，浏阳被列为全省用材林基地县。

1976 年

1 月，本县干部、群众举行各种活动，悼念周恩来总理逝世。

6 月 17 日，大围山、张坊、官渡、沙市等区的 12 个公社遭水灾，7 月 11 日暴发特大山洪。7 月 17 日，文家市、北盛、城郊等区 10 个公社遭 8—9 级大风、冰雹袭击，早稻 4 万余亩受灾，倒塌房屋 850 间。

9 月 18 日，全县设悼念堂 262 个，悼念毛泽东主席逝世。

10 月 20 日，县城举行会议，庆祝粉碎江青反革命集团的胜利。随后，在全县深入批判江青反革命集团及其伸向湖南的黑手唐忠富的罪行。

冬，进行第二次土壤普查，普查面积 64.27 万亩，为水稻面积的 70%。

1977 年

1 月 12 日至 15 日，召开全县“农业学大寨”大会，五级干部共 10437 人参加，传达全国第二次农业学大寨会议精神，制订全县学大寨规划。

2 月 6 日至 11 日，召开全县 1349 人参加的工业学大庆会议，贯彻全国工业学大庆筹备会议精神，制订县学大庆规划。

9 月 9 日，镇头公路大桥竣工，全长 175.4 米。从此，浏阳至株洲公路贯通。

9 月，秋收起义文家市会师纪念馆建成，隆重纪念秋收起义文家市会师 50 周年。

12 月 21 日至 25 日，中共浏阳县第四次代表大会召开。

12 月 27 日至 30 日，第七届县人民代表大会召开，产生新的县革命委员会。

是年，全县种植杂交晚稻 64 万亩，首次实现晚稻单产和总产双超早稻。

1978 年

4 月 22 日，省通报表扬并推广浏阳干部“四定一评”（定点、定任务、定劳动日、定工作要求、定期评比）岗位责任制。

5 月 30 日，中共浏阳县委成立“摘掉右派分子帽子工作办公室”。至 1979 年，查明全县 561 个“右派分子”均系错划，全部平反，并收回妥善安置。

9月，全国小磷肥、小硫酸会议在永和召开。

是年，全县粮食总产量首次突破50万吨。

1979年

2月5日至14日，召开县、区、社、大队四级干部会，到会2052人，贯彻中共十一届三中全会精神，部署党的工作重点向经济建设转移，加快农业发展步伐。

3月，为四类分子10380人摘帽，改称公社社员。

3月，召开全县工商所长会议，制定市场管理意见，开放自由市场，准许农民上市出售农副产品。

8月，浏阳菊花石雕老艺人戴清升出席全国工艺美术艺人代表会，被授予“中国工艺美术家”的荣誉称号，并当选为中国工艺美术学会副理事长。

9月，浏阳县政治协商会议筹备委员会成立。

12月16日至18日，召开第一次花炮品种质量评比鉴定会议，县出口花炮厂研究所制造的《烟花哨音药剂新配方》胜过日本的专利配方。全县创造175个新品种，52个得奖。

是年，大瑶至铁山界公路全面改造完毕，达国家四级公路标准。

是年，县委成立落实政策领导小组，复查落实“反右派”“反右倾”“社教”“文化大革命”四个时期受处理干部的问题以及历史老案，平反冤假错案，经过九年时间才结束。

1980年

3月21日至26日，召开三级干部会议，布置彻底开放市场，对长途贩运、个体开店、办厂、运输、承包工程等，准予领取营业执照。

7月，从1978年6月起，历经两年时间，复查“社教”“文革”期间被错误处理出队人员2897人，收回1875人，改为退休的384人、退职53人。因刘少奇冤案被株连的79人全部平反。

12月17日至25日，中国人民政治协商会议浏阳县第一届委员会第一次会议开幕，选举彭仲先为首届县政协主席。

12月19日至24日，县第八届人民代表大会第一次会议召开。

12月，县革命委员会改称县人民政府。

下学期，中学进行整改，撤销原公社办的高中和大队办的初中，从此，公社只办初中，大队只办小学。

1981 年

1 月，开始进行第三次人口普查，至 1984 年 8 月基本结束。

3 月，全县开展地名普查工作，4 月完成。1982 年编印《湖南省浏阳县地名资料汇编》一册。

5 月，在中和乡进行林业“三定”（稳定山林权属、划定自留山、建立林业生产责任制）工作试点。同年冬在全县展开。

6 月，县民政局编辑《烈士英名录》。次年成帙，共载入烈士 14374 名。

8 月 21 日，县三级干部会议学习中共十一届六中全会文件，讨论农业生产责任制问题。是年秋，全县普遍推行联产承包责任制。

1982 年

3 月 13 日，县抽干部 300 人下乡验收第一批完善农业生产责任制工作，历时 15 天。

4 月 19 日，召开打击经济领域犯罪活动大会。11 月 14 日，逮捕一批经济犯罪分子。

7 月 1 日，根据第三次人口普查，全县本日零时总人口为 116.2987 万人。

8 月 25 日，县委书记陈再仁去北京参加中共第十二次全国代表大会。10 月 11 日至 17 日召开中共浏阳县委四届六次会议，传达十二大精神，部署全县掀起社会主义经济建设新高潮。

1983 年

2 月 8 日，国务院批准撤销湘潭地区，从 7 月 1 日起确定浏阳改隶长沙市。

2 月 22 日，县召开三级干部会议，铺开公社体制改革，实行政社分设，以社建乡，以大队建村，改变人民公社体制。

4 月 25 日，中共浏阳县委成立落实知识分子政策领导小组。4 月 30 日，成立职称评定工作领导小组。

6 月，浏阳县修志委员会成立（1988 年 7 月更名为县志编纂委员会），下设县志办，着手编修《浏阳县志》。1986 年 6 月，县志办被定为科级常设机构。

11 月 29 日，县政府机关机构改革，撤销财贸办、文教办、花炮办、城镇工作科、行政科、人防办、多种经营办、沼气办等单位，将县工业局、轻工局、农机局、物资局、外贸局改为公司。

是年，完善农村联产承包责任制，耕地承包期延长为 15 年。

是年，日本佛教徒代表团来浏阳参谒道吾山和石霜寺。

1984 年

2 月 9 日至 13 日，召开全县干部会议，学习中共中央关于整党的决定。随后，整党工作在全县展开。

3 月 16 日至 21 日，县政协召开第二届第一次会议。

3 月 18 日至 21 日，县第九届人民代表大会召开第一次会议。

4 月 18 日，召开全县两个文明建设表彰大会，表彰先进集体 302 个，五好家庭 33 户，先进个人 32 名，劳动模范 24 名。

5 月，建立大围山自然保护区，山林总面积 7.58 万亩。

9 月 2 日，县酒厂产品“浏阳河小曲”获国家银质奖。

11 月 2 日，葛家乡牛车台变电站送电，解决西区供电问题。

12 月，成立县鞭炮烟花管理局。

是年，进行第三次森林资源调查。全县活立木蓄积量 559 万立方米，楠竹资源 3942 万株，油茶面积 84 万亩。

1985 年

1 月 31 日至 2 月 1 日，召开全县扶贫工作会议，对贫困地区进行贷款扶助。

2 月，开始乡以上工业企业普查，全县列入普查的 361 个企业（含境内省、市属企业）。

4 月，浏阳县体育馆竣工，占地面积 2000 平方米，可容纳观众 2700 人。5 月 16 日，全国职工篮球赛浏阳赛区在此开幕。

10 月 2 日至 6 日，召开中共浏阳县第五次代表大会，选举新的县委会和纪律检查委员会。

是年，取消农副产品统派购政策，仅对粮、油实行合同定购。

是年，浏阳县被列为全省推广省柴、节煤灶重点县，全县当年共建省柴灶 22529 个，至 1987 年累计推广 104155 个。

是年，全县清理整顿各类“公司”“中心”133 家，其中取缔 2 家、变更 44 家、歇业 37 家、继续办的 50 家，并停办官办企业 8 家。

是年，浏阳被列为全省速生丰产用材林基地县。1987 年，又被列为林业部湖南省速生丰产林基地县。

是年，开展城镇房屋普查，全县城镇房屋共有 232.12 万平方米。

1986 年

5 月 27 日，县人民武装部由军队序列改归地方建制，举行交接、挂牌仪式。

6月22日，七宝山至升平标准四级公路通车。

7月17日，县城至杨潭乡公路全线贯通并通车。

8月12日，浏阳烟花代表国家产品在摩纳哥第二十一届国际烟花节比赛中夺魁。

9月24日，县出口花炮厂“红灯牌”礼花弹获国家第六届工艺美术“百花奖”的金杯奖。

12月15日，浏阳普及初等教育获省人民政府颁发的合格证。

12月18日，道吾山电视差转台建成开播。

是年，依靠花炮等主要出口产品，县外贸出口创汇2363万美元，居全省各县之首。

1987年

1月8日至10日，县医药大楼竣工开业，同时举办首届“浏阳河”医药交流会，13个省、市116个医药厂500余名代表参加的，成交额3160万元。

3月5日至10日，县政协三届一次全体会议召开。

3月6日至10日，县十届人大一次会议召开。

3月，本月止，全县严厉打击严重刑事犯罪活动已经过三个战役，共摧毁犯罪团伙142个，打击罪犯1918人。

4月10日，《浏阳报》试复刊。次年12月20日正式复刊。

5月1日，县广播站调频广播开播，结束有线传输。

8月30日，全长67公里的槊梨至浏阳110千伏输电线路投入使用。

9月13日，青草至枨冲四级公路建成通车。

9月16日，中国国民党革命委员会浏阳支部成立。

10月9日至14日，暴雨成灾。

1988年

1月5日，举行《浏阳报》（1996年更名为《浏阳日报》）复刊、浏阳广播电台成立、道吾山广播电视转播台建成庆祝大会。

1月7日，第二届浏阳河医药交流会在县城举行，湘赣两省30多个医药厂600多人参加，交易额达5240万元。

3月1日，中国致公党浏阳县支部成立。

3月，中共浏阳县委书记张绍春到青草乡就农村如何开展党的基本路线教育进行专题调查，并抽调干部协助该乡试点。其经验由省委办公厅《摘报与交流》和《湖南日报》刊载。

4月25日，花炮测试中心副主任黎仲畦被授予“全国工艺美术大师”称号并获国家金牌奖，受到党和国家领导人李鹏等的亲切接见。

8月26日，黄埔同学会浏阳联络组成立。

10月15日，浏阳酒厂生产的“浏阳河小曲酒”获首届中国酒文化节金奖。翌月下旬，再获首届中国食品博览会金奖。

1989年

4月15日，中共中央原总书记胡耀邦在京逝世。县委、县政府负责人陪同其亲属赴京参加22日中共中央举行的“胡耀邦同志追悼会”，县直机关1000多名干部职工及文家市区中和乡分别举行悼念活动。

5月31日，由王首道作序，宋任穷等领导人题词、唐伯藩主编的《浏阳人民革命斗争史》公开出版发行。后在中南五省书目评选中获优秀书目奖。

9月10日，全县评选和表彰600名优秀教师和教育工作者，其中受长沙市表彰的177名，省级表彰的30名。自愿到白沙乡千秋村深山沟任教的贺学禹等14人被评为全国优秀教师、优秀教育工作者，普迹乡马家初小教师娄佑香被评为全国教育系统劳动模范。

9月30日，全县夏粮单产、总产超历史水平，受到国务院和农业部嘉奖。

10月28日，全国烟花爆竹标准化技术委员会在浏阳成立。

11月19日，投资198万元的县邮电局HJ-09纵横编码长市农合一自动电话交换机开通。

1990年

1月12日至15日，县政协召开四届一次全会。

2月11日，县委部署农村开展新时期社会主义思想教育工作。全县1010个村（含集镇居委会）分三批进行，先后共组织社教工作队员4384人（其中省市401人）进村帮助工作。

2月16日至20日，县召开第十一届人大第一次会议。

5月19日，县消防中队队长李科林在扑灭县工人文化宫招待所大火中不幸以身殉职。后被追认为革命烈士并追记一等功。

7月1日，根据第四次全国人口普查统计，同日零时止，全县常住人口为1299065人。

12月15日至17日，浏阳首届农民艺术节在县城隆重举行。

12月18日，全县财政收入突破亿元大关，达1.0462亿元，成为全省财政收入迈入亿元门槛的5个县（市）之一。

1991年

2月5日，岩前乡泉塘村蔺万桃义务办敬老院，获国家民政部“德高望重”金匾奖励。

3 月 4 日，株树桥水库首次开闸放水。翌年 5 月 5 日，3 台机组全部并网发电，电站宣告建成。

3 月 6 日至 10 日，首届浏阳花炮艺术节隆重举行，国家副主席王震致电祝贺。

3 月 20 日，发布《浏阳县国民经济和社会发展第八个五年计划》。

10 月 8 日，白沙乡千秋小学教师贺学禹被评为第二届“中国十大杰出青年”。

10月，县委部署在96个县直机关、企事业单位开展社会主义思想教育，翌年2月结束。

1992 年

2 月 23 日，县政府在城关举办第二届花炮艺术节。

4 月 27 日，湖南省首起国有土地使用权拍卖在浏阳县开拍，共出让土地 14 宗，计 4889.49 平方米。5 月，大瑶镇敲响小城镇建设“三湘第一锣”。

5月21日，“全国信息电传网络浏阳终端站”建立并与北京全国信息电传网络中心联网，全国购销产品数据库开通。

6 月 1 日，全县粮食市场开放，境内首家米市在城区挂牌营业。11 月 1 日，全面放开粮食销售价格，实行市场调节。

10 月 29 日，中共浏阳县委召开七届一次全会。

11 月 23 日，政协五届一次会议召开。

11 月 24 日，县十二届人大一次会议召开。

12 月 11 日，国家对外经济贸易部批复同意，赋于浏阳县对外经济贸易公司进出口权。

12 月 22 日，县委、县政府召开 319 国道浏永高等级公路工程建设动员大会。县政协向各界发出集资倡议，全县各地踊跃集资。

1993 年

1 月 16 日，国家民政部发文通知，经国务院批准，同意浏阳撤县设市（县级）。2 月 7 日，县人大召开常委会决定撤县设市具体执行时间为 2 月 10 日。

2 月 11 日，浏阳撤县设市庆典暨 1993 年中国浏阳花炮艺术节隆重开幕。同期举行 319 国道浏阳段改建工程奠基仪式和获得外贸自营出口权新闻发布会。

3 月 12 日，国家副主席王震在广州逝世。市政府派一名副市长于 3 月 18 日赴京参加追悼会，市党政领导成员赴北盛马战村悼念并慰问其亲属。

3 月 28 日，湖南省政府批准浏阳境内 319、106 国道线集里收费站开始收费。

4 月 19 日，市委、市政府召开发展个体私营经济工作会议，传达温州考察情况，作出《关于加快个体私营经济发展的若干规定》。

6月8日，市委、市政府发出《关于加快普及九年义务教育的决定》，要求2000年实现“普九”。并决定从6月1日起，按缴纳的产品税、增值税、营业税税额的3%征收教育附加费。

8月16日，市内开通移动电话。

9月11日，市委、市政府发出《关于民兵（民工）建勤修建浏永高等级公路的决定》，由6万民兵组成民兵师参战。

1994年

3月13日，开通万门程控电话，首期装机5608门，新增市话2600门。

4月3日，宏源电站围堰被冲垮。13日，国家水利部计财司司长魏丙才专程到宏源电站，参加为抢救国家财产英勇献身的青年职工魏祥发的追悼会。

8月31日，浏阳正式拟定“关于组建国家、地方两套税务机构的实施方案”。9月11日，浏阳市国家税务局、浏阳市地方税务局同时挂牌成立。

10月23日，举办首届浏阳皮服博览会，评出10大名牌和4项金奖。

11月19日，新编《浏阳县志》（1875—1987年）出版。全志计12卷160余万字。后参加省地方志评选获二等奖。

12月13日，按照国务院决定，从1994年1月1日起，财政实行分级包干分级预算管理体制。

12月，湖南省第一条高速——长（沙）永（安）高速通车，全长27公里。

1995年

1月8日，经国家广播电影电视部批准，浏阳电视台正式成立开播。

1月16日，市城建局首次开通4路城区公共汽车：杨家弄至集里桥收费站；浏阳商业大厦至关口竹木检查站；西门至熊家亭；城西旅社至城东居民小区。

3月23日，浏阳市五保基金会成立。

4月10日，浏阳市被全国首批百家名优特产之乡命名委员会命名为“中国烟花之乡”。

6月20日，市委、市政府召开撤区并乡大会，宣布11个行政区全部撤销，原67个乡镇并为40个乡镇、街道。

6月23日至26日，浏阳遭受百年未遇的特大洪灾。

9月18日，经省城市卫生检查，浏阳获全省县级市第二名。

12月25日，市委、市政府召开全市农村土地使用制度改革动员大会，要求做好以延长耕地承包期限和建立土地流转机制为主要内容的农村土地使用制度改革工作。

12月31日，全市财政收入突破3亿元，居全省县（市）之首。

1996 年

3 月 13 日，中共浏阳市委设立“见义勇为奖励基金”。

5 月 21 日，浏阳获“全国先进文化市”称号。

6 月 24 日，市出口花炮厂徐阜康等 4 人代表中国赴加拿大参加多伦多国际音乐焰火大赛，获第一名。

7 月 17 日，市政府召开第十二届八次全体（扩大）会议，提出“进百强、冠三湘”奋斗目标。

8 月 1 日，大围山国家森林公园开园。平水 22 万伏变电站竣工。

9 月 13 日，全国政协原副主席王首道在京逝世，市委、市政府及张坊镇蟹形村派代表赴京悼念。

9 月 17 日，106 国道浏阳南段改建工程全线竣工，全长 2.5 公里，宽 30 米，投资 4600 多万元。

10 月 1 日，319 国道浏永高等级公路全线通车。

12 月 24 日，谭嗣同故居“大夫第”被国务院批准公布为国家级文物保护单位。

是年，全市整建扶贫工作布点 68 个村，调整和改选了 47 名村支部书记，39 名村主任、发展新党员 251 名。综合开发山水 2134 公顷，新办集体企业 68 家，改造老企业 59 家。

1997 年

4 月 22 日，全市国家公务员考核工作结束。119 个单位 5559 名公务员（含参照公务员管理的干部）有 609 名评为优秀，126 人定为不称职。

5 月 8 日，浏阳工业园奠基。

6 月 27 日，市委、市政府在浏阳一中大操坪举行“百龙迎香港回归”盛大庆祝活动。

9 月 7 日至 11 日，湖南省教育验收团来浏阳进行“两基”评估验收。基本普及九年义务教育和基本扫除青壮年文盲，均达到国家标准。

10 月 15 日，中共浏阳市委召开八届一次全会。

11 月 8 日，浏阳盘活企业资产现场经验交流会在文家市镇召开，全面推介以拍卖转让产权为主要形式的企业产权制度改革。

12 月 8 日，浏阳市产权交易中心成立。

12 月 11 日，市政协六届一次会议召开。

12 月 12 日，市第十三届人大一次会议召开。

1998 年

4 月 24 日，市政府与长沙市环路建设开发有限公司签署移交浏永、浏大公路资产及收费权，投资兴建浏东公路协议。

5 月 9 日，市有线电视网络升级改造竣工，750 兆光 / 电混合多功能网络建立，可向用户传送 38 套有线电视节目。

6 月 13 日至 16 日，全市普降大到暴雨，受灾严重，市委市政府宣布全市进入防洪抗灾紧急状态。

7 月 23 日，工业园 11 万伏变电站合闸送电，投资 1300 万元。

7 月 28 日，市委、市政府召开国有企业下岗职工基本生活保障和再就业工作会议，宣布《浏阳市国有企业下岗职工基本生活保障和再就业工程实施办法》，市直 43 家单位向市政府递交了目标责任书。

9 月 27 日，田家炳实验中学举行开学庆典，市政府授予田家炳先生“浏阳市荣誉市民”称号。

9 月 28 日，湖南省、长沙市、浏阳市党政领导人和中央、省市新闻记者、社会各界代表 1500 多人隆重集会纪念谭嗣同殉难 100 周年，并举行谭嗣同故居“大夫第”开馆暨谭嗣同铜像揭幕仪式，同时，举行纪念谭嗣同殉难 100 周年“嗣同杯”中华诗词大奖赛颁奖大会。

10 月 21 日，全国城市市长研讨会在浏召开。

12 月 8 日，召开第四批农村整建扶贫工作总结表彰及第五批动员大会，全市第五批布点 86 个村。

是年，浏阳在全省率先探索农房抵押贷款。

1999 年

1 月 18 日，浏阳市达到省吨粮田建设的八条标准，经湖南农业大学、湖南省农科院、农业厅等单位组织的专家团验收，确认为“吨粮市”。

2 月 8 日，浏阳市获“全国普及九年义务教育，扫除青壮年文盲先进单位”称号。

3 月 4 日，浏阳市获“全国精神文明建设先进市”称号。

4 月 3 日，市委、市政府在赤马镇召开城镇建设工作暨万户农民进城镇创业动员会。

4 月 6 日，市政府举行驻外花炮营销员欢送会，为出任全国各省、市、自治区的 73 名“花炮大使”送行。国庆期间，浏阳派出专业人员赴全国 88 个大中城市成功燃放焰火 127 场，燃放金额达 3560.60 万元。

6 月 17 日，《中共浏阳党史大事记（1917—1992 年）》由中共党史出版社出版发行。

7 月 21 日，市政府授予《浏阳河》歌词作者徐叔华“浏阳荣誉市民”称号。

9 月 4 日，全国中小城市发展研讨会暨中国城市科学研究会第十次年会在神农山庄召开，浏阳市政府负责人在会上作题为《探索城市经营，促进城市发展》的学术报告。

12 月 10 日，浏阳政府网站 http//www.liuyang.gov.cn 正式开通。

2000 年

1 月 8 日，浏阳花炮精品园在沿溪镇奠基。

3 月 31 日，全国政协副主席毛致用到浏阳视察中外合资五丰公司永安分公司。

4 月 4 日，浏阳市被国家农业部中国特产之乡宣传暨推荐委员会命名为“中国红檵木之乡”。

4 月 8 日，首届“相约浏阳河”大专毕业生供需见面会在市政务公开中心举行，来自 45 所院校的 1000 余名毕业生参加。

5 月 8 日，全国政协副主席李贵鲜率全国国土整理视察组到浏阳视察龙伏镇坪上村、淳口镇省埠村土地整理情况。

5 月 10 日，全国人大常委会副委员长布赫率执法检查组到浏阳进行《乡镇企业法》执法检查。

6 月 18 日，城区客运出租车经营权公开拍卖。

8 月 22 日，市政协举行“唐才常烈士就义 100 周年纪念大会”，并发行专题诗集《铁血精神》。

9 月 27 日，市城市总体规划修编工作会议明确浏阳城市定位为长、株、潭城市的卫星城，具有浓厚地方特色和丰富文化底蕴的现代山水城市。城市远景规模为 30-50 年达到 50 万人，用地面积约 70 平方公里。

10 月 8 日，第二届中国特产文化节在浏阳城区举行，来自全国各地 100 多家厂商出席。

10 月 25 日，浏阳与巴西贝尔德朗市正式签订友好城市关系协议书，这是浏阳与国外缔结的第一个友好城市。

11 月 1 日，第五次人口普查统计，同日零时，全市普查时点常住人口为 1307572 人。

11 月 18 日，人民路、新文路两厢土地第一轮拍卖在浏阳电影院举行，共拍卖土地 7 宗，计 1815 平方米，平均地价 10328 元每平方米，最高一宗为 14808 元每平方米，为“三湘第一价”。

12 月 20 日，天马大桥顺利合龙，30 日，浏大公路全线通车。

2001 年

3 月 7 日，全体市级领导人和市直单位、乡镇、街道 5000 名干部下村入户，开展“实践‘三个代表’重要思想，服务百万农民”活动。

6 月 19 日，全国烟叶收购工作现场会在浏阳召开。国家烟草局、中国烟叶生产购销公司领导人与 190 多名烟草生产购销的负责人出席会议。

8 月 24 日，浏阳市被中央综治委、国家人事部评为 1999—2000 全国社会治安综合治理先进单位。

8 月 28 日，浏阳花炮股份有限公司股票（代号 600599）在上海证券交易所正式上市。

8 月，浏阳率先在全国县（市）中实行科局级领导干部任职资格认证制。

9 月 3 日，长沙市创建金融安全区领导小组在浏召开新闻发布会，授予浏阳“金融安全区达标单位”称号。

10 月 13 日，联合国工业发展组织（UNIDO）与长沙市政府正式达成共建中国浏阳国际医药产业园协议。

10 月 18 日，大瑶中国花炮大市场落成，城区花炮广场竣工，思邈公园开园。

10 月 20 日至 22 日，首届国际烟花质量技术安全论坛暨第五届中国浏阳国际花炮节隆重开幕，有 27 个国家参加。全球主要烟花产销国和地区缔结《浏阳宣言》；美国烟花协会吸收达浒出口花炮总厂为会员；中国浏阳国际花炮展示交易中心主楼开业；大瑶中国花炮博物馆开馆。

11 月 21 日，由中共中央纪委、国家监察部召开的部分省（区、市）政务公开工作座谈会在浏举行。

2002 年

4 月 1 日，按照国家取消粮食定购价和保护价规定，粮食购销市场全部放开。

4 月 8 日，市污水处理厂开工，日处理污水 8 万吨，投资 9800 万元。

5 月 9 日，市委、市政府召开全市工业经济工作会议，实施兴工强市战略，加快工业化进程。

6 月 29 日，全国农村“三个代表”重要思想学习教育活动联系会议领导小组和中组部联合授予浏阳先进集体称号。

7 月 1 日，城镇职工基本医疗保险制度开始实施。

10 月 18 日至 20 日，浏阳国际烟花合作与贸易大会开幕。同期举行 21 世纪浏阳花炮产业发展趋势恳谈会、国际烟花协会第一次会议；省出入境检验检疫局浏阳办事处暨烟花爆竹检测中心挂牌；民俗文化步行街建成剪彩；中国浏阳国际花炮展示交易中心开业并举行盛大艺术焰火晚会。

10 月 28 日，中共浏阳市委召开九届一次全会。

12 月 4 日，市政协七届一次会议召开。

12 月 5 日，市人大十四届一次会议召开。

2003 年

1 月 6 日，市新汽车西站投入使用。

1 月 25 日，市行政中心选址落定，新的行政中心总用地 89 公顷，位于城市景观轴和发展轴交汇处的新城中心，该地原辖集里街道办事处筱水村。

2 月 18 日，醴浏铁路全线停运。7 月 7 日，经省人民政府批示，同意醴浏铁路全线拆轨。

6 月 30 日，市政府对 4 个街道办事处行政管辖范围进行部分调整，集里辖区内的新北街、北园、严家冲 3 个居委会划归淮川办事处管辖。

8 月 15 日，浏阳现代制造园在永安破土动工。是年，浏阳启动工业“小巨人”工程，扶持一批优良企业。

9 月 16 日，中华诗词学会正式授予浏阳“诗词之乡”称号，会长孙轶青等为“诗词之乡”石碑揭碑。

9 月 20 日，景观轴工程竣工。景观轴由汉塘路、复兴路、景观大道、花炮观礼台与焰火燃放场 5 个工程组成。

9 月 30 日，市体育运动中心（一期）主场馆竣工。中心占地 21.3 公顷。

10 月 19 日，大（瑶）文（家市）高等级公路大瑶路段举行通车典礼。

10 月 27 日，西湖山宝塔竣工剪彩。

10 月 29 日，永（安）社（港）公路举行通车庆典。

10 月 29 日至 31 日，浏阳市撤县设市十周年庆典暨第六届中国浏阳国际花炮节隆重举行。

10 月 30 日，国际烟花协会在浏阳成立。国家商务部、质检总局、安全生产监督管理局、公安部领导，浏阳市领导和 21 个国家、地区的 100 多名烟花界人士出席了成立大会。

11 月 10 日，全国人大常委会副委员长、中国农工民主党中央委员会主席蒋正华视察浏阳生物医药园。

11 月 18 日，浏阳移动通信大楼竣工开业。

11 月 28 日，市广电中心大楼正式竣工落成。当天，在全市范围内开通数字电视。

12 月 11 日，西南干线杨花段竣工通车。

2004 年

4 月 3 日，浏阳河职业教育园首期工程竣工。浏阳外国语学院、长沙市浏阳河职业中专及长沙市电子技校浏阳分校入园办学。

5 月 19 日，浏阳市与德国新鲁滨市签订协议，缔结友好经贸合作城市。

6 月 22 日至 24 日，浏阳市通过由国家烟草专卖局组团对项目的考核验收，达到“国家级烟叶标准化优秀示范县（市）”标准。

7 月 19 日，在“首届中国青年创业论坛”上，浏阳生物医药园被授予“全国青年创业实践基地”称号。

8 月 1 日，金沙路改造工程竣工，从花炮广场（含转盘）至浏阳河老桥，全长 4.4 公里，总投资 4200 万元。

9 月 12 日，浏阳河花木产业带公路全线竣工通车。

10 月 19 日，国家科学技术部发文确定浏阳市为全国科技进步示范市（县、区）。

11 月 18 日至 19 日，浏阳市政府负责人赴北京出席全国政务公开经验交流会并在会上作《完善机制、努力创新，不断规范和深化县（市）政务公开》的典型发言。

11 月 26 日至 27 日，浏阳一中举行建校 75 周年暨北校区扩建工程竣工庆典。

12 月 15 日，浏阳市被共青团中央授予“全国团建先进 县（市）”称号。

12 月 24 日，浏阳市被国家农业部授予“全国生态农业建设先进县（市）”称号。

12 月，市行政中心正式投入使用。

2005 年

1 月 8 日，全国政协原副主席宋任穷在北京逝世。14 日，市委举行“沉痛悼念宋任穷同志座谈会”。

1 月 20 日，国家发展和改革委员会授予大瑶镇“全国改革和发展综合试点镇”称号。

2 月 12 日，全国人大常委会副委员长、全国妇联主席顾秀莲来浏阳考察，参观胡耀邦故居和纪念馆，走访慰问中和镇两户困难户。

2 月 25 日，制造产业基地和永安镇实行“镇园合一”运作机制。3 月 18 日，湖南浏阳制造产业基地管理委员会正式挂牌成立。

2 月，市政府机构改革实施意见出台，设置工作部门 23 个、部门管理机构 2 个、直属事业单位 11 个、派出机构 3 个。

3 月 29 日，湖南出入境检验检疫局负责人等向湖南出入境检验检疫局浏阳办事处授予“全国质量监督检验检疫工作先进单位”牌匾。

5 月 10 日，全国人大常委会副委员长布赫视察浏阳丰日电气集团公司。

5 月 30 日，省创建金融安全区办公室和人民银行长沙中心支行向浏阳市授予“省级金融安全区达标单位”牌匾。

6 月 10 日，全国国家级烟叶标准化生产示范县（市）建设现场会在神农山庄召开，来自全国各地 100 多名烟草专家出席会议并参观淳口镇鸭头村、南冲村的烤烟生产。浏阳市被国家标准化管理委员会和国家烟草专卖局授予“国家级烟叶标准化生产优秀示范市”称号。

8 月 15 日，中央政治局委员、湖北省委书记俞正声视察浏阳柏加镇花木基地。

10 月 18 日，第七届中国浏阳国际花炮节开幕，举办“世界因你而精彩”为主题的大型文艺焰火晚会。19 日，国际烟花协会举行第二届年会，27 家会员单位代表参加会议。来自北京、上海、广东等国内 10 个花炮重点产销省市的负责人共同签署《中国花炮区域合作浏阳宣言》。

11 月 18 日，浏阳金生花炮有限公司等 10 家企业获国家质量监督检验检疫总局批准使用“浏阳花炮”地理标志产品保护（前称原产地域保护）专用标志。

11 月 28 日，省十届人大常委会 18 次会议表决批准《长沙市株树桥水库饮用水水源保护条例》，将株树桥水库集水区域划定为饮用水水源保护范围，并划定一级保护区和核心保护区。

12 月 16 日，中国中小城市科学发展评审委员会授予浏阳市“全国最具投资潜力中小城市 50 强”和“全国中小城市综合实力 100 强”称号。

2006 年

1 月 10 日，在北京召开的全国旅游工作大会上，浏阳被宣布为中国优秀旅游城市。

2 月 5 日，中共中央政治局常委、国家副主席曾庆红到浏阳调研农村党的先进性教育活动，并瞻仰文家市秋收起义会师旧址。

3 月中旬，白沙、赤马、山田 3 个乡镇撤销，分别就近合并到大围山镇、沙市镇和淳口镇。

4 月 10 日，中共中央政治局常委、中央纪委书记吴官正在湖南考察期间到浏阳参观秋收起义文家市会师纪念馆和胡耀邦故居。

6 月 24 日至 27 日，中共浏阳市第十次代表大会在欧阳予倩大剧院召开。

9 月 24 日，中共中央政治局委员、国务院副总理吴仪到家润多超市浏阳永安店视察。

10 月，国家发改委发文认定浏阳生物医药园为国家级生物产业基地。

11 月 20 日，在 2006 年度中国中小城市科学发展评价体系研究成果发布暨第三届中国中小城市可持续发展高峰论坛上，浏阳获评“2006 年度全国中小城市综合实力百强”，位列第 79 位。

12月2日，中央政治局委员、新疆维吾尔自治区党委书记王乐泉视察浏阳生物医药园工作。

12月18日，国家建设部授予浏阳市“中国人居环境范例奖”。

12月22日，中国楹联学会副会长谷向阳向浏阳市授予“中国楹联文化城市”牌匾。

12月，在第六届全国县域经济基本竞争力百强县（市）评比中，浏阳位列第92位，首次跻身“全国经济百强县（市）”排行榜，圆了“百强”梦。

2007年

3月7日，烈士公园正式对市民免费开放，运行23年的公园门票收费取消。

7月，浏阳遭50年一遇大旱，受旱面积50万亩，10万人因旱饮水困难，浏阳第二、三大河捞刀河、南川河断流。

8月1日，以浏阳城市命名的扫雷舰——浏阳舰，长60米、高10米，舷号839，正式列装海军部队。

9月24日，浏阳花炮被正式认定为中国驰名商标。

10月18日至19日，浏阳市与日本雾岛市正式缔结友好城市。

10月27日，第八届中国浏阳国际花炮节开幕，首次采用政府引导、市场运作新模式。

11月23日，市政协八届一次会议在欧阳予倩大剧院闭幕。

11月24日，市十五届人大一次会议闭幕。

12月12日，长沙市政府发文撤销高坪乡，设立高坪镇。

12月29日，“南华大学附属医院——浏阳市人民医院”挂牌，浏阳市人民医院外科住院大楼同时竣工开业。

2008年

1月4日，浏阳市成为全国农村安全饮水示范县（市）。

1月24日，湖南遭遇50年不遇的冰雪灾害，全市进入抗击冰雪灾害紧急状态，成立抗击冰雪灾害指挥部。至2月4日，全市取得抗冰救灾决定性胜利。

4月10日，中央政治局常委、中央纪委书记贺国强来浏阳视察工作。

4月29日，大围山国家森林公园——国家AAAA级景区正式授牌，成为浏阳市首个AAAA级景区。

5月9日，中央政治局委员、全国人大常委会副委员长、中华全国总工会主席王兆国到浏阳市考察，参观秋收起义文家市会师纪念馆及王震故居，视察长沙国家生物医药产业基地企业。

5月13日，中央政治局委员、全国政协副主席王刚到浏阳市调研，视察长沙国家生物医药产业基地企业。

6月28日，浏阳市第一座立交桥——将军广场立交桥建成通车，投资7800万元。

9月11日，中央政治局委员、国务院副总理回良玉到浏阳市视察油茶产业基地。

11月18日，三口乡撤乡建镇。

2009年

1月15日，市委召开“创造新优势，实现新跨越，全力开创浏阳发展高速时代”的主题会议。

2月25日，位于关口街道的汽车东站主体工程竣工。

5月1日，浏阳市境内金钩、黄江、毛坪、李家湾4个收费站停止收费。

5月6日，全国人大常委会副委员长、中国民主建国会中央主席陈昌智率国家有关部委负责人到浏阳市葛家乡金塘村调研农村环保。

5月18日至24日，浏阳市举办第九届花炮节，首次由23家花炮企业联合承办。

6月12日，中共中央政治局常委、国务院总理温家宝到浏阳永安镇视察早稻生产情况。

6月29日，浏阳市镇头镇双桥村发生湘和化工厂镉污染事件。

7月26日，在2009年全国县域经济科学发展交流年会所发布的第九届全国县域经济百强县市名单中，浏阳市排名第74位。

9月10日，浏阳籍革命英烈寻淮洲、李白上榜“100位为新中国成立作出突出贡献的英雄模范人物和100位新中国成立以来感动中国人物”。

11月19日，全国人大常委会副委员长桑国卫到长沙国家生物产业基地进行调研。

12月30日，浏阳制造产业基地被国家工信部确立为全国机电产品再制造集聚试点园区。

是年，蓝思科技浏阳工厂建成投产。随后，蓝思科技在浏阳注册成立蓝思科技股份有限公司，总部设在浏阳。

2010年

1月22日，经中国档案文献遗产工程国家咨询委员会审定，浏阳市档案馆所藏《湘鄂赣省工农兵银行发行的货币票券》入选国家档案局第三批《中国档案文献遗产名录》。

3月15日，浏阳市与阿联酋乌姆盖万酋长国签署建立友好城市关系意向书。

4月30日，浏阳市启动乡村环境卫生整洁行动，营造干净、整洁、有序、健康的宜居环境。

5月5日，湖南浏阳农村商业银行股份有限公司揭牌，为湖南省首家股份制农村商业银行。

6月25日，浏阳市召开黄增科先进事迹报告会，会议要求全市各级党组织全面开展向黄增科学习的活动。

8月14日，2010全国县域经济科学发展交流年会消息：浏阳市跃居2010年度全国县域经济百强县（市）第65位。

8月29日，株树桥引水工程正式通水，每天向长沙供水约28万吨，自试通水以来已供水1.4亿吨。31日，长株（长沙—株洲）高速公路通车。

9月6日，全国政协副主席、科技部部长万钢一行到永安镇永安社区红旗片超级稻试验示范基地视察。

10月10日，全国集体林权制度改革百县经验交流会在北京开幕，浏阳市委负责人代表浏阳在会上作林改典型县发言。次日，新华社播发题为《鱼和熊掌亦可兼得——湖南浏阳破解林权体制改革瓶颈》的通讯。

10月23日，在中国中小城市科学发展评价体系研究成果发布会上，浏阳市被评为“中国最具区域带动力中小城市”。

12月22日，长沙市撤销浏阳境内东风界、杨家、蕉溪岭三个收费站。同日，浏阳永盛（永安—北盛）大道、浏大公路提质改造工程竣工通车。

2011年

1月26日，浏阳市启动政府机构改革工作，全市共设置政府工作部门27个、直属事业单位10个、派出机构1个。

5月24日，第二届“中国文化产业品牌价值排行榜”公布，浏阳花炮以1028.17亿元的文化品牌价值位列第7位。

6月19日，中央政治局委员、国务院副总理张德江到浏阳市蓝思科技和东信烟花两家企业，就进一步强化企业安全生产主体责任进行调研。

7月5日至8日，中国共产党浏阳市第十一次代表大会在欧阳予倩大剧院召开。

8月27日，2011年全国县域经济百强县（市）名单揭晓，浏阳市位居64位。

10月18日至23日，浏阳市举办第十届中国（浏阳）国际花炮节。

11月14日，浏阳正式启动“城乡统筹、环境同治”三年行动。

11月21日，全国政协副主席、中国文联主席孙家正一行到浏阳考察。

11月23日，中国烹饪协会常务副会长杨柳授予浏阳“中国蒸菜之乡”牌匾。

12月31日，106国道龙伏至浏阳段提质改造工程实现路面通车。同日，关口汽车站正式启用，该站投资2600万元，规划占地面积4公顷。

2012 年

2 月 4 日，浏阳市被正式批准为全国林业专业合作组织示范县。

2 月 21 日，浏阳市人民法院获“全国模范法院”称号。

3 月 14 日，国务院办公厅正式批复浏阳成立国家级经济技术开发区，定名浏阳经济技术开发区。

4 月 10 日，浏阳获批全国发展改革试点城市。

5 月 10 日，国际标准化组织烟花爆竹技术委员会（ISO/TC264）秘书处在浏阳宣告成立，成为落户湖南的第一家国际标准化机构。

6 月 1 日，浏阳市“一线三城”城乡公交客运正式开通运营，路线为永安—城区—大瑶。

6 月 25 日，大围山国家森林公园被国土资源部授予国家地质公园。

9 月 19 日至 20 日，浏阳市妇幼保健院跻身全国县级妇幼保健机构 100 强（第 7 位），妇幼康复专科被评为全国县级妇幼保健机构优秀专科。

11 月 15 日，长沙（浏阳·宁乡）再制造产业基地获批“国家再制造示范基地”。

11 月 24 日至 26 日和 25 日至 28 日，政协浏阳市第九届委员会第一次会议、浏阳市第十六届人民代表大会第一次会议分别在欧阳予倩剧院举行。

12 月 1 日，浏醴高速、大浏高速正式收费通车。

12 月 7 日，浏阳蒸菜获“全国地理标志集体商标”。

2013 年

5 月 23 日，S309 浏阳至官渡段提质改造工程开工，项目总预算 2.37 亿元。

7 月 19 日，深圳基伍集团将投资 100 亿元在国家级浏阳经开区建设手机整机生产基地。

8 月 1 日，浏阳正式启动“营改增”试点，将以前缴纳营业税的部分应纳税项目，改为缴纳增值税，并由国税局负责征收管理工作。

8 月 18 日，《中国城市创新报告（2013）》发布，浏阳的创新能力位列全国第 48 位，系湖南唯一入围前 50 强的县（市）级城市。

10 月 12 日至 13 日，浏阳顺利通过国家义务教育发展基本均衡县（市）督导组的督导评估，成为湖南省首批通过县（市）。

10 月 14 日至 18 日，由花炮发源地浏阳举办的第十四届国际烟花论坛在长沙开幕，有来自国内外烟花行业的专家、学者、行业代表 300 多人参加。19 日，第十一届中国（浏阳）国际花炮文化节开幕。

10 月 30 日，长（沙）浏（阳）高速通车，并开始实施联网收费。

11月27日，长沙（浏阳 · 宁乡）再制造产业示范基地成功获批全国首批“国家再制造产业示范基地”。

12月23日，第十三届县域经济与县域基本竞争力百强县（市）名单中，浏阳升至第47位。

12月31日，大围山生态旅游示范区成功升级为国家生态旅游示范区，包括大围山国家森林公园、大围山镇、张坊镇、达浒镇和小河乡，总面积1041.5平方千米。

2014年

1月16日，浏阳获评“2013年度湖南省社会主义新农村建设先进县市区”称号，永安镇永新村和达浒镇书香村获评“湖南省社会主义新农村建设示范村”称号。

6月14日，浏阳五乡镇（柏加、达浒、大瑶、中和、三口镇）获评2012-2013年国家级生态乡镇。

7月9日，省环保厅下文批复同意浏阳经开区由原规划用地面积13.4平方公里调扩区至34.57平方公里，开发区规划向北向东拓展，规划范围包括中心区和北区两部分。

7月16日，浏阳文庙祭孔音乐（亦称浏阳古乐）入选第四批国家级非物质文化遗产代表性项目。

8月，浏阳烈士陵园主体工程竣工，676位烈士迁入安葬。9月1日，国家民政部公布第一批在抗日战争中顽强奋战、为国捐躯的300名著名抗日英烈和英雄群体名录，浏阳籍英烈郭陆顺、彭士量榜上有名。

9月19日，张（坊）小（河）公路改建工程竣工通车。

9月，财政部国库司发布《2014年财政统计摘要》，2013年浏阳首次进入地方公共财政预算收入全国县、市、旗前100名，位列第76位。

10月3日，浏阳获“千年古县”称号。

11月1日，中郡研究所发布《2014年度县域经济发展报告》，揭晓2014年第十四届全国县域经济与县域基本竞争力百强县名单，浏阳跃升至全国第36位。

11月30日，在2014全国建筑物资租赁承包行业年会暨第三届中国国际建筑施工支撑体系及安全防护产业发展论坛上，浏阳获评“中国建筑物资租赁之乡”。

12月8日，由浏阳市文明办牵头组织的“淳风美德润浏阳”活动，被中宣部选入全国培育和践行社会主义核心价值观“一百招”。

12月17日，福布斯中文榜发布2014中国大陆最佳县级城市榜，浏阳排名第28位。

12月18日至19日，首届湘赣边区域开放合作交流会在浏阳召开。会上，井冈山、莲花、醴陵、浏阳、平江、上栗、铜鼓、万载、修水、永新两省十县市签署《浏阳宣言》。

2015 年

1 月 1 日，浏阳开始全面推行“扩权强镇”财政体制改革。

2 月 28 日，浏阳获得“第四届全国文明城市提名奖”，永安镇获“第四届全国文明村镇”称号。

3 月 18 日，国家级浏阳经开区蓝思科技股份有限公司登录深交所上市交易。

4 月 26 日，第三届生态城乡科学发展年会在北京举行，浏阳市获“中国生态魅力市”称号。

6 月 2 日，《2015 年中国工业发展报告》发布 2014 年全国工业百强县（市）排行榜，浏阳排名全国第 15 位，为中部第一。

6 月 18 日，星沙海关驻浏阳办事处开关。

7 月 18 日，全国生态文明建设高峰论坛暨全国生态文明成果发布会在北京举行，浏阳获“全国十佳生态文明城市”称号。

8 月 22 日，全国县域经济专业研究机构发布《2015 县域经济发展报告》，揭晓第十五届全国县域经济与县域基本竞争力百强县名单，浏阳市跃升至全国第 28 强，提前两年实现“挺进三十强”目标。

8 月 24 日，国家民政部公布第二批在抗日战争中顽强奋战、为国捐躯的 600 名著名抗日英烈和英雄群体名录，浏阳籍英烈秦庆武、萧国生榜上有名。

9 月 1 日，浏阳全面推行“多证合一、一照一码”商事登记制度。

9 月 25 日，西北环线建成通车。

10 月 10 日，浏阳农村资源流转交易中心成立。

11 月 5 日至 7 日，第十二届中国（浏阳）国际花炮文化节举行。

11 月 18 日，省民政厅办公室发文批复，同意将杨花乡和大瑶镇成建制合并设立大瑶镇；将七宝山乡、永和镇成建制合并设立永和镇；将三口镇、古港镇成建制合并设立古港镇；将溪江乡、关口街道成建制合并设立关口街道；将太平桥镇、集里街道成建制合并设立集里街道。

11 月 20 日，胡耀邦诞辰 100 周年座谈会在北京召开，中共中央总书记习近平发表重要讲话，深切缅怀胡耀邦光辉的一生。23 日，湖南省委在中和镇胡耀邦故居举行纪念座谈会，全体省委常委出席。

11 月 24 日，浏阳市上榜“全国休闲农业与乡村旅游示范县”。

12 月 10 日，浏阳经开区获批国家新型工业化产业示范基地（电子信息）。

12 月 31 日，浏阳河六桥竣工通车。

2016 年

3 月 19 日，浏阳市在全省率先创建全域美丽乡村示范县（市）启动式暨十条休闲农业与乡村旅游精品线路新闻发布会在古港镇梅田湖村松山屋场举行。

6 月 3 日，国家发展改革委发布通知，浏阳经济技术开发区入选长江经济带国家级转型升级示范开发区。

6 月 21 日，中国城市竞争力研究会在香港发布 2016 中国县域综合竞争力百强排行榜，浏阳位列全国第 18 位。

7 月 14 日，湖南省人民政府发文批复，批准浏阳制造产业基地升格设立为浏阳高新技术产业开发区。

8 月 16 日至 18 日，中国共产党浏阳市第十二次代表大会在欧阳予倩大剧院召开。

8 月 22 日至 23 日，2016 年全国农村精神文明建设工作经验交流会在哈尔滨举行，市委书记曹立军以《推进全域美丽乡村建设，提升农村精神文明水平》为题作典型发言。

9 月 5 日，中国信息通信研究院（工信部电信研究院）发布 2016 年中国工业百强县（市）名单及发展报告，浏阳排名第 16 位。

10 月 26 日，金阳大道一期（永安—洞阳）试通车，全长 13.765 千米。

11 月 6 日，由新华社半月谈杂志社、中国国情调查研究中心共同举办的第二届全国生态文明建设高峰论坛暨城市与景区成果发布会在北京举行，浏阳市被授予“美丽中国典范城市”称号。

11 月 26 日至 28 日，政协浏阳市第十届委员会第一次会议在浏阳城区召开。

11 月 27 日至 30 日，浏阳市第十七届人民代表大会第一次会议在浏阳城区召开。

12 月 16 日，全国县域经济专业研究机构社会智库中郡研究所发布《县域经济与县域发展报告》，揭晓第十六届全国县域经济与县域基本竞争力百强县名单，浏阳跃升至全国第 19 位。

12 月 17 日，以“五大发展理念与全面小康”为主题的 2016 第十一届中国全面小康论坛在北京召开，浏阳上榜“中国全面小康十大示范县（市）”。

12 月 18 日，由中国互联网新闻中心主办，中国环境科学学会协办的 2016（第二届）“全面小康暨美丽乡村建设发展论坛”在北京举行，浏阳市被授予“中国美丽乡村建设示范县”称号。

12 月 31 日，道吾山路正式通车，投资 46 亿元。

2017 年

2 月 3 日，市人民医院整体搬迁项目正式破土动工。

2月8日，盐津铺子正式挂牌上市。

4月，浏阳积极探索“放管服”改革的“浏阳路径”，在全省率先启动“最多跑一次”改革。

5月6日，阿里研究院首次发布“2016年农产品电商50强县”，浏阳排名第28名。

6月21日，蒙华铁路连云山隧道全线贯通。

6月底至7月初，浏阳迎来历年同期雨量最多、范围最广、强度最大、历时最长的强降雨。全市32个乡镇（街道）不同程度受灾，直接经济损失7.35亿元。全市累计出动抢险救灾人员8000人次，安全转移3.38万人，无溃堤垮库、无群死群伤事故发生。灾后，迅速组织生产自救，共募集款物超过1.6亿元。

7月6日，31个单位入驻市民之家二期并启动运行。行政审批再提速，363项事项实现“最多跑一次”。

7月13日，工业和信息化部所属的赛迪智库发布《2017年中国县域经济百强白皮书》和“赛迪百强——县域经济100强”，浏阳位列全国第17位。

8月23日，工业和信息化部发布国家首批绿色制造示范名单，浏阳高新技术产业开发区获评国家首批绿色园区，园区企业湖南法泽尔动力再制造有限公司获评绿色工厂。

8月24日，由全国工商联主办，工信部、国家工商总局支持的2017中国民营企业500强发布会在济南举行，蓝思科技（集团）上榜2017中国民营企业500强，位居第139位。

同日，浏阳市“三馆”（规划展览馆、博物馆、图书馆）合建项目正式启动建设。

9月14日，浏阳入选第五届全国文明城市（县级市）评选参评公示名单。

9月19日，湖南省纪念秋收起义90周年大会在浏阳文家市秋收起义纪念馆隆重举行，省委书记、省人大常委会主任杜家毫发表讲话，省委副书记、省长许达哲主持纪念大会，省政协主席李微微等省、市领导出席。

9月25日，浏阳被国家林业局授予“全国森林旅游示范县”称号。

11月1日，天然气入浏工程全面建成并通气。

11月3日至4日，第十三届中国（浏阳）国际花炮文化节举行。

11月17日，柏加镇渡头村获评第五届全国文明村镇，市国家税务局获评第五届全国文明单位。

12月22日，浏阳发布2017年贫困村、贫困户退出公告，33个省定贫困村达到退出标准，建档立卡贫困户2222户7527人达到脱贫标准，确定脱贫。

12月27日，浏阳市“专业英才千人计划”新闻发布会在长沙召开。

2018 年

1 月 11 日，浏阳市监察委员会正式揭牌成立。浏阳市第十七届人民代表大会举行第三次全体会议。

2 月 3 日，湖南省人民政府办公厅印发《湖南省人民政府办公厅关于对 2017 年度真抓实干成效明显地区予以表扬激励的通报》。

2 月，提质改造后的普（迹）官（桥）公路全线通车。

5 月 2 日，浏阳正式发布《浏阳市促进社会投资十条》，内容包括支持工业增加投资、支持花炮产业发展、支持农业产业化、支持民间资本办学、支持文化体育旅游业发展、支持民营医疗和养老机构发展、支持商贸业发展、支持建筑业发展、促进房地产业健康发展、鼓励金融机构支持实体经济十条政策措施。

5 月 3 日，浏阳上榜《国务院办公厅关于对 2017 年落实有关重大政策措施真抓实干成效明显地方予以督查激励的通报》。

5 月 14 日，浏阳市图书馆获评第六次全国县级以上公共图书馆“一级图书馆”。

6 月 4 日，浏阳获评第四批“全国法治县（市、区）创建活动先进单位”。

7 月 3 日，赛迪顾问县域经济研究中心发布《2018 年中国县域经济 100 强》，浏阳市排名第 14 位。

8 月 29 日，蓝思科技集团上榜“2018 中国民营企业 500 强”榜单，排名升至第 108 位，“2018 中国民营企业制造业 500 强”榜单排名第 52 位。

9 月 4 日，浏阳市在全省率先启动就医“一卡通”项目，浏阳市民迈入“一卡就诊”新时代。

9 月 18 日，胡耀邦同志纪念馆升级为国家二级博物馆。10 月，胡耀邦故里入选 2018 年“全国中小学生研学实践教育基地”。

11 月 24 日，浏阳市在“2018 中国县级市全面小康指数前 100 名”位列第 24 位，是“新时代中国全面建成小康社会范例城市”中 10 个县级市之一。

12 月 4 日，中国社会科学院财经战略研究院发布《中国县域经济发展报告（2018）》，浏阳市排名第 14 位。

12 月 10 日，福布斯中国发布“2018 中国大陆最佳商业城市榜”，浏阳排名第 91 位。

12 月 16 日浏阳市位列第十八届地区生产总值超过 1000 亿元的县域经济单位第 9 位，并成为 17 个“2018 年县域经济与县域竞强争优综合发展范例”之一。

2019 年

1 月 20 日，浏阳市被评为“2018 绿色发展典范城市”。

6 月 30 日，浏阳河浏阳市出境断面水质 6 个月均值达到 II 类标准，兑现了“涵养一江碧水到湘江”的庄严承诺。7 月 5 日，举行“治河大家谈”活动，对市河长办评选的全市十条“最美河流”“十佳民间河（段）长”进行了颁奖。

7 月 2 日，浏阳获评中国国际化营商环境建设示范县（市、区）。

7 月 22 日，中央电视台社会与法频道（CCTV—12）首播《闪亮的名字——2019 最美支边人发布仪式》，中宣部授予 20 名个人和 1 个集体“最美支边人物”称号，浏阳市农业农村局干部伍国强名列其中。

10 月 16 日，国务院核定文化和旅游部、国家文物局确定的第八批全国重点文物保护单位以及与现有全国重点文物保护单位合并的项目进行公布，浏阳红一方面军活动旧址、秋收起义文家市会师旧址增补点、桃树湾刘氏大屋榜上有名。

10 月 17 日，中共湖南省委发出《关于授予朱再保、甘厚美同志“湖南省优秀共产党员”称号的决定》，浏阳市文家市镇 92 岁的“人民功臣”甘厚美成为广大党员、干部和退役军人学习的榜样。

10 月 25 日，浏阳市骨伤科医院主任医师江林获“全国中医药杰出贡献奖”，受到人力资源和社会保障部、国家卫生健康委、国家中医药局的表彰。

10 月 29 日，浏阳市文家市镇（红色文旅小镇）名列 2019 年湖南十大特色文旅小镇之首。

11 月 7 日，浏阳隆重举行以“奋斗的足迹”为主题的发布活动，对外发布了 10 名“爱国奋斗优秀人才”和 6 家“重视人才工作企业”名单。

11 月 8 日，浏阳发布《浏阳市优化企业服务十二条措施》。15 日，召开有 700 多名企业家代表参加的全市企业家大会。

11 月 12 日，赛迪顾问县域经济研究中心在北京发布 2019 年赛迪县域营商环境百强县研究成果，浏阳市位列第 25 位。

11 月 13 日，中国信息通信研究院发布 2019 年“中国工业百强县（市）”榜单，浏阳市排名第 11 位。

12 月 16 日，中郡研究所发布《第十九届中国县域经济与县域综合发展报告》，浏阳市县域经济与县域综合发展排列第 10 位，比上年前进 3 位；浏阳市县域经济基本竞争力排列第 12 位，比上年前进 1 位。

后 记

我住在一个叫“幸福里”的居民小区。隔着一条小河，那个叫“欢乐里”的小区正在建设之中。每天一大早就有工人忙碌的身影。塔吊高矗，泵车轰鸣，耳边传来挖机清基脚，人工装钉模板、分拆脚手架钢管的撞击声，那钻锤的夯歌不时响起，有时到很晚仍不歇息。我常常凑到窗边，看那几幢房子怎样从地底下钻出来，然后一点点长大。房子几乎是以一天一层楼的速度长成摩天高楼的。

由此，我想到正在进行的简史编著工作，类似建筑高楼大厦，同样需要打地基、浇筑墙体、粉刷装饰等。不过，建筑是用钢筋、水泥、砂石、灰浆等建成套间、单元、层、楼栋，我用的是字、词、句等写成段落、节、章、卷，同样需要付出艰辛的体力劳动和脑力劳动。

编史修志是一项十分艰苦的工作。素材缺乏时，材料搜集困难，不能凭空臆造；编目待定时，构架困难，需要及时修正；着手写作时，章节文字的撰写更困难，需要反复修改，仔细打磨。寒来暑往，整整两年，先是篇目未定，后是俗事缠身，再是资料缺少，耽误不少时间。及至任务压头时，又不得不奋力追赶。特别是进入编写后期阶段，我患了严重的失眠症，每天半夜莫名其妙地醒来，满脑子都是书稿的事。两年来，我牺牲了不少节假日，压缩了不少娱乐时光；忘不了夏日凌晨即起，坐到书桌前全力以赴；忘不了冬天寒意袭人，深夜仍在加班赶稿。虽然精力大量透支，但是仍需咬定目标前行。

在本书即将付梓之际，我要真诚地感谢所有帮助过我的单位和个人！感谢以浏阳市政协领导为代表的本书编委会及其办公室几位同志的精心组织，使我有机会参与这套历史文化丛书的编写工作；感谢岳麓书社老社长夏剑钦、责任编辑王文西等老师的悉心指导和艰辛付出，使本书的编写质量大为提高；感谢浏阳市政协教科文卫委、中共浏阳市委宣传部外宣办、浏阳市融媒体中心、浏阳市档案馆、中共浏阳市委党史研究室、浏阳市地方志编纂室、浏阳市方志馆等单位相关科室的鼎力支持，提供了权威的新闻、档案、党史、地方志等相关文史资料，使我在编写时得以参考和借鉴。本书参考、借鉴了许多先贤同仁的作品，综合采纳了许多前辈今贤的论文观点和材料，限于体例和篇幅，所引用的文字、图片等内容未能一一署名，仅列出主要参考文献书目，谨在此致以歉意并深表谢意！浏阳市政协张葵红副主席在得知我在编写浏阳简史的消息后，将她父亲从湘北建设学院结业后来到浏阳工作以来的笔记原件供我参考，并亲自访问知情者写下回忆文章。浏阳原市志档案局李兆佳局长作为简史编写组组长，就正编、续编编目框架与文风体例统一给予了多次指导。浏阳市档案馆杨钢馆长对本册书稿进行了认真细致的审阅。浏阳市档案馆的汤裕新、唐继武、王运松、何韦华等同志听说我需要历年来大事记的电子版时，协同几个科室作战，或找“浏阳记忆”电子书的已有版本，或提供近年来的暂存稿件，或就纸质版进行扫描转换，分年度合成了一份完整的电子文档。中共浏阳市委宣传部意识形态科的张开伟科长为我找到多本年度外宣新闻集锦。浏阳市气象局李春梅局长专门查阅了以前的资料，为我校正降雨量数据。浏阳市摄影家协会的罗豪正同志担任本书图片摄影，他不辞辛苦，想方设法完成了拍摄任务。对所有真诚帮助过我的热心人士，我唯有心存感激，更加精进完善这部史书，为读者奉献更加优秀的作品。

“读史可明鉴，知古可鉴今”。《浏阳简史续编》讲述的是中华人民共和国成立以来至今的浏阳当代史。虽然只有短短的70年，但浏阳在各个领域都发生了翻天覆地的沧桑巨变。本书的写作要求真实、全面、客观、公正地反映70年来历史的本来面目，我虽竭尽全力但仍感困难。眼前这部著作，虽有约30万字篇幅，某些章节仍只能走马观花、蜻蜓点水，甚至有疏忽、纰漏与错误。在这部《浏阳简史续编》即将与广大读者见面之际，我写下这些话。由于笔者的水平有限，热忱欢迎各位领导、专家和广大读者的批评指正！祝读者朋友阅读愉快！

唐学雷

2021年9月18日

主要参考文献

王习加主编：《长沙史话》，社会科学文献出版社，2014年版。

王习加主编，长沙市地方志编纂委员会编：《中心城市视角下的长沙历史文化》，湖南师范大学出版社，2018年版。

刘宜亲主编，湖南省浏阳县教委教研室编：《浏阳历史》，初级中学乡土教材试用课本。

谭仲池、杨建宏、彭平一、薛其林等主编，湖湘文库编辑出版委员会编：《长沙通史（古代、近代、现代卷）》，湖南教育出版社，2013年版。

谭仲池主编、长沙市人民政府研究室编著：《长沙通史（当代卷）》，湖南人民出版社，2015年版。

刘云波、周庆炎主编，长沙县通史编纂委员会编著：《长沙县通史（第一、二、三卷）》，湖南人民出版社，2014年版。

杨锡贵、梁小进等编著，长沙县历史文化丛书编委会编：《长沙县历史文化丛书·历史卷》上、下册，湖南人民出版社，2018年版。

浏阳县地方志编纂委员会编：《浏阳县志》，中国城市出版社，1994年版。

浏阳市地方志编纂委员会编：《浏阳市志（1988—2002）》，方志出版社，2007年版。

中共浏阳市委党史联络组、中共浏阳市委党史办公室编：《中共浏阳地方史（1921—1949）》，中共党史出版社，2007年版。

中共浏阳市委党史联络组、中共浏阳市委党史办公室编：《中共浏阳地方史（1949—2002）》，中共党史出版社，2004年版。

政协浏阳市第八届委员会编：《浏阳文史》第十二辑，内部资料，2012年版。

浏阳市市志档案局编：《浏阳六十年（1949—2009）》上卷、下卷，内部资料，2009年版。

浏阳市市志档案局编：《浏阳改革开放三十年》上卷、下卷，湖南地图出版社，2008年版。

浏阳市市志档案局编：《浏阳乡镇（街道）简志》，内部资料，2017年版。

浏阳市市志档案局编：《浏阳年鉴》1986年至2019年各卷。

浏阳日报社编：《浏阳城市手册》，民主与建设出版社，2016年版。

中共中央党史研究室著：《中国共产党的九十年》（全三册），中共党史出版社、党建读物出版社，2016年版。

中共湖南省委党史研究室著：《中国共产党湖南简史：1920—2010》，湖南人民出版社，2011年版。

中共湖南省委党史研究室、湖南省中共党史联络组编：《回忆录（第23辑）——新时期湖南城市建设（1978—2017）》，湖南人民出版社，2017年版。

谢建国著：《浏阳移民史研究》，湖南人民出版社，2019年版。

图书在版编目(CIP)数据

浏阳简史续编 / 唐学雷编著 . — 长沙：岳麓书社，2021.12
ISBN 978-7-5538-1543-5

Ⅰ . ①浏… Ⅱ . ①唐 Ⅲ . ①浏阳—地方史
Ⅳ . ① K296.44

中国版本图书馆 CIP 数据核字（2021）第 189806 号

书　　名　浏阳简史续编
　　　　　LIUYANG JIANSHI XUBIAN

编　　著　唐学雷
摄影作者　罗豪正　熊　剑　彭红霞　陈伏明　赵爱兰　张伟华
　　　　　李锦荣　萧行敏　黄震山　张　迪　施　宏
责任编辑　王文西
特邀编辑　陈　丹
责任校对　包文放
书籍设计　绿光视觉艺术工作室
出版发行　岳麓书社
地　　址　湖南省长沙市爱民路 47 号
直销电话　0731-88804152　0731-88885616
邮　　编　410006
版　　次　2021 年 12 月第 1 版
印　　次　2021 年 12 月第 1 次印刷
开　　本　787mm × 1092mm 1/16
印　　张　20.75
字　　数　338 千字
书　　号　ISBN 978-7-5538-1543-5
定　　价　80.00 元
承　　印　雅昌文化（集团）有限公司